高职高专"十三五"规划教材·财会专业

U0653177

财务管理实用教程

（第 3 版）

罗小兰　张陈燕　伍春晖　主　编
任　燕　刘丽娟　副主编

微信扫一扫　　　　　　　微信扫一扫

教师服务入口　　　　　　学生服务入口

南京大学出版社

内 容 简 介

本书是高职高专院校经济管理类专业的基础教学用书,主要内容包括总论、资金的时间价值和风险价值、筹资管理、资金成本和资本结构、营运资金管理、项目投资管理、证券投资、利润分配管理、财务预算和财务分析。

本书力求突出高职高专教育的特点和要求,即突出基础知识掌握,强调应用能力培养,强化技能训练。每章正文开始前有"案例导入",帮助读者更好地理解所学内容,每章的开始和结束分别设有"学习目标""技能要求"和"本章小结""本章习题",便于读者明确学习目的,巩固所学内容。

本书理论适中,深入浅出,通俗易懂,内容实用,适用性强,既可作为高职高专院校经济管理类各专业学生的教材,也可作为广大会计从业人员的自学参考用书。

图书在版编目(CIP)数据

财务管理实用教程/罗小兰,张陈燕,伍春晖主编.
—3 版.—南京:南京大学出版社,2018.8(2020.2 重印)
ISBN 978-7-305-20441-8

Ⅰ.①财… Ⅱ.①罗… ②张… ③伍… Ⅲ.①财务管理—高等职业教育—教材 Ⅳ.①F275

中国版本图书馆 CIP 数据核字(2018)第 143572 号

出版发行 南京大学出版社
社　　址 南京市汉口路 22 号　　　邮　　编 210093
出 版 人 金鑫荣

书　　名 **财务管理实用教程(第 3 版)**
主　　编 罗小兰　张陈燕　伍春晖
策划编辑 胡伟卷
责任编辑 胡伟卷　蔡文彬　　　编辑热线 010 - 88252319

照　　排 北京圣鑫旺文化发展中心
印　　刷 常州市武进第三印刷有限公司
开　　本 787×1092　1/16　印张 15.5　字数 387 千
版　　次 2018 年 8 月第 3 版　2020 年 2 月第 2 次印刷
ISBN 978-7-305-20441-8
定　　价 39.80 元

网　　址:http://www.njupco.com
官方微博:http://weibo.com/njupco
微信服务号:njuyuexue
销售咨询热线:(025)83594756

前　言

《财务管理实用教程》自 2011 年、2014 年陆续出版第 1 版、第 2 版以来,得到了很多高职院校师生的认可和厚爱,较好地适应了高职院校财务管理的教学需要,取得了一定的社会效益。应广大读者的要求,编者对《财务管理实用教程(第 2 版)》进行了修订,即本书第 3 版。

本次修订,吸收了广大读者的宝贵意见,同时吸取了近年来企业财务管理理论和实践的新知识、新理论和新方法,力求使《财务管理实用教程(第 3 版)》实用性更强。编者对部分案例和习题进行了更新,结合企业财务理论,希望给老师们提供更好的教学资料,给学生提供更多的符合实际需要的内容。同时,对第 2 版中的疏漏之处进行了修正。

本书共包括 10 章内容:总论、资金的时间价值和风险价值、筹资管理、资金成本和资本结构、营运资金管理、项目投资管理、证券投资、利润分配管理、财务预算、财务分析。本书以财务活动为主线,以筹资决策、财务预算、投资决策和利润分配决策为主要内容,按照财务决策、财务分析的体系编写而成。

本书由金肯职业技术学院罗小兰、三江学院张陈燕、金肯职业技术学院伍春晖担任主编,九洲会计咨询有限公司董事长任燕、南京旅游职业学院刘丽娟担任副主编,金肯职业技术学院潘悦参编。罗小兰负责统稿、修稿和定稿,张陈燕、伍春晖、任燕协助。本书编写的具体分工如下:罗小兰编写第 1、8、9 章,张陈燕编写第 2、6、7 章,伍春晖编写第 4 章,任燕编写第 10 章,刘丽娟编写第 3 章,潘悦编写第 5 章。

由于编者水平有限,加之时间仓促,书中不足之处在所难免,敬请广大读者批评指正。

编　者
2018 年 6 月

目　录

第1章

总　论

学习目标

- 掌握财务管理的基本概念。
- 掌握财务管理的环境。
- 理解财务管理的目标。
- 了解财务管理的环节。

技能要求

- 能够掌握财务管理的工作职责与基本原则。
- 能对某企业所处的主要财务管理环境进行分析,并选择其最优的财务管理目标。

案例
导入

　　2008 年 9 月 15 日,拥有 158 年悠久历史的美国第四大投资银行——雷曼兄弟(Lehman Brothers)公司正式申请破产保护。作为曾经在美国金融界中叱咤风云的巨人,雷曼兄弟公司在此次爆发的金融危机中也无奈破产。这不仅与过度的金融创新和乏力的金融监管等外部环境有关,也与雷曼公司自身的财务管理目标有着某种内在的联系。

　　一、股东财富最大化:雷曼兄弟公司财务管理目标的现实选择

　　雷曼兄弟公司正式成立于 1850 年,在成立初期,公司主要从事利润比较丰厚的棉花等商品的贸易,公司性质为家族企业,且规模相对较小,其财务管理目标自然是利润最大化。在雷曼兄弟公司从经营干洗、兼营小件寄存的小店逐渐转型为金融投资公司的同时,公司的性质也从一个地道的家族企业逐渐成长为在美国乃至世界都名声显赫的上市公司。由于公司性质的变化,其财务管理目标也随之由利润最大化转变为股东财富最大化。

　　二、雷曼兄弟公司破产的内在原因:股东财富最大化

　　1. 股东财富最大化,过度追求利润而忽视经营风险控制是雷曼兄弟公司破产的直接原因。

　　在股东财富最大化的财务管理目标指引之下,雷曼兄弟公司开始转型经营美国当时最有利可图的大宗商品期货交易,其后,公司又开始涉足股票承销、证券交易、金融投资等业务。1899—1906 年的 7 年间,雷曼兄弟公司从一个金融门外汉成长为纽

约当时很有影响力的股票承销商之一。其每一次业务转型都是资本追逐利润的结果，然而，由于公司在过度追求利润的同时忽视了对经营风险的控制，从而最终为其破产埋下了伏笔。

2．股东财富最大化，过多关注股价而使其偏离了经营重心是雷曼兄弟公司破产的推进剂。

为了使本公司的股票在一个比较高的价位上运行，雷曼兄弟公司自2000年始连续7年将公司税后利润的92%用于购买自己的股票，此举虽然对抬高公司的股价有所帮助，但同时也减少了公司的现金持有量，降低了其应对风险的能力。另外，将税后利润的92%全部用于购买自己公司而不是其他公司的股票，无疑是选择了"把鸡蛋放在同一个篮子里"的投资决策，不利于分散公司的投资风险；过多关注公司股价短期的涨和跌，也必将使公司在实务经营上的精力投入不足，经营重心发生偏移，使股价失去高位运行的经济基础。因此，因股东财富最大化，过多关注股价而使公司偏离了经营重心是雷曼兄弟公司破产的推进剂。

3．股东财富最大化，仅强调股东的利益而忽视其他利益相关者的利益是雷曼兄弟公司破产的内在原因。

现代企业是多种契约关系的集合体，不仅包括股东，还包括债权人、经理层、职工、顾客、政府等利益主体。股东财富最大化片面强调了股东的利益至上，而忽视了其他利益相关者的利益，导致雷曼兄弟公司内部各利益主体的矛盾冲突频繁爆发，公司员工的积极性不高，虽然其员工持股比例高达37%，但主人翁意识淡薄。另外，雷曼兄弟公司选择股东财富最大化，导致公司过多关注股东利益，而忽视了一些公司应该承担的社会责任，加剧了其与社会之间的矛盾，这也是雷曼兄弟公司破产的原因之一。

思考：公司财务管理目标如何确定？

在企业日常经营活动中，企业管理者，特别是财务经理往往面临这样一些问题：如何筹措资金，如何使用和控制资金，如何使资金增值，如何合理分配收益，而这些问题就是财务管理的本质所在。为了更好地完成上述任务，财务管理者应该掌握一定的财务管理知识与技能。

1.1 财务管理概述

1.1.1 财务管理的概念

财务管理作为一种独立的职能从企业管理职能中分离出来，最初出现于19世纪后期，一般以1897年托马斯·L.格林的《公司财务》一书的出版作为财务管理这门独立学科出现的标志。此后，随着商品经济的不断发展，企业生产经营过程的社会化程度和现代化水平的不断提高，企业的财务活动也越来越复杂，企业财务管理也经历了一个由单一到复杂、由低级到高级的发展过程，财务管理在企业管理中的地位与作用逐渐显现，并被人们所认识。

财务(finance),顾名思义是理财的事务,即企业再生产过程中的资金运动及其体现的财务关系。企业的资金运动过程总是与一定的财务活动相联系,或者说,资金运动形式是通过一定的财务活动来实现的。例如,企业在生产经营中运用各种方式,通过不同渠道,筹集一定数量的资金,用于必要的投资和生产经营的各个方面,以获得一定的经济效益,并将其实现的利润向投资人进行合理的分配,保证投资人的合法收益等。企业在进行各项财务活动时,必然要与国家有关行政管理机关(如国家税务机关等)、企业所有者(股东)、债权人、债务人和职工等发生经济利益关系,这种关系称为财务关系。从企业管理的角度看,财务管理(financial management)是指企业组织财务活动、处理财务关系的一项经济管理工作。它是企业管理的重要组成部分。

1.1.2　财务活动

财务活动是指资金的筹集、投放、使用、收回和分配等一系列活动。从整个过程看,财务活动包括以下 4 个方面。

1. 筹资活动

筹资活动是指企业为了满足用于内、外部的资金需要,筹集所需资金的过程。在筹资过程中,企业一方面要确定筹资的规模,另一方面还要通过筹资渠道、筹资方式的选择,合理确定筹资结构,来降低筹资的成本和风险,提高企业价值。

企业可供选择的筹资渠道主要有两种:一是企业权益资金,即企业通过发行股票、吸收直接投资和用留存收益转增资本等方式取得所需资金;二是企业债务资金,企业可以通过向银行借款、发行债券、利用商业信用等方式取得所需资金。当然,资金的使用都是有成本的,要付出利息、股利等。

2. 投资活动

企业的投资可以分为广义的投资和狭义的投资 2 种。广义的投资是指企业将筹集的资金投入使用的过程,包括对内部经营所需的投入和对外部的投放;狭义的投资仅指对外投资。企业在投资过程中,必须考虑投资规模,同时还要考虑投资的方向和投资方式的选择。合理的投资结构可以提高投资效益,降低投资风险。

3. 资金营运活动

企业在日常生产经营过程中要发生一系列的资金收付。企业的运营资金主要是为了满足企业日常营运的需要而垫支的资金,运营资金的周转与生产经营周期具有一致性。在一定时期内,资金周转越快,资金利用效率就越高,就可能生产出更多的产品,取得更多的收入,获得更多的报酬。因此,如何加速资金周转、提高资金使用效率,是财务管理的主要内容之一。

4. 分配活动

企业经营的目的是获取盈利、增加企业价值。企业所取得的盈利在弥补生产经营耗费后,需要在不同利益主体(如股东、债权人、国家等)中进行合理分配。随着分配过程的进行,资金退出或留存企业,必然会影响企业的资金运动,这不仅表现在资金运动的规模上,而且表现在资金运动的结构上(如筹资结构)。因此,企业应依据财经法规的要求,合理确定分配规模和分配方式,以促进企业的可持续增长。利润分配不仅是资金运动的终点,还是资金运动的起点。

1.1.3　财务关系

企业在筹资、投资、运营和分配等财务活动中必然要与有关方面发生广泛的经济关系。企业财务关系就是指企业在组织财务活动中与有关方面发生的经济关系。财务关系的状况反映企业财务环境的客观状况。如何协调处理好企业与有关方面的财务关系,是财务管理工作的重要内容。在市场经济条件下,企业的财务关系主要包括以下几个方面。

1. 企业与国家行政管理机关之间的财务关系

企业与国家行政管理机关之间的财务关系是指企业要按照税法的规定依法纳税而与国家有关行政管理机关(如国家税务机关等)所形成的财务关系。任何企业都必须按照国家税法的规定缴纳各种税款,以保证国家财政收入的实现。及时、足额纳税是企业履行社会义务的表现。企业与国家行政管理机关的财务关系是依法纳税和征税的义务与权利关系。

2. 企业与投资者之间的财务关系

这种关系是指企业的投资人向企业投入资金,而企业向其支付投资报酬所形成的经济关系。企业的所有者包括国家、法人单位、个人和外商。企业所有者按投资合同、协议、章程的约定履行其出资义务,以便及时形成企业的资本金。企业运用其资本金进行经营,实现利润后,按出资比例或合同章程的规定向投资者分配利润。企业与投资者之间的财务关系不仅表现在股息、红利的支付上,还表现在财务权力与财务责任上。一般来说,投资者出资不同,它们承担的责任和享有的权益也不同。一方面,股东以其所拥有的股权大小对企业的运作施以不同程度的影响;另一方面,以其对企业投资额的大小对企业偿债风险承担有限责任。

3. 企业与债权人之间的财务关系

这种关系是指企业向债权人借入资金,并按合同定时支付利息和归还本金所形成的经济关系,体现的是债权、债务关系。企业的债权人包括向企业贷款的银行、非银行金融机构、企业债券的持有者、商业信用的提供者,以及其他向企业拆借资金的单位和个人。企业利用债权人的资金,要按规定的利率及时向债权人支付利息;债务到期时,要合理调度资金,按时向债权人归还本金。企业与债权人的财务关系在性质上属于债务与债权的关系。

4. 企业与受资者之间的财务关系

这种关系体现的是企业与受资者之间的所有权性质的投资与受资的关系。这种财务关系主要是指企业利用闲置资金,以购买股票或直接投资的形式向其他单位投资所形成的经济关系。随着市场经济的不断深入发展,企业经营规模和经营范围的不断扩大,这种关系也会越来越广泛。企业向其他单位投资,应按约定履行出资义务,并按其出资额参与被投资单位的经营管理和利润分配。

5. 企业与债务人之间的财务关系

这种关系体现的是企业与其债务人之间的债权与债务关系。这种财务关系主要指企业将其资金以购买债券、提供借款或商业信用等形式出借给其他单位所形成的经济关系。企业将资金借出后,有权要求其债务人按约定的条件支付利息、归还本金。

6. 企业内部各单位之间的财务关系

企业内部各单位之间的财务关系主要是指企业内部资金结算关系。它表现为两方面:一方面,企业以财务部门为中心,内部各单位与财务部门之间发生收支结算关系,如企业内部各单位向财务部门领款、报销,以及办理收付款业务等,体现了企业内部资金集中管理的要求,有利于企业资金的优化配置;另一方面,在企业内部各单位实行责任预算和责任考核与评价的情况下,企业内部各责任中心相互提供产品与劳务,应以内部转移价格进行核算,体现了内部资本分散管理的要求。企业内部这种集中和分散的资本结算关系,体现了企业在生产经营中分工与协作的权责关系。

7. 企业与员工之间的财务关系

企业与员工之间的财务关系主要是指企业向员工支付劳动报酬过程中形成的经济利益关系。企业按照"各尽所能,按劳分配"的原则,主要以货币形式支付员工的劳动报酬,包括工资、补贴、奖金及福利等。企业应本着不断提高员工生活水平的基本要求,正确处理好企业内部积累与消费之间的比例关系,极大地调动广大员工生产经营的积极性与创造性。

1.2 财务管理环境

1.2.1 法律环境

财务管理的法律环境是指企业和外部发生经济关系时所应遵守的各种法律、法规和规章。市场经济是以遵守法律和市场规则为特征的经济体制。法律规定了企业经营活动的空间,也为企业在相应空间内自主经营提供了法律保障。企业的财务活动,无论是筹资、投资还是利润分配,都要与外部发生经济关系。在处理这些经济关系时,应当遵守有关的法律规范。对企业财务活动有影响的法律规范有很多,现主要介绍三大类。

1. 企业组织形式

企业是市场经济的主体,不同类型的企业在所适用的法律方面有所不同。了解国家关于企业组织形式的法律法规,有助于企业财务管理活动的开展。企业组织形式可按不同的标准进行分类,其中主要分类是按其组织形式分为独资企业、合伙企业和公司制企业。

（1）独资企业

独资企业是指由一个自然人投资,财产为投资人个人所有,投资人以其个人财产对企业债务承担无限责任的经济实体。独资企业具有结构简单、容易开办、利润独享、限制较少的优点,但也存在以下缺点。

① 出资者负有无限偿债责任,个人资产和企业资产没有差别。

② 筹资较困难。由于个人财力有限,借款时往往因信用不足而遭到拒绝。

（2）合伙企业

合伙企业是指由各合伙人订立合伙协议,共同出资、合伙经营、共享收益、共担风险,并对本企业债务承担无限责任的营利性企业。合伙企业具有开办容易、信用较佳的优点,但也存在以下缺点。

① 出资者负有无限偿债责任。

② 权力不集中,有时决策过程过于冗长。

③ 产权转让和外部筹资相对于公司制企业来说比较困难。

④ 独资企业和合伙企业的所有权和经营权都是合二为一的,即企业的所有者同时也是企业的经营者,二者都对企业债务负有无限责任,都不具备法人资格,不缴纳企业所得税,而是缴纳个人所得税。

（3）公司制企业

公司制企业是由若干人共同出资,依照公司法登记成立,具有法人资格,以营利为目的的经济实体。企业享有股东投资形成的全部法人财产权,依法享有民事权利,承担民事责任。企业股东作为出资者按投入企业的资本额享有资产受益、重大决策和选择管理者等权利,并以其出资额或所持股份为限对企业承担有限责任。公司制企业可以分为无限公司、有限责任公司、两合公司、股份有限公司等。本书所称公司主要指有限责任公司和股份有限公司。

与独资企业和合伙企业相比,公司制企业的一个重要特征就是所有权和管理权的潜在分离。公司制的优点主要有以下几点。

① 产权转让容易。因为公司的产权表示为股份,产权可以随时转让给新的所有者,公司持续经营与特定的持股者无关,所以股份转让不像合伙企业那样受到限制。

② 企业的所有者,即股东只承担有限责任,对企业债务的责任以其投资额为限。例如,假设股东购买股份公司1 000元的股份,其潜在损失就是1 000元。而在合伙企业,每个合伙人出资1 000元,其可能损失是1 000元加上合伙企业的负债。

③ 比较容易筹集资金。公司制企业通过发行股票、债券等可以迅速筹集到大量资金,这使公司制企业比独资企业和合伙企业具有更大的发展可能性。

但是,公司制企业也存在双重征税等主要缺点。

2. 税法

税法对企业财务决策具有重要影响。首先,国家财政收入的主要来源是企业所缴纳的各种税费,而国家财政状况和财政政策,对于企业资金供应和税收负担有着重要的影响。其次,国家各种税收的设置、税率的调整,还具有调节企业生产经营的作用。企业的财务决策应适应税收政策的导向,合理安排资金投放,以追求最佳经济效益。

我国目前与企业相关的税种主要有以下 5 种。

① 所得税类,包括企业所得税、个人所得税、外商投资企业和外国企业所得税等。

② 流转税类,包括增值税、消费税、关税等。

③ 资源税类,如资源税、土地使用税、土地增值税等。

④ 财产税类,如房产税、车辆购置税、契税、车船税等。

⑤ 行为税类,如印花税、城市维护建设税等。

财务人员应熟悉国家税收法律的规定,不仅要了解各税种的计征范围、计征依据和税类,还要了解差别税率的制定精神,减税、免税的原则规定,自觉按照税收政策导向组织生产经营活动和财务活动,正确处理企业财务关系。

3. 财务会计法规

财务会计法规是企业从事财务管理和会计实务工作必须遵循的法律规范,包括《会计法》《企业财务通则》《企业会计制度》等。《企业财务通则》是各类企业进行财务活动、实施财务管理的基本规范。

除上述法规外,与企业财务管理有关的其他法规还有很多,包括各种证券法律规范、结算法律规范、合同法律规范、上市公司法律规范等。财务人员应熟悉、掌握这些法律规范,以便更好地实现财务管理的目标。

1.2.2　金融环境

金融环境是企业财务管理的直接环境,也是最为重要的环境因素。它不仅为企业筹资和投资提供场所,而且促进了资本的合理流动和优化配置。下文主要介绍金融机构、金融市场和利率 3 个方面。

1. 金融机构

社会资金从资金供应者手中转移到资金需求者手中,大多要通过金融中介机构。我国主要的金融机构如下。

(1) 中国人民银行

中国人民银行是我国的中央银行,代表政府管理全国的金融机构和金融活动,管理国库。其主要职责是:①制定和实施货币政策,保持货币币值稳定;②依法对金融机构进行监督管理,维持金融业的合法、稳健运行;③维护支付和清算系统的正常运行;④持有、管理、经营国家外汇储备和黄金储备,代理国库和其他与政府有关的金融业务;⑤代表政府从事有关的国际金融活动。

(2) 商业银行

商业银行是以经营存款、放款、办理转账结算为主要业务,以营利为主要经营目标的金融企业。我国的商业银行可以分成两类:①国有独资商业银行,是由国家专业银行演变而来的,包括中国工商银行、中国农业银行、中国银行、中国建设银行等四大商业银行;②股份制商业银行,是1987年以后发展起来的,包括交通银行、深圳发展银行、华夏银行、招商银行等。股份制商业银行完全按商业银行的模式运作,服务比较灵活,业务发展很快。

(3) 政策性银行

政策性银行是指由政府设立,以贯彻国家产业政策、区域发展政策为目的,不以营利为目的的金融机构。我国目前有3家政策性银行:国家开发银行、中国进出口银行、中国农业发展银行。

(4) 非银行金融机构

非银行金融机构主要指证券机构、保险公司、财务公司、信托投资公司、租赁公司等。

2. 金融市场

金融市场是指资金供需双方通过金融工具融通资金的市场,即实现货币借贷和资金融通、办理各种票据和进行有价证券交易活动的市场。

金融市场可以按照以下不同的标准进行分类。

(1) 货币市场和资本市场

以期限为标准,金融市场可分为货币市场和资本市场。货币市场又称短期金融市场,是指以期限在1年以内的金融工具为媒介,进行短期资金融通的市场,包括同业拆借市场、票据市场、大额定期存单市场和短期债券市场;资本市场又称长期金融市场,是指以期限在1年以上的金融工具为媒介,进行长期资金交易活动的市场,包括股票市场和债券市场。

(2) 发行市场和流通市场

以功能为标准,金融市场可分为发行市场和流通市场。发行市场又称为一级市场,主要处理金融工具的发行与最初购买者之间的交易;流通市场又称为二级市场,主要处理现有金融工具转让和变现的交易。

(3) 资本市场、外汇市场和黄金市场

以融资对象为标准,金融市场可分为资本市场、外汇市场和黄金市场。资本市场以货币和资本为交易对象;外汇市场以各种外汇金融工具为交易对象;黄金市场则是集中进行黄金买卖和金币兑换的交易市场。

(4) 基础性金融市场和金融衍生品市场

按所交易金融工具的属性,金融市场可分为基础性金融市场与金融衍生品市场。基础性金融市场是指以基础性金融产品为交易对象的金融市场,如商业票据、企业债券、企业股票的交易市场;金融衍生品市场是指以金融衍生产品为交易对象的金融市场,如远期、期货、掉期(互换)、期权,以及具有远期、期货、掉期(互换)、期权中一种或多种特征的结构化金融工具的交易市场。

(5) 地方性金融市场、全国性金融市场和国际性金融市场

以地理范围为标准,金融市场可分为地方性金融市场、全国性金融市场和国际性金融市场。

3. 利率

利率又称利息率,是一定时期内利息与本金的比率,通常用百分比表示。在金融市场上,利率是资金使用权的价格。利率的变化不仅影响个人和企业的利益,还会影响整个国民经济。在企业融资、投资过程中,需要考虑利率变化的影响;在企业经营过程中,需要考虑利率变化对经济走势的影响。因此,财务管理者必须高度重视利率及其变动。

（1）利率的种类

① 年利率和月利率。按计算利率的期限单位,利率可划分为年利率与月利率。年利率是指按年计息的利率,一般按本金的百分之几表示,通常称年息几厘几毫。例如,年息 3 厘 5毫表明本金为 100 元的年利息额为 3.5 元。同样,月利率是指按月计息的利率,一般按本金的千分之几表示,如月息 5 厘,即本金为 1 000 元的月息为 5 元。

② 实际利率和名义利率。按债权人实际收益,利率可划分为实际利率和名义利率。实际利率是指剔除通货膨胀率后储户或投资者得到利息回报的真实利率;名义利率是指包含对通货膨胀补偿的利率。当物价不断上涨时,名义利率比实际利率高。一般银行存款及债券等固定收益产品的利率都是按名义利率支付利息,但在通货膨胀环境下,储户或投资者收到的利息回报就会被通胀侵蚀。

③ 基准利率和套算利率。按利率的变动关系,利率可划分为基准利率和套算利率。基准利率又称基本利率,是指在各种利率中起决定作用的利率,其他利率随着基准利率的变化而变化。它是中央银行实行货币政策的主要手段之一。西方国家一般以中央银行的再贴现利率为基准利率,我国是以中国人民银行对各专业银行的贷款利率为基准利率。套算利率是各金融机构根据基准利率和各自借、贷款的特点换算出的利率。

（2）利率的确定

利率是资金的价格。它主要由资金的供求关系来决定。资金的利率通常由以下 5 个部分组成。

① 纯利率。纯利率是指无通货膨胀、无风险情况下的社会平均利率。在没有通货膨胀时,国库券的利率可以视为纯利率。纯利率的高低受社会平均利润率、资金供求关系和国家调节的影响。

② 通货膨胀补贴率。通货膨胀使货币贬值、债权人的真实报酬下降。因此,债权人在把资金交给借款人时,会在纯粹利息率的水平上加上通货膨胀补贴率,以弥补通货膨胀造成的购买力损失。

③ 违约风险补贴率。违约风险是指借款人可能不能按时支付利息或不能如期偿还贷款本金。违约风险补贴率是指为了弥补因债务人无法按时还本付息而带来的风险,由债权人（投资人）要求提高的利率。信用等级越低,违约风险越大,债权人（投资人）要求的利率越高。

④ 流动性风险补贴率。流动性风险补贴率又称变现力风险补贴率,是指为了弥补因债务人资产变现力不好而带来的风险,由债权人（投资人）要求提高的利率。各种有价证券的变现力是不同的。政府债券和大公司的股票容易被人接受,债权人和投资人随时可以出售以收回投资,变现力很强。与此相反,一些小公司的债券鲜为人知,不易变现,债权人（投资

人)要求提高利率作为补偿。

⑤ 到期风险补贴率。到期风险补贴率是指为了弥补因偿债期长而带来的风险,由债权人(投资人)要求提高的利率。例如,5 年期国库券利率比 3 年期国库券高,二者的变现力和违约风险相同,差别在于到期时间不同。由于市场利率可能变动,到期时间越长,债权人可能遭受损失的风险越大。到期风险补贴率是对债权人承担利率变动风险的一种补偿。

以上 5 项中,纯利率和通货膨胀补贴率两项构成基础利率,违约风险补贴率、流动性风险补贴率和到期风险补贴率 3 项构成风险补偿率。

利率的一般计算公式可表示如下。

$$利率 = 基础利率 + 风险补偿率$$
$$= 纯利率 + 通货膨胀补贴率 + 违约风险补贴率 +$$
$$流动性风险补贴率 + 到期风险补贴率 \qquad (1-1)$$

1.2.3 经济环境

经济环境是影响财务管理的各种经济因素。经济环境内容十分广泛,包括经济体制、经济发展状况、通货膨胀、利率波动、竞争等。

1. 经济体制

在计划经济体制下,国家统筹企业资本、统一投资、统负盈亏,企业利润统一上缴,亏损全部由国家补贴,企业虽然是一个独立的核算单位但无独立的理财权利,财务管理活动的内容比较单一,财务管理方法比较简单。在市场经济体制下,企业成为"自主经营,自负盈亏"的经济实体,有独立的经营权,同时也有独立的理财权。企业可以从其自身需要出发,合理确定资本需要量,然后到市场上筹集资本,再把筹集到的资本投放到高效益的项目上获取更大的收益,最后将收益根据需要和可能进行分配,保证企业财务活动自始至终根据自身条件和外部环境做出各种财务管理决策并组织实施。因此,财务管理活动的内容比较丰富,方法也复杂多样。

2. 经济发展状况

一般来说,国民经济的迅速增长,会给企业扩大规模、调整经营方向、开拓新市场,以及拓宽财务活动领域带来机遇。为了跟上这种发展速度并在行业中维持相应的地位,企业需要相应增加厂房、设备、存货、人员配备等。这种增长需要大规模筹集资金,需要财务人员借入巨额资金或增发股票筹集资金;反之,企业就会收缩规模,降低对资金等资源的需求。

3. 通货膨胀

通货膨胀不仅对消费者不利,而且对企业财务活动的影响更为严重。大规模的通货膨胀会引起企业资金占用的连续增加;使有价证券价格下降,给企业筹集资金带来困难;导致企业利润虚增,税收的增加导致企业资金流失。为了减少通货膨胀对企业造成的影响,财务人员可采取的措施有:在通货膨胀初期,企业可加大投资,避免风险,实现资本保值;与客户签订长期采购合同,减小物价上涨造成的影响;举借长期债务,保持资本成本的相对稳定;在通货膨胀持续期间,采用偏紧的信用政策,减少企业债权,调整财务政策,防止和减少企业资本的流失等。

4. 利率波动

银行利率的波动,以及由此引起的股票和债券价格的波动,既给企业带来了机会,也给企业带来了挑战。企业在为剩余资金选择投资方案时,利用这种机会可获得经营之外的收益。例如,在购入长期债券后,由于市场利率下降,按固定利率计息的债券价格上涨,企业可出售债券获得比预期更高的收益;如果利率上升,企业也会因此蒙受损失。在选择资金来源时,预期利率将持续上升,以当前较低的利率发行长期债券,可以节约资金成本;如果后来事实与预期相反,企业则要承担比市场利率更高的资金成本。

5. 竞争

竞争广泛存在于市场经济之中,任何企业都不可能避免。企业之间、产品之间、现有产品和新产品之间的竞争,涉及设备、技术、人才、推销,以及管理等各个方面。竞争促使企业用更好的方法来生产更好的产品,对企业经济发展起到推动作用。竞争对企业既是机会,又是威胁。为了改善竞争地位,企业需要大规模投资,成功之后企业盈利增加;如果投资失败,则企业的竞争地位更为不佳。竞争能综合体现企业的全部实力和智慧,经济增长、通货膨胀、利率波动带来的财务问题,以及企业的对策在竞争中都会体现出来。

1.3 财务管理目标

企业的目标就是创造价值。一般而言,企业财务管理的目标就是为企业创造价值服务。鉴于财务主要是从价值方面对企业的商品或服务提供过程实施管理,因而财务管理可为企业的价值创造发挥重要作用。

1.3.1 企业财务管理目标

企业财务管理目标有以下几种具有代表性的理论。

1. 利润最大化

利润最大化就是假定企业财务管理以实现利润最大为目标。

以利润最大化作为财务管理目标,其主要原因有3个:一是人类从事生产经营活动的目的是创造更多的剩余产品,在市场经济条件下,剩余产品的多少可以用利润这个指标来衡量;二是在自由竞争的资本市场中,资本的使用权最终属于获利最多的企业;三是只有每个企业都最大限度地创造利润,整个社会的财富才可能实现最大化,从而带来社会的进步和发展。

利润最大化目标的主要优点是:企业追求利润最大化,就必须讲求经济核算,加强管理,改进技术,提高劳动生产率,降低产品成本。这些措施都有利于企业资源的合理配置,有利于企业整体经济效益的提高。

但是,以利润最大化作为财务管理目标存在以下缺陷。

① 没有考虑利润实现时间和资金时间价值。例如,今年100万元的利润和10年以后同等数量的利润其实际价值是不一样的,10年间还会有时间价值的增加,而且这一数值会随着贴现率的不同而有所不同。

② 没有考虑风险问题。不同行业具有不同的风险,同等利润值在不同行业中的意义也不相同。例如,风险比较高的高科技企业和风险相对较小的制造业企业无法作简单比较。

③ 没有反映创造的利润与投入资本之间的关系。例如,某企业去年实现利润200万元,投入资本额为1 000万元;今年实现利润250万元,投入资本则增加到2 500万元。到底哪一年更符合企业的目标? 从利润总额来说,今年比去年增加了50万元,增长率达25%,但显然不会认为今年的经营业绩比去年理想。因为今年的投资报酬率只有10%,比去年20%的投资报酬率大幅度下降。

④ 可能导致企业短期财务决策倾向,影响企业长远发展。由于利润指标通常按年计算,所以,企业决策也往往会服务于年度指标的完成或实现。

例 1-1 东方公司经过讨论形成了两个经营方案,其具体资料如表1.1所示。

表1.1　东方公司经营方案的年利润资料　　　　　　　　　万元

方案 \ 年份	1	2	3	4
甲方案	300	300	1 000	1 000
乙方案	1 000	1 000	300	300

要求:

选择东方公司的经营方案。

分析:

如果仅从利润的数量看,两个方案都可以选择,因为甲方案和乙方案4年的利润总额都是2 600万元。但是,如果从时间的角度分析,乙方案要好于甲方案,原因是乙方案先期获得的利润远远大于甲方案。因此,从理财的角度应选择乙方案。

2. 股东财富最大化

股东财富最大化是指企业财务管理以实现股东财富最大为目标。在上市公司,股东财富是由其所拥有的股票数量和股票市场价格两方面决定的。在股票数量一定时,股票价格达到最高,股东财富也就达到最大。

与利润最大化相比,股东财富最大化的主要优点如下。

① 考虑了风险因素,因为通常股价会对风险做出较敏感的反应。

② 在一定程度上能避免企业的短期行为,因为不仅目前的利润会影响股票价格,预期未来的利润同样会对股价产生重要影响。

③ 对上市公司而言,股东财富最大化目标比较容易量化,便于考核和奖惩。

④ 考虑了资金的时间价值。

以股东财富最大化作为财务管理目标存在以下缺点。

① 通常只适用于上市公司,非上市公司难以应用,因为非上市公司无法像上市公司一样随时准确地获得公司股价。

② 股价受众多因素影响,特别是企业外部的因素,有些还可能是非正常因素。股价不能完全准确地反映企业财务管理状况,如有的上市公司处于破产的边缘,但由于可能存在某些机会,其股票市价可能还在走高。

③ 更多强调的是股东利益,而对其他相关者的利益重视不够。

3. 企业价值最大化

企业价值最大化是指企业财务管理行为以实现企业的价值最大为目标。企业价值可以理解为企业所有者权益的市场价值,或者是企业所能创造的预计未来现金流量的现值。未来现金流量这一概念,包含了资金的时间价值和风险价值两个方面的因素。因为未来现金流量的预测包含了不确定性和风险因素,而现金流量的现值是以资金的时间价值为基础对现金流量进行折现计算得出的。

企业价值最大化要求企业通过采用最优的财务政策,充分考虑资金的时间价值和风险与报酬的关系,在保证企业长期稳定发展的基础上使企业总价值达到最大。

以企业价值最大化作为财务管理目标,具有以下优点。

① 考虑了取得报酬的时间,并用时间价值的原理进行了计量。

② 考虑了风险与报酬的关系。

③ 将企业长期、稳定的发展和持续的获利能力放在首位,能克服企业在追求利润上的短期行为,因为不仅目前利润会影响企业的价值,预期未来的利润对企业价值增加也会产生重大影响。

④ 用价值代替价格,克服了受外界市场因素的过多干扰,有效地规避了企业的短期行为。

但是,以企业价值最大化作为财务管理目标也存在以下问题。

① 企业的价值过于理论化,不易操作。对于上市公司而言,股票价格的变动在一定程度上揭示了企业价值的变化,但是,股价是多种因素共同作用的结果,特别是在资本市场效率低下的情况下,股票价格很难反映企业的价值。

② 对于非上市公司,只有对企业进行专门的评估才能确定其价值,而在评估企业的资产时,由于受评估标准和评估方式的影响,很难做到客观和准确。

4. 相关者利益最大化

在现代企业是多边契约关系的总和的前提下,要确立科学的财务管理目标,首先就要考虑哪些利益关系会对企业发展产生影响。在市场经济中,企业的理财主体更加细化和多元化。股东作为企业所有者,在企业中承担着最大的权利、义务、风险和报酬,但是债权人、员工、企业经营者、客户、供应商和政府也为企业承担着风险。例如,随着举债经营的企业越来越多,举债比例和规模也不断扩大,使得债权人的风险大大增加。在社会分工细化的今天,由于简单劳动越来越少,复杂劳动越来越多,所以职工的再就业风险不断增加。在现代企业制度下,企业经理人受所有者委托,作为代理人管理和经营企业,在激烈的市场竞争和复杂多变的形势下,代理人所承担的责任越来越大,风险也随之加大。随着市场竞争和经济全球化的影响,企业与客户、企业与供应商之间不再是简单的买卖关系,更多的情况下是长期的伙伴关系,处于一条供应链上,并共同参与同其他供应链的竞争,因而也与企业共同承担一部分风险。政府不管是作为出资人,还是作为监管机构,都与企业各方的利益密切相关。

综上所述,企业的利益相关者不仅包括股东,还包括债权人、企业经营者、客户、供应商、员工、政府等。因此,在确定企业财务管理目标时,不能忽视这些相关利益群体的利益。

相关者利益最大化目标的具体内容包括以下几个方面。

① 强调风险与报酬的均衡,将风险限制在企业可以承受的范围内。

② 强调股东的首要地位,并强调企业与股东之间的协调关系。

③ 强调对企业经营者的监督和控制,建立有效的激励机制以便企业战略目标的顺利实施。

④ 关心本企业普通职工的利益,促成职工长期努力为企业工作的愿望。

⑤ 不断加强与债权人的关系,培养可靠的资金供应者。

⑥ 关心客户的长期利益,以便保持销售收入的长期稳定增长。

⑦ 加强与供应商的协作,共同面对市场竞争。

⑧ 保持与政府部门的良好关系。

相关者利益最大化作为财务管理目标具有以下优点。

① 有利于企业长期稳定发展。这一目标注重企业在发展过程中保持与利益相关者的良好关系,避免只站在股东的角度进行投资可能导致的一系列问题。

② 体现了合作共赢的价值理念,有利于企业经济效益和社会效益的统一。企业在寻求自身的发展和利益最大化过程中,由于客户及其他利益相关者的利益,就会依法经营,依法管理,正确处理各种财务关系,自觉维护和确实保障国家、集体和社会公众的合法权益。

③ 这一目标本身是一个多元化、多层次的目标体系,较好地兼顾了各利益主体的利益。这一目标可使企业各利益主体相互作用、相互协调,并在使企业利益、股东利益达到最大化的同时,也使其他利益相关者利益达到最大化。也就是将企业财富这块“蛋糕”做到最大的同时,保证每个利益主体所得的“蛋糕”更多。

④ 体现了前瞻性和现实性的统一。例如,企业作为利益相关者之一,有其一套评价指标,如未来企业报酬贴现值,股东的评价指标可以使用股票市价,债权人可以寻求风险最小、利息最大,工人可以确保工资福利,政府可考虑社会效益等。不同的利益相关者有各自的指标,只要合理合法、互惠互利、相互协调,就可以实现所有相关者利益最大化。

因此,本书认为,相关者利益最大化是企业财务管理最理想的目标。

1.3.2 目标冲突与协调

将相关者利益最大化作为财务管理目标,其首要任务就是要协调相关者的利益关系,化解它们之间的利益冲突。协调相关者的利益冲突,要把握的原则是:尽可能使企业相关者的利益分配在数量上和时间上达到动态的协调平衡。在所有的利益冲突协调中,所有者与经营者、所有者与债权人利益冲突的协调至关重要。

1. 所有者与经营者利益冲突的协调

在现代企业中,经营者一般不拥有占支配地位的股权,只是所有者的代理人。所有者期望经营者代表他们的利益,实现所有者财富最大化;而经营者则有其自身的利益考虑,二者的目标经常会不一致。通常而言,所有者支付给经营者报酬的多少,在于经营者能够为所有者创造财富的多少。经营者和所有者的主要利益冲突,就是经营者希望在创造财富的同时能够获取更多的报酬、更多的享受,而所有者则希望以较小的代价(支付较少报酬)实现更多的财富。

为了协调这一利益冲突,通常可采取以下方式。

(1) 解聘

这是一种通过所有者约束经营者的办法。所有者对经营者予以监督,如果经营者绩效不佳,就解聘经营者;经营者为了不被解聘就需要努力工作,为实现财务管理目标服务。

(2) 接收

这是一种通过市场约束经营者的办法。如果经营者决策失误,经营不力,绩效不佳,该企业就可能被其他企业强行接收或吞并,相应经营者也会被解聘。经营者为了避免这种结果,就必须努力实现财务管理目标。

(3) 激励

激励就是将经营者的报酬与其绩效直接挂钩,以使经营者自觉采取能提高所有者财富的措施。

激励通常有以下两种方式。

① 股票期权激励。它是允许经营者以约定的价格购买一定数量的本企业股票,股票的市场价格高于约定价格的部分就是经营者所得的报酬。经营者为了获得更大的股票涨价益处,就必然主动采取能够提高股价的行动,从而增加所有者财富。

② 绩效股激励。它是企业运用每股收益、资产收益率等指标来评价经营者绩效,并视其绩效大小给予经营者数量不等的股票作为报酬。如果经营者绩效未能达到规定目标,经营者将丧失原先持有的部分绩效股。这种方式使经营者不仅为了多得绩效股而不断采取措施提高经营绩效,而且为了使每股市价最大化,也会采取各种措施使股票市价稳定上升,从而增加所有者财富,但即使由于客观原因股价并未提高,经营者也会因为获取绩效股而获利。

2. 所有者与债权人利益冲突的协调

所有者的目标可能与债权人期望实现的目标发生矛盾。首先,所有者可能要求经营者改变举债资金的原定用途,将其用于风险更高的项目,这会增大偿债风险,债权人的负债价值也必然会降低,造成债权人风险与收益的不对称。因为高风险的项目一旦成功,额外的利润就会被所有者独享;但若失败,债权人却要与所有者共同负担由此而造成的损失。其次,所有者可能在未征得现有债权人同意的情况下,要求经营者举借新债,因为偿债风险相应增大,从而致使原有债权的价值降低。

所有者与债权人的上述利益冲突,可以通过以下方式解决。

(1) 限制性借债

债权人通过事先规定借债用途限制、借债担保条款和借债信用条件,使所有者不能通过以上两种方式削弱债权人的债权价值。

(2) 收回借款或停止借款

债权人发现企业有侵蚀其债权价值的意图时,可以提前收回借款,并拒绝进一步合作,不提供新的借款。

1.4 财务管理环节

财务管理的各个环节,包括财务预测、财务决策、财务预算、财务控制和财务分析等。这也是财务管理的工作步骤与一般程序,是企业为了达到财务目标而对财务环境发展变化所做的能动的反应,也可称为财务管理的职责和功能。

1.4.1 财务预测

财务预测是根据企业财务活动的历史资料,考虑现实的要求和条件,对企业未来的财务活动做出较为具体的预计和测算的过程。财务预测可以测算各项生产经营方案的经济效益,为决策提供可靠的依据;可以预计财务收支的发展变化情况,以确定经营目标;可以测算各项定额和标准,为编制计划、分解计划指标服务。

财务预测工作包括这样几个方面的内容:①明确预测的对象和目的;②搜集和整理有关信息资料;③选定预测方法,利用预测模型进行测算。

财务预测的方法主要有定性预测和定量预测两类。定性预测法,主要是利用直观材料,依靠个人的主观判断和综合分析能力,对事物未来的状况和趋势做出预测的一种方法。这种方法一般在企业缺乏完备、准确的历史资料的情况下采用。定量预测法,主要是根据变量之间存在的数量关系建立数学模型来进行预测的方法。这种方法是在掌握大量历史数据的基础上进行的。定量预测法又可分为趋势预测法和因果预测法。

定性预测法和定量预测法各有优缺点,实际工作中可把两者结合起来运用,既进行定性分析,又进行定量分析。

1.4.2 财务决策

财务决策是财务人员在财务管理目标的总体要求下,从若干个可选择的财务活动方案中,选出最优方案的过程。财务决策是财务管理的中心环节,决策的好坏直接影响企业的生存和发展。在财务决策中,应深入调查,寻找做出决策的条件和依据,根据一定的价值标准评选方案。

财务决策的方法主要有对比优选法、数学微分法、线性规划法、概率决策法以及损益决策法等。

① 对比优选法是通过比较不同方案的经济效益的好坏进行选优的决策方法。对比优选法是财务决策的基本方法。根据对比方式的不同,可分为总量对比法、差量对比法和指标对比法等。

② 数学微分法是运用数学微分的原理,对具有曲线关系的极值问题进行求解并确定最优方案的决策方法。在决策中,最佳现金余额决策、最佳资本结构决策和存货的经济批量决策适用此方法。

③ 线性规划法是根据运筹学的原理,对具有线性关系的极值问题进行求解并确定最优方案的决策方法。这种方法可以帮助管理人员合理组织人力、物力和财力。

④ 概率决策法是通过方案的各种可能的结果及其发生的概率,计算期望值和标准差与标准离差率,并进行最优决策的方法。这种方法适用于风险型决策。

⑤ 损益决策法适用于不确定型决策,是指未来情况很不清楚,只能预测可能出现的结果,而且出现这种可能结果的概率也无法确切地进行估计的决策。常用的方法有最大最小后悔值法、小中取大法和大中取大法等。

1.4.3 财务预算

财务预算是根据财务战略、财务计划和各种预测信息,确定预算期内各种预算指标的过程。它是财务战略的具体化,是财务计划的分解和落实。

财务预算一般包括以下内容:分析财务环境,确定预算指标;协调财务能力,组织综合平衡;选择预算方法,编制财务预算。

财务预算的方法通常包括固定预算与弹性预算、增量预算与零基预算、定期预算和滚动预算等。

1.4.4 财务控制

财务控制是根据企业财务预算目标、财务制度和国家有关法规,对实际(或预计)的财务活动进行对比、检查,发现偏差并及时纠正,使之符合财务目标与制度要求的管理过程。通过财务控制,能使财务计划与财务制度对财务活动发挥规范与组织作用,使资金占用与费用水平控制在预定目标的范围之内,保证企业经济效益的提高。

财务控制要适应定量化的控制需要,其主要内容包括以下3个方面:制定控制标准,分解落实责任;实施追踪控制,及时调整误差;分析执行差异,搞好考核奖惩。

财务控制的方式多种多样。按控制时间的不同,可分为事前控制、事中控制和事后控制;按控制具体方式的不同,可分为定额控制、预算控制和开支标准控制;按控制指标的不同,可分为绝对数控制和相对数控制。财务控制必须按照财务活动的不同情况,分别采取不同的控制方式,才能取得良好的效果。

1.4.5 财务分析

财务分析是以财务的实际和计划资料为依据,结合业务经营活动情况,对造成财务偏差的主观和客观因素进行揭示,并测定各影响因素对分析对象的影响程度,提出纠正偏差对策的过程。通过财务分析,可以深入了解和评价企业的财务状况、经营成果,掌握企业各项财务预算指标的完成情况,查找管理中存在的问题并提出解决问题的对策。财务分析的主要内容包括以下4个方面:占有资料,掌握信息;指标对比,揭示问题;分析原因,明确责任;提出措施,改进工作。

财务分析常用的方法主要有对比分析法、比率分析法和综合分析法等。对比分析法是通过对有关指标进行比较来分析财务状况的方法;比率分析法是将相互联系的财务指标进行对比,以形成财务比率,用来分析和评价企业财务状况和经营成果的方法;综合分析法是结合多种财务指标,综合考虑影响企业财务状况和经营成果的各种因素的分析方法。

本章小结

1. 企业财务管理是指企业组织财务活动、处理财务关系的一项经济管理工作,是企业管理的重要组成部分。

2. 企业财务活动是企业资金收支活动的总称,包括资金的筹集、投资、营运及分配等一系列行为,是财务管理的对象和基本内容。

3. 企业财务关系是指企业作为财务活动的主体在组织财务活动过程中与有关各方所发生的经济利益关系。其内容包括:企业与国家行政管理机关之间的财务关系;企业与投资者之间的财务关系;企业与债权人之间的财务关系;企业与受资者之间的财务关系;企业与债务人之间的财务关系;企业内部各单位之间的财务关系;企业与员工之间的财务关系。

4. 财务管理环境是指对企业财务活动、财务关系产生影响作用的一切因素的总和,包括内部财务管理环境与外部财务管理环境。影响企业外部财务管理环境的因素主要包括法律环境、经济环境和金融环境等。

5. 企业财务管理目标是指企业财务管理活动所要达到的根本目的。目前,关于财务管理目标主要有4种观点:利润最大化、股东财富最大化、企业价值最大化和相关者利益最大化。其中,相关者利益最大化是财务管理的最优目标。

6. 财务管理环节是指财务管理的工作步骤和一般程序,包括财务预测、财务决策、财务预算、财务控制和财务分析等内容。

本章习题

一、单项选择题

1. 能够体现企业与其投资者之间财务关系的经济活动是(　　　)。

  A. 企业向国有资产投资公司交付利润

  B. 企业向国家税务机关缴纳税款

  C. 企业向其他企业支付货款

  D. 企业向职工支付工资

2. 企业财务管理的对象是(　　　　)。

  A. 资金运动及其体现的财务关系　　　B. 资金的数量增减变动

  C. 资金的循环与周转　　　　　　　　D. 资金投入、退出和周转

3. 企业与债务人的财务关系在性质上是一种(　　　　)。

  A. 经营权与所有权关系　　　　　　　B. 投资与被投资关系

  C. 委托代理关系　　　　　　　　　　D. 债权债务关系

4. (　　　)是财务预测和财务决策的具体化,是财务控制和财务分析的依据。

  A. 财务管理　　　B. 财务预算　　　C. 财务关系　　　D. 财务活动

5. 公司与政府之间的财务关系体现为(　　　　)。

  A. 债权债务关系　　　　　　　　　　B. 强制和无偿分配的关系

  C. 风险收益对等关系　　　　　　　　D. 资金结算关系

二、多项选择题

1. 企业财务活动包括(　　　　　)。

  A. 筹资活动　　　　　　　　　　　　B. 投资活动

  C. 资金营运活动　　　　　　　　　　D. 资金分配活动

2. 利润最大化目标的主要缺点是(　　　　　)。

  A. 没有考虑资金的时间价值

  B. 没有考虑资金的风险价值

  C. 是一个绝对值指标,未能考虑投入和产出之间的关系

  D. 容易引起企业的短期行为

3. 债权人为了防止自身利益被损害,可以采取(　　　　　)等保护措施。

  A. 参与董事会监督所有者

  B. 限制性借款

  C. 收回借款,不再借款

  D. 取得立法保护,如优先于股东分配剩余财产

4. 对企业财务管理而言,(　　　　　)只能加以适应和利用,但不能改变。

  A. 国家的经济政策　　　　　　　　　B. 金融市场环境

  C. 企业经营规模　　　　　　　　　　D. 国家的财务法规

5. 金融环境是指影响企业理财的各项宏观经济因素,其内容包括(　　　　　)等。

  A. 金融市场　　　B. 金融机构　　　C. 经济体制　　　D. 利率

三、简答题

1. 什么是财务管理? 什么是财务活动?

2. 什么是财务关系？企业的财务关系可以概括为哪几个方面？

3. 怎样理解企业财务管理的目标？

4. 如何协调企业所有者与企业经营者的目标？

5. 如何协调企业所有者与企业债权人的目标？

第 2 章
资金的时间价值和风险价值

学习目标
- 理解资金时间价值的概念。
- 掌握复利现值、终值的计算。
- 掌握不同类型年金现值、终值的计算。
- 了解风险的概念、种类,以及衡量风险的指标的计算。

技能要求
- 能够应用资金时间价值的概念对实际生活中的财务问题进行分析。
- 能够应用相关指标进行风险的衡量。

案例导入

周教授是中国科学院院士,一日接到一家上市公司的邀请函,邀请他作为公司的技术顾问,指导开发新产品。邀请函的具体条件如下:

(1) 每个月来公司指导工作 1 天;

(2) 每年聘金 10 万元;

(3) 提供公司的在 A 市住房 1 套,价值 80 万元;

(4) 在公司至少工作 5 年。

周教授对以上工作待遇很感兴趣,对公司开发的新产品也很有研究,决定应聘。但他不想接受住房,因为每月工作 1 天,只需住公司招待所就可以了。因此他向公司提出,能否将住房改为住房补贴。公司研究了周教授的请求,决定可在今后 5 年里每年年初给周教授支付 20 万元住房补贴。收到公司通知后,周教授又犹豫起来。因为如果向公司要住房,可以将其出售,扣除售价 5% 的契税和手续费后,他可以获得 76 万元;如果接受住房补贴,则每年年初可获得 20 万元。

思考:假设当前银行存款年利率为 3%,周教授应该如何选择?

为了有效地组织财务管理工作,实现财务管理目标,企业财务人员、管理人员都必须树立基本的财务管理观念。资金的时间价值观念和风险价值观念是现代财务管理的两个基础观念。无论是筹资管理、投资管理还是利润的分配管理,都必须考虑资金的时间价值和风险价值。

2.1 资金的时间价值观念

2.1.1 资金的时间价值概念

公司常常会面临这样的机会:通过投资某一项目,或者购入有价证券,利用自有资金获取相应的回报。现金流的发生时间,无论是现金的流入还是流出,都有着重要的经济意义。财务管理中称之为"资金的时间价值"。

资金的时间价值基于这样一个观念:今天的1元钱价值高于未来某一天的1元钱。资金的时间价值是怎样产生的呢? 是资金在周转使用中由于时间因素而形成的差额价值。在现实经济生活中,等量资金在不同时期具有不同的价值。年初的1万元,运用以后,到年终其价值要高于1万元。这是因为资金投入生产经营,生产出新的产品,创造新的价值,会实现增值。资金周转使用的时间越长,所获得的利润越多,实现的增值额就越大。资金时间价值的实质是资金周转使用中由于时间因素形成的增值。

通常情况下,资金的时间价值是指在没有风险和没有通货膨胀条件下的社会平均资金利润率。在购买国库券或政府债券时,一般认为几乎没有风险,如果通货膨胀率很低,政府债券利率可视同资金时间价值。

对于资金时间价值的研究,可从考虑这样两个概念开始:资金的终值和现值。在财务管理中,资金的价值、财务管理中的决策判断,都可以通过计算终值和现值来实现。而无论是采用终值技术还是现值技术,只要方法正确,得出的最终结论是完全一致的,它们只是从不同的角度来考虑问题。终值技术一般用于寻求资金未来的价值,即衡量项目终了时的价值;而现值技术则是寻找资金现在的价值,即衡量项目开始时(指时间的零点)的价值。

为了计算方便,引入时间轴的概念。所谓时间轴,是指一条水平的直线,最左边表示的是时间的零点,由左向右则依次标出与某一项投资相关的现金流发生的时点。图2.1画出了包含6个时间点的这样一条直线。在零点及每一年年末发生的现金流均在直线的上方标出。负值表示现金的流出(如零点的 −10 000 元);正值则表示现金的流入(第一年年末有 3 000 元现金流入;第二年年末有 5 000 元现金流入等)。财务管理中,经常利用时间轴,帮助大家更好地分析、解决问题。

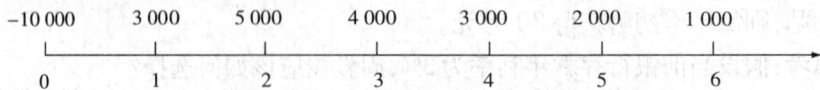

−10 000	3 000	5 000	4 000	3 000	2 000	1 000
0	1	2	3	4	5	6

图2.1 用时间轴表示与某项投资相关的现金流

资金具有时间价值。因此,图2.1中所示的相关现金流的价值必须选择在同一时点衡量。通常,会选在投资项目的终点或起点。终值技术是通过计算项目终结时每一笔款项对应的终值,求和,算出该项投资总的终值。该方法如图2.2中时间轴上部所示。由图2.2可以看出,每一笔款项都分别计算了在第6年年末的终值。而另一常用的方法——现值技术,则采用贴现的方法计算出了每笔款项在零点对应的现值,求和,算出该项投资总的现值。该方法如图2.2中时间轴下部所示。

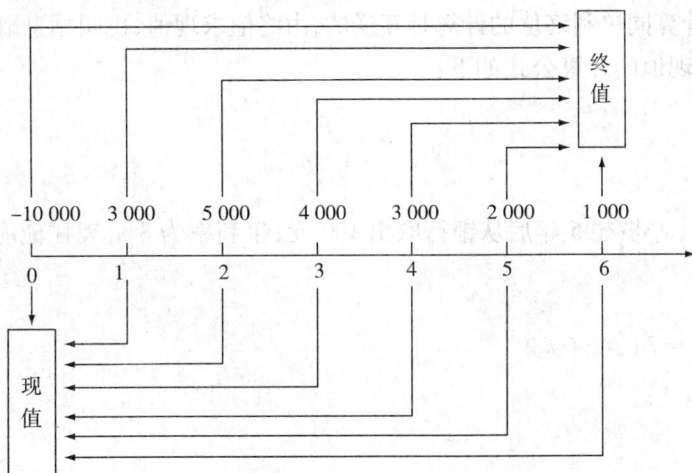

图2.2 用时间轴表示的终值和现值的计算

虽然两种方法在正确加以应用时,得出的结论完全一致,但人们仍倾向于采用现值技术,因为几乎所有的财务决策都必须在现在做出。在求解现值和终值的过程中,通常都包含了大量的计算。在充分理解了这些计算所包含的概念的基础上,实际操作中,可以利用一些数据表格来简化计算过程。本书附录附有相应的复利终值系数表、复利现值系数表、年金终值系数表及年金现值系数表,用来辅助计算。

2.1.2 一次性收付款项终值和现值的计算

一次性收付款项是指在某一特定时点上一次性支付(或收取),经过一段时间后再相应地一次性收取(或支付)的款项。

终值指未来值,也叫本利和,即现在一定量的资金在未来某一时点上的价值。现值又称本金,是指未来某一时点上的一定量的现金折合到现在的价值。

1. 单利

单利是指只有本金才能获得利息,利息不能生成利息的一种计息方式。

(1)单利终值的计算

单利终值只计算本金利息的本利和。

一般地,单利终值的计算公式如下:

$$F = P + Pin \qquad (2-1)$$
$$= P(1+in)$$

式中,F——终值(本利和);P——现值(本金);i——利息率;n——时间(计息期数)。

例 2-1 小罗将100元存入银行,年利率为8%,5年后他取得的本利和是多少?

$$F = 100 \times (1 + 8\% \times 5) = 140(元)$$

（2）单利现值的计算

单利现值的计算同单利终值的计算是互逆的，由终值求现值，也叫贴息取现，简称贴现。

一般地，单利现值的计算公式如下：

$$P = \frac{F}{1 + in} \qquad\qquad (2-2)$$

例 2-2 小罗想 5 年后从银行取出 100 元，年利率为 8%，现在他应该一次性存入银行多少钱？

$$P = \frac{100}{1 + 8\% \times 5} = 71.43(元)$$

2. 复利

想象一下，从 25 岁开始，你每年往自己的储蓄账户里存入 2 000 元，年利率为 5%。40 年后，当你 65 岁时，你共计存入款项 80 000(2 000×40)元。假设你从未取款，你的账户里实际该有多少钱呢？100 000 元，150 000 元，还是 200 000 元？事实上，你的 80 000 元将增加到 242 000 元！为什么呢？因为资金具有时间价值，存款将在 40 年里获得利息，同时，利又生利。

复利表示的含义是：每经过一个计息期，要将所生利息加入本金再计利息，逐期滚算，俗称"利滚利"。计息期是指相邻两次计息的时间间隔，可以是日、月、年等。通常，按年计算复利是最为普遍的。

（1）复利终值的计算

一笔款项的终值，就是一定量的本金按某一复利利率计算的一定期间后的本利和。下面举个简单的例子，说明利率按年复合时，终值如何进行计算。

例 2-3 小罗将 100 元存入银行，年利率为 8%。第一年年末，他的账户里将会有 108 元。这 108 元含 100 元本金以及 8 元利息。第一年年末的终值计算如下。

$$FV_1 = 100 \times (1 + 8\%) = 108 \ (元)$$

假设小罗继续将钱存在银行里，那么接下来一年，他所获取的利息将以利率 8%、本金 108 元来计算。第二年年末，他的账户资金总额为 116.64 元，包含了 108 元本金，以及 8.64 元利息。第二年年末终值计算如下。

$$FV_2 = 108 \times (1 + 8\%) = 116.64(元)$$

将上面的计算合并考虑，有：

$$\begin{aligned} FV_2 &= 100 \times (1 + 8\%) \times (1 + 8\%) \\ &= 100 \times (1 + 8\%)^2 \\ &= 116.64(元) \end{aligned}$$

将上式所表示的基本关系推而广之,任意期复利终值可以这样来进行计算:

$$FV_n = PV \times (1+i)^n \tag{2-3}$$

式中,FV_n——n期后的复利终值;PV——原始本金或资金现值;i——年利率;n——计息总期数,通常为年数。

例2-4 小林在银行存入1 000元,年利率为6%,按年计息,5年后本利和是多少?

将$PV=1\,000$、$i=6\%$、$n=5$代入公式,算出第5年年末的终值。

$$\begin{aligned} FV_5 &= 1\,000 \times (1+0.06)^5 \\ &= 1\,000 \times 1.338\,2 \\ &= 1\,338.20(元) \end{aligned}$$

小林第5年年末在账户里将有1 338.20元。分析过程如图2.3所示。

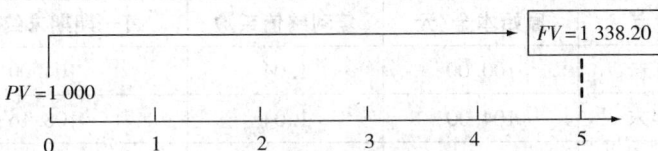

图2.3　用时间轴表示的复利终值的计算

例2-4中的计算过程很费时、费力,因为需要计算1.06的5次方。使用复利终值系数表能够简化计算。本金1元所产生的复利在附表1中列出。表中提供了公式中$(1+i)^n$的对应数据。$(1+i)^n$称为复利终值系数,可以用它来计算给定利率和期限的一定量资金的终值。利率为i、期限为n的1元年金的复利终值系数用$(F/P,i,n)$表示:

$$(F/P,i,n) = (1+i)^n \tag{2-4}$$

已知i,n,通过查表,即可找出与某一特定问题相关的复利终值系数。公式(2-3)因此可改写为:

$$FV_n = PV \times (F/P,i,n) \tag{2-5}$$

因此,n期末一笔款项的终值FV_n的计算,只需用原始本金PV乘以相应的复利终值系数即可。

如例2-4所述,查表可知,利率6%、5年期、本金1元,所对应的复利终值系数$(F/P,6\%,5)$为1.338 2。代入公式(2-5),求得第5年年末终值为1 338.20元。

关于复利终值系数,做以下4点说明。

① 表格中对应的复利终值系数,给出的是1元年金在指定时间段期末的终值。

② 单一现金流的复利终值系数恒大于1,仅当利率为0时等于1。

③ 对于任何确定的时间段,利率上升,对应的复利终值系数也会上升。因此,利率越高,对应的终值越大。

④ 对应于给定的利率,资金的终值会随着时间的推移而增加。因此,时间越长,终值越大。

（2）频繁计复利

利率经常会以高于每年一次的频率复合。金融机构会每半年、每季、每月、每天来计复利,甚至连续无穷复合。下面简单地讨论一下每半年计复利的情况,并给出频繁计复利的通用公式。

① 半年计复利一次。半年计复利一次是指1年里包含了2个复利期间。因此,利息并非按照给定的利率每年付一次,而是按所给利率的一半来支付,1年付2次利息。

例2-5 小罗计划在他的银行账户里存入100元,利率为8%,每半年计复利一次。假设存款期间为2年,他将总计收到4次4%的利息,计息期间为半年。表2.1表示了当利率为8%,每半年计复利一次时,在第一年年末,小罗的账户里会有108.16元;第二年的年末,他将会有116.99元。

表2.1 利率为8%每半年计息一次、本金100元的复利终值

时 间 点	原始本金/元	复利终值系数	每一期期末终值/元
6个月末	100.00	1.04	104.00
第一年末	104.00	1.04	108.16
18个月末	108.16	1.04	112.49
第二年末	112.49	1.04	116.99

② 复利期间小于1年的终值计算公式。由上面的例子可以看出,假设用m表示1年内利率复合的次数,则公式(2-3)(利率按年复合时复利计算公式)可改写为:

$$FV_n = PV \times \left(1 + \frac{i}{m}\right)^{m \times n} \tag{2-6}$$

如例2-5所述,小罗计划在他的银行账户里存入100元,利率为8%,每半年计复利一次,则有:

$$FV_2 = 100 \times \left(1 + \frac{0.08}{2}\right)^{2 \times 2}$$
$$= 100 \times (1 + 0.04)^4$$
$$= 116.99(\text{元})$$

（3）复利现值的计算

确定未来一笔款项的资金现值常常是很有用的。所谓现值,是指未来一笔款项现在所具有的价值。或者说,在给定利率和期限的前提下,为将来能够获取一定的款项现在所需投资的款额。

寻找资金现值的过程通常被称为现金流的贴现。这个过程,事实上是求复利终值的逆运算。它所关心的是寻求这个问题的答案:如果资金可以获取i的利率,那么,为了在n期之后获取FV_n元,现在最多愿意支付多少款项? 该利率i通常被称为贴现率,有时也称为资金成本。

例2-6 小王计划现在存入一笔钱,2年后取出时本利和要达到3 000元。假设当

前银行存款利率为 6% ,现在小王应存入多少款项?

$$PV \times (1 + 6\%)^2 = 3\,000$$

$$PV = \frac{3\,000}{(1 + 6\%)^2}$$

$$= 2\,669.99(元)$$

资金的现值计算可以直接通过终值公式变形得到。也就是说,已知终值为 FV_n、利率为 i 时,现值可以这样计算:

$$PV = \frac{FV_n}{(1 + i)^n} \tag{2-7}$$

例 2-7　某企业计划现在存入一笔资金,8 年后取出时本利和要达到 1 700 元。按 8% 的贴现率计算,现在应存入多少款项?

分析:

根据已知条件,$FV_8 = 1\,700$, $n = 8$, $i = 0.08$,代入公式(2-7),得:

$$PV = \frac{1\,700}{(1 + 0.08)^8}$$

$$= \frac{1\,700}{1.850\,9}$$

$$= 918.47(元)$$

在时间轴上表示,如图 2.4 所示。

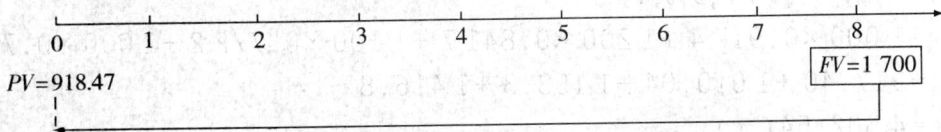

图 2.4　用时间轴表示的复利现值的计算

现值的计算可以通过使用复利现值系数表加以简化。贴现率为 i、期限为 n 的复利现值系数用 $(P/F, i, n)$ 来表示:

$$(P/F, i, n) = \frac{1}{(1 + i)^n} \tag{2-8}$$

本金 1 元的复利现值在附表 3 中给出,因此公式(2-7)可改写为:

$$PV = FV_n \times (P/F, i, n) \tag{2-9}$$

由公式(2-9)可以看出,要求未来 n 期后一笔款项的资金现值,只需用终值 FV_n 乘以相应的复利现值系数即可。

如例 2-7 中的计算,可以先查出利率为 8%、8 年期的复利现值系数 $(P/F, i, n)$ 为 0.540 3。用终值 1 700 乘以 0.540 3,即可算出复利现值为 918.51 元。

关于复利现值系数,做 4 点补充说明。

① 表格中对应的复利现值系数,给出的是在指定的时间段末获取的1元资金的现值。

② 单一现金流的复利现值系数恒小于1,仅当利率为0时等于1。

③ 对于任何确定的时间段,贴现率越高,对应的复利现值系数会越小。因此,贴现率越高,获取同样回报所需付出的资金越少。

④ 对应于给定的贴现率,资金的现值会随着时间的推移而减少。因此,时间越长,现值越小。

（4）混合现金流的现值计算

在现实生活中,常常会需要计算未来不同时点收到的一系列现金款项的现值。下面先讨论这些现金流不相等,并无任何规律可循时,混合现金流的现值计算。

例 2-8 小王预计接下来的4年内,每一年年末会收到以下款项。

时　间	款额/元
第一年年末	1 000
第二年年末	1 200
第三年年末	1 500
第四年年末	2 000

假设当前贴现率为9%,问:相当于小王现在一次收到多少钱?

分析:

所求资金现值应该等于未来系列收付款项的现值之和,即:

$$PV = FV_1 \times (P/F, 9\%, 1) + FV_2 \times (P/F, 9\%, 2) + FV_3 \times (P/F, 9\%, 3)$$
$$+ FV_4 \times (P/F, 9\%, 4)$$
$$= 1\ 000 \times 0.917\ 4 + 1\ 200 \times 0.841\ 7 + 1\ 500 \times 0.772\ 2 + 2\ 000 \times 0.708\ 4$$
$$= 917.40 + 1\ 010.04 + 1\ 158.3 + 1\ 416.8$$
$$= 4\ 502.54(元)$$

在时间轴上表示,如图2.5所示。

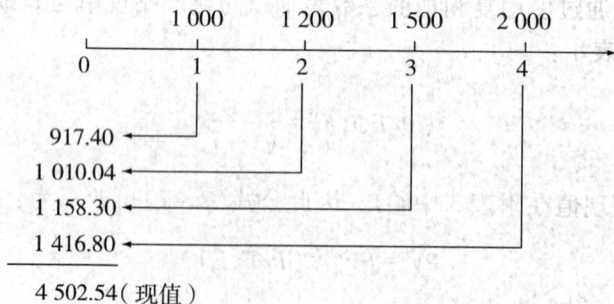

图2.5　用时间轴表示的混合现金流现值的计算

2.1.3　年金终值和现值的计算

年金是指一定时间内连续等额的系列收付款项。例如,折旧、养老金、分期偿还贷款、零存整取等,通常都属于年金收付形式。

按其每次收付发生时点的不同,年金可分为普通年金、即付年金、递延年金、永续年金等几种。

1. 普通年金终值计算

每一期期末等额收付的年金,称为普通年金,又称后付年金。普通年金的终值就是一定时期内每期期末收付款项的复利终值之和。其计算方法举例说明如下。

例2-9　小罗决定在接下来的5年时间里,每一年的年末在自己的银行账户存入1 000元,银行利率为8%。问:第5年的年末,他的账户里将有多少钱?

分析:

很明显,该现金流属于普通年金的范畴。表2.2显示了求第5年年末终值所涉及的相关计算。在时间轴上表示,如图2.6所示。

表2.2　利率为8%、5年期、1 000元普通年金的终值计算

n 年末	存入款项 (1)/元	复利年限 (2)/年	复利终值系数 (3)	年末终值 (1)×(3)/元
1	1 000	4	1.360	1 360
2	1 000	3	1.260	1 260
3	1 000	2	1.166	1 166
4	1 000	1	1.080	1 080
5	1 000	0	1.000	1 000

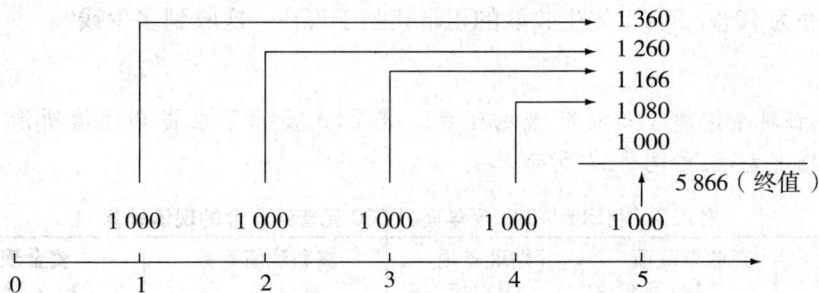

图2.6　用时间轴表示的普通年金终值的计算

例2-9中,年金的终值计算可以简化。

第5年年末的年金终值 $=[1\,000\times(1.360)]+[1\,000\times(1.260)]$

$$+[1\ 000\times(1.166)]+[1\ 000\times(1.080)]$$
$$+[1\ 000\times(1.000)]$$
$$=5\ 866(元)$$

即：

第 5 年年末的年金终值 $=1\ 000\times(1.360+1.260+1.166+1.080+1.000)$
$$=5\ 866(元)$$

因此,年金终值的计算,可以用每年发生的现金流乘以相应的复利终值系数,求和得到。

利用年金终值系数表,通过查找对应的年金终值系数,可以进一步简化年金的终值计算。查附表 2 可知,利率为 8%、期限为 5 年的普通年金终值系数为 5.867。因此,例 2-9 中：

第 5 年年末的年金终值 $=1\ 000\times5.867$
$$=5\ 867(元)$$

利率为 i、期限为 n 的普通年金终值系数用 $(F/A,i,n)$ 来表示：

$$(F/A,i,n)=\sum_{t=1}^{n}(1+i)^{t-1}=\frac{(1+i)^{n}-1}{i} \qquad (2-10)$$

该公式表明,n 期普通年金终值系数等于对应的 $n-1$ 期复利终值系数之和加 1。这种对应关系在例 2-9 中得到了很好的验证。

用 FVA_n 表示 n 期普通年金的终值,A 表示每期期末收付的款项,$(F/A,i,n)$ 表示利率为 i、n 期普通年金终值系数,则：

$$FVA_n=A\times(F/A,i,n) \qquad (2-11)$$

利用公式(2-11)及书后的附表 2,即可求出对应的普通年金终值。

2. 普通年金现值计算

普通年金现值是一定时期内每期期末收付款项的复利现值之和。

例 2-10 王先生有一套房子,预计出租 5 年,租金按年收取,每年 1 000 元。假设当前银行利率为 10%。问：王先生收取的租金相当于现在一次收到多少钱?

分析：

很明显,该现金流属于普通年金的范畴。表 2.3 显示了求资金现值所涉及的相关计算。在时间轴上表示,如图 2.7 所示。

表 2.3 利率为 10%、5 年期、1 000 元普通年金的现值计算

n 年末	收取款项 (1)/元	贴现年限 (2)/年	复利现值系数 (3)	资金现值 (1)×(3)/元
1	1 000	1	0.909	909
2	1 000	2	0.826	826
3	1 000	3	0.751	751
4	1 000	4	0.683	683
5	1 000	5	0.621	621

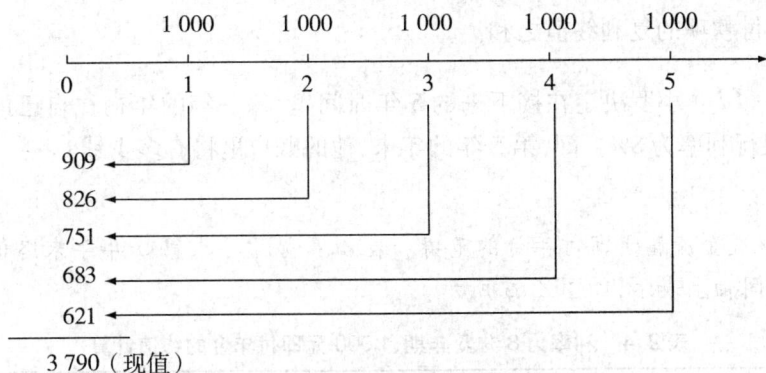

图2.7　用时间轴表示的普通年金现值的计算

例2－10中,年金的现值计算可以简化。

5年期普通年金现值 = [1 000×(0.909)] + [1 000×(0.826)]

　　　　　　　 + [1 000×(0.751)] + [1 000×(0.683)]

　　　　　　　 + [1 000×(0.621)]

　　　　　　 = 3 790(元)

即:

　　5年期普通年金现值 = 1 000×(0.909 + 0.826 + 0.751 + 0.683 + 0.621)

　　　　　　　　 = 3 790(元)

因此,年金现值的计算,可以用每年发生的现金流乘以相应的复利现值系数,求和得到。

利用年金现值系数表,通过查找对应的年金现值系数,可以进一步简化年金的现值计算。查附表4可知,利率为10%、期限为5年的普通年金现值系数为3.791。因此,例2－10中:

　　5年期普通年金现值 = 1 000×3.791 = 3 791(元)

利率为 i、期限为 n 的普通年金现值系数用 $(P/A, i, n)$ 来表示:

$$(P/A, i, n) = \sum_{t=1}^{n} \frac{1}{(1+i)^t} = \frac{1 - (1+i)^{-n}}{i} \qquad (2-12)$$

该公式表明, n 期普通年金现值系数等于对应的 n 期复利现值系数之和。这种对应关系在例2－10中得到了很好的验证。

用 PVA_n 表示 n 期普通年金的现值, A 表示每期期末收付的款项, $(P/A, i, n)$ 表示利率为 i、n 期普通年金现值系数,则:

$$PVA_n = A×(P/A, i, n) \qquad (2-13)$$

利用公式(2－13)及书后的附表4,即可求出对应的普通年金现值。

3. 即付年金终值计算

每一期期初收付的年金,称为即付年金,又称预付年金。即付年金的终值就是一定时期内每期期初收付款项的复利终值之和。

例 2-11　小罗决定在接下来的 5 年时间里,每一年的年初往自己的银行账户存入 1 000 元,银行利率为 8%。问:第 5 年的年末,他的账户里将有多少钱?

分析:

很明显,该现金流属于即付年金的范畴。表 2.4 显示了求第 5 年年末终值所涉及的相关计算。在时间轴上表示,如图 2.8 所示。

表 2.4　利率为 8%、5 年期、1 000 元即付年金的终值计算

n 年初	存入款项 (1)/元	复利年限 (2)/年	复利终值系数 (3)	年末终值 (1)×(3)/元
1	1 000	5	1.469	1 469
2	1 000	4	1.360	1 360
3	1 000	3	1.260	1 260
4	1 000	2	1.166	1 166
5	1 000	1	1.080	1 080

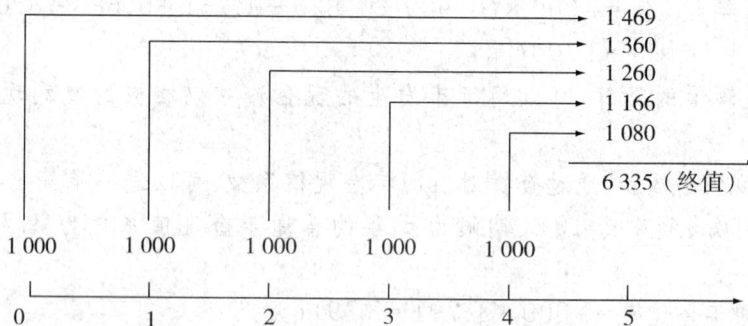

图 2.8　用时间轴表示的即付年金终值的计算

利用年金终值系数表,通过查找对应的年金终值系数,可以进一步简化即付年金的终值计算。即付年金终值系数与普通年金终值系数存在如下关系:

$$(F/A,i,n)(即付年金) = (F/A,i,n)(普通年金) \times (1+i) \qquad (2-14)$$

也就是说,利率为 i、期限为 n 的即付年金的终值系数等于利率为 i、期限为 n 的普通年金终值系数乘以 $(1+i)$。为什么需要这样的修正呢?因为即付年金的每一期现金流比普通年金的复合年限都多一年,即从年初到年末。普通年金终值系数乘以 $(1+i)$,相当于将每期现金流多出的利息统统加上。

例 2-11 中,查附表 2 可知,利率为 8%、期限为 5 年的普通年金终值系数为 5.867,因此,有:

$$(F/A,8\%,5)(即付年金) = (F/A,8\%,5) \times (1+0.08)$$
$$= 5.867 \times 1.08$$

$$=6.336$$

将 $A = 1\,000$, $(F/A, 8\%, 5)$（即付年金）$= 6.336$ 代入,得:

第 5 年年末的即付年金终值 $= 1\,000 \times 6.336$

$$= 6\,336(元)$$

4. 即付年金现值计算

即付年金现值就是一定时期内每期期初收付款项的复利现值之和。

例 2-12　王先生有一套房子,预计出租 5 年,租金在每年年初收取,每年 1 000 元。假设当前银行利率为 10%。问:王先生收取的租金相当于现在一次性收到多少钱?

分析:

很明显,该现金流属于即付年金的范畴。表 2.5 显示了求资金现值所涉及的相关计算。在时间轴上表示,如图 2.9 所示。

表2.5　利率为10%、5 年期、1 000 元即付年金的现值计算

n 年末	收取款项 (1)/元	贴现年限 (2)/年	复利现值系数 (3)	资金现值 (1)×(3)/元
1	1 000	0	1.000	1 000
2	1 000	1	0.909	909
3	1 000	2	0.826	826
4	1 000	3	0.751	751
5	1 000	4	0.683	683

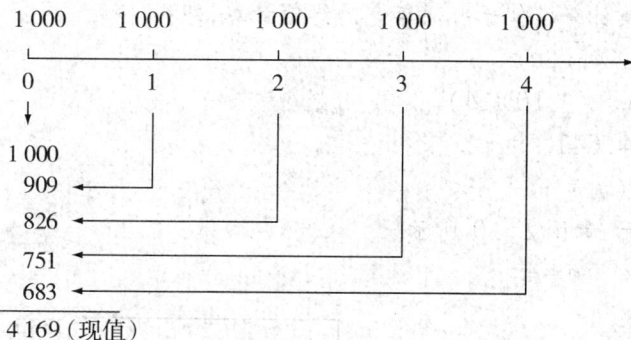

图2.9　用时间轴表示的即付年金现值的计算

利用年金现值系数表,通过查找对应的年金现值系数,可以进一步简化即付年金的现值计算,即付年金现值系数与普通年金现值系数存在如下关系:

$$(P/A, i, n)(即付年金) = (P/A, i, n)(普通年金) \times (1+i) \qquad (2-15)$$

也就是说,利率为 i、期限为 n 的即付年金的现值系数等于利率为 i、期限为 n 的普通年金现值系数乘以 $(1+i)$。为什么需要这样的修正呢?因为即付年金的每一期现金流比普通

年金的贴现年限都少 1 年,即从年初到年末。普通年金现值系数乘以 $(1+i)$,相当于将每期现金流多出的利息统统加上。

例 2-12 中,查附表 4 可知,利率为 10%、期限为 5 年的普通年金现值系数为 3.791,因此,有:

$$(P/A,10\%,5)(即付年金) = (P/A,10\%,5) \times (1+0.10)$$
$$= 3.791 \times 1.10$$
$$= 4.170$$

将 $A = 1\,000$, $(P/A,10\%,5)$ (即付年金) $= 4.170$ 代入,得:

$$即付年金资金现值 = 1\,000 \times 4.170$$
$$= 4\,170(元)$$

5. 递延年金的终值计算

递延年金是指第一次收付发生在若干期后的等额系列收付款项,是普通年金的特殊形式。递延年金的终值的大小与递延期数无关,所以其计算方法与普通年金的终值计算相同。

假设未发生款项收付的期数为 m 期,后面有 n 期等额的收付款项,则递延年金终值就是求 n 期后付年金的终值,不受前面递延期 m 期的影响。

例 2-13 小王同意借给朋友一笔钱,条件是从第 4 年起,朋友每年年末还给小王 100 元,连续还 4 年。如果小王拿到钱后,即将钱存入银行,在还款期末,他的银行账户里有多少钱? 假设当前银行利率为 10%。

分析:

这是一个求递延年金终值的问题。

递延年金的终值计算类似于普通年金的终值计算,即:

$$FVA_n = A \times (F/A,i,n)$$
$$= 100 \times (F/A,10\%,4)$$
$$= 100 \times 4.641$$
$$= 464.1(元)$$

在时间轴上表示,如图 2.10 所示。

$m = 3 \quad i = 10\% \quad n = 4$

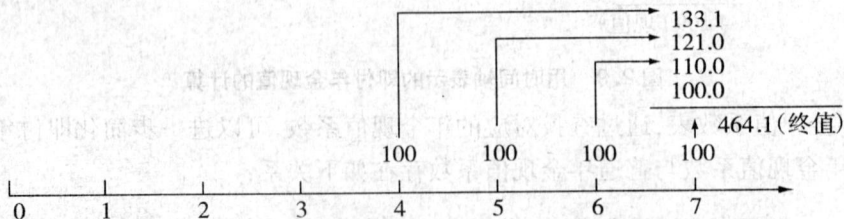

图 2.10 用时间轴表示的递延年金终值的计算

6. 递延年金现值计算

例2-14 小王同意借给朋友一笔钱,条件是从第4年起,朋友每年年末还给小王100元,连续还4年。假设当前银行利率为10%,那么小王愿意借给朋友多少钱呢?

分析:

这是一个求递延年金现值的问题。递延年金的现值计算方法有如下两种。

方法一: 将递延年金视为 n 期普通年金,求出递延期末的现值,然后将该现值折现到 $m+n$ 期的期初。在时间轴上表示,如图2.11所示。

$m=3$ $i=10\%$ $n=4$

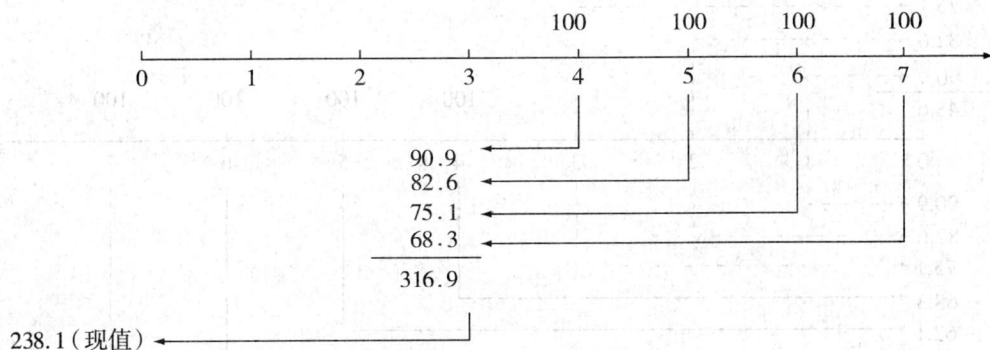

图2.11 用时间轴表示的递延年金现值的计算

① $\begin{aligned} PVA_3 &= A \times (P/A, i, n) \\ &= 100 \times (P/A, 10\%, 4) \\ &= 100 \times 3.170 \\ &= 317(\text{元}) \end{aligned}$

② $\begin{aligned} PVA_0 &= PVA_3 \times (P/F, i, m) \\ &= 317 \times (P/F, 10\%, 3) \\ &= 317 \times 0.751 \\ &= 238.1(\text{元}) \end{aligned}$

也就是说,付款期限为 n 期、递延期限为 m 期的递延年金现值,可以这样计算:

$$PVA_n = A \times (P/A, i, n) \times (P/F, i, m) \tag{2-16}$$

方法二: 假设递延期中也同样存在款项的支付,先计算出 $(m+n)$ 期的年金现值,然后减去实际并未支付的递延的 m 期的年金现值,即可算出要求的递延年金的现值。

① $\begin{aligned} PVA_{m+n} &= 100 \times (P/A, i, m+n) \\ &= 100 \times (P/A, 10\%, 3+4) \\ &= 100 \times 4.868 \\ &= 486.8(\text{元}) \end{aligned}$

② $PVA_m = 100 \times (P/A, i, m)$

$$=100 \times (P/A,10\%,3)$$

$$=100 \times 2.487$$

$$=248.7(元)$$

③ $PVA_4 = PVA_{m+n} - PVA_m$

$$=486.8 - 248.7$$

$$=238.1(元)$$

也就是说,付款期限为 n 期、递延年限为 m 期的递延年金现值,还可以这样计算:

$$PVA_n = PVA_{m+n} - PVA_m \qquad (2-17)$$

在时间轴上表示,如图 2.12 所示。

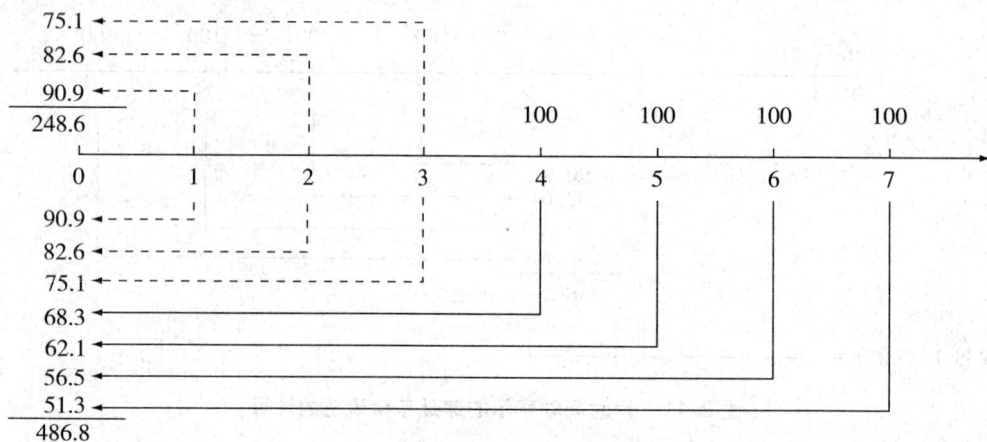

图2.12   用时间轴表示的递延年金现值的计算

7. 永续年金的现值计算

无限期等额定期系列收付款项,称为永续年金。无限期债券的利息、优先股股利等都可以看作永续年金。

永续年金没有终止的时间,因此,没有终值。

永续年金的现值可以通过普通年金的现值计算公式导出:

$$PVA_n = A \times (P/A,i,n)$$

$$= A \times \frac{1-(1+i)^{-n}}{i} \qquad (2-18)$$

当 $n \to \infty$ 时,$(1+i)^{-n}$ 的极限为0,上面的公式可改写为:

$$PVA = A \div i \qquad (2-19)$$

例 2-15   某学校准备设立一项永久性奖学金,每年计划颁发 20 000 元奖金。假设当前利率为10%,现在应存入多少钱?

$$PVA = \frac{A}{i} = \frac{20\ 000}{10\%} = 200\ 000(元)$$

例 *2 - 16* 企业准备发行优先股,计划每年每股发放股利 4 元。假设当前利率为每年 8%,求企业将来要支付的优先股股利的现值。

分析:

这是一个求永续年金现值的问题。

$$PVA = \frac{A}{i} = \frac{4}{8\%} = 50(元)$$

8. 普通年金折现率的计算

前面所讲的例题中,涉及的都是年金终值或现值的计算。但在实际应用中,有时会遇到已知年金终值或现值、每次付款款额、计息期限,但不知道折现率的情况。

以已知普通年金现值、每次付款款额、计息期限为例,折现率的计算通常可以分以下几步进行。

① 利用普通年金现值计算公式,求出对应的普通年金现值系数。

$$(P/A, i, n) = PVA_n / A$$

② 年金现值系数由 i 和 n 两个因素共同决定,在已知系数和 n 的情况下,可以通过查阅对应的年金现值系数表,查找需要的 i。

③ 如果在系数表中找不到对应的系数,可以找出最接近的 2 个利率,用插值法求解。

例 *2 - 17* 同事小王同意借给你 15 000 元钱,条件是在接下来的 5 年时间里,每年年末还给他 4 161 元。问:该借款年利率是多少?

分析:

根据已知条件,$PVA_5 = 15\,000$,$A = 4\,161$,$n = 5$

$$(P/A, i, 5) = PVA_5 \div A = 15\,000 \div 4\,161 = 3.605$$

查阅对应的年金现值系数表 4,在 $n = 5$ 对应的一行,找到系数 3.605 对应的利率为 12%。

2.2 资金的风险价值观念

2.2.1 风险的概念

一般来说,风险是指在一定条件下和一定时期内可能发生的各种结果的变动程度。例如,在预测某种产品价格、销量时,不可能十分精确,它们都可能发生一些预想不到的变化。

风险是事件本身的不确定性,具有客观性。例如,企业购买政府发行的国库券,由于国家财政收入稳定,基本可以肯定能如期还本付息,可以认为几乎没有什么风险;而企业如果购买股票,则收益的不确定性会大很多,也就是说风险较大。

　　风险的大小随时间延续而变化。例如,我们对一个投资项目的成本进行预测,刚开始的预计可能不太准确,越接近完工,预计会越准确。完工时,结果也就完全确定了。因此,随着时间的延续,事件的不确定性在变化,风险也在改变。

　　严格地说,风险和不确定性有区别。风险是指事前可以知道所有可能的后果,以及每种后果的概率。不确定性是指事前不知道所有可能的后果,或者虽然知道可能的后果,但不知道它们出现的概率。但在面对实际问题时,二者很难区分。财务决策中所涉及的风险,既可能指风险,也可能指不确定性。

　　风险可能给投资者带来意外的收益,也可能带来意外的损失。但通常人们更关注意外的损失。因此,在研究风险时,更多的是从不利的方面来考察,常常把风险视为不利事件发生的可能性。从财务的角度来说,风险主要指无法达到预期报酬、遭受某种损失的可能性。

2.2.2　风险的类别

　　企业面临的风险主要有两种:市场风险和企业特有风险。

1. 市场风险

　　市场风险是指影响所有企业的风险,如战争、自然灾害、经济衰退、通货膨胀等。这类风险影响所有的企业,不能通过多元化投资来分散,又称为系统性风险或不可分散风险。

2. 企业特有风险

　　企业特有风险是指个别企业的特有事项造成的风险,如新产品开发失败、法律诉讼、失去销售市场等。这类事件只和个别企业有关,是随机发生的,可以通过多元化投资来分散,又称为非系统性风险或可分散风险。

　　按风险形成的原因不同,企业特有风险又可以分为经营风险和财务风险。

　　(1) 经营风险

　　经营风险是指企业生产经营条件的变化给企业收益带来的不确定性。这些生产经营条件的变化可能来自企业的内部,也可能来自企业的外部,如竞争对手增加、新技术开发试验不成功、生产组织不合理、消费者爱好发生变化等。这些因素使企业的生产经营存在不确定性,从而引起企业收益的不确定性。

　　(2) 财务风险

　　财务风险又称筹资风险,是指由于举债而给企业财务成果带来的不确定性。企业适度举债经营,会提高企业自有资金的盈利能力,但也改变了企业的资本结构和自有资金利润率。并且,借入的资金需要还本付息,加大了企业的风险。如果企业经营不善,会使得企业的财务状况恶化,丧失支付能力,出现无法还本付息的局面,甚至会有破产的风险。

2.2.3　风险的衡量

　　风险的衡量需要使用概率和统计的方法。

1. 概率分布

一个事件的概率是指这一事件的某种后果可能发生的机会。例如,企业投资于某一项目,投资收益率为 20% 的概率为 0.5,这意味着企业获得 20% 的投资报酬的机会是 0.5。如果把某一事件所有可能的结果都列示出来,并对每一结果都给予一定的概率,便构成了概率分布。

概率用 P_i 表示,概率分布必须符合以下两个条件。

① $0 \leqslant P_i \leqslant 1$,即所有各种结果的概率都必须介于 0 和 1 之间。

② $\sum_{i=1}^{n} P_i = 1$,即所有各种结果的概率之和应等于 1,n 表示可能出现的所有结果的个数。

例 2-18 ABC 公司有 A、B 两个投资方案,初始投资额均为 10 000 元,项目预期投资报酬率和概率分布如表 2.6 所示。

表 2.6 A 方案和 B 方案的投资报酬率及概率分布

经济情况	概率(P_i)	预期投资报酬率(K_i)	
		A 方案	B 方案
繁 荣	0.25	17%	23%
正 常	0.50	15%	15%
衰 退	0.25	13%	7%

如果报酬率只取有限个值,并且对应于这些值有确定的概率,则这种概率分布称为离散型分布。例 2-18 即属于离散型分布,有 3 个值,如图 2.13 所示。

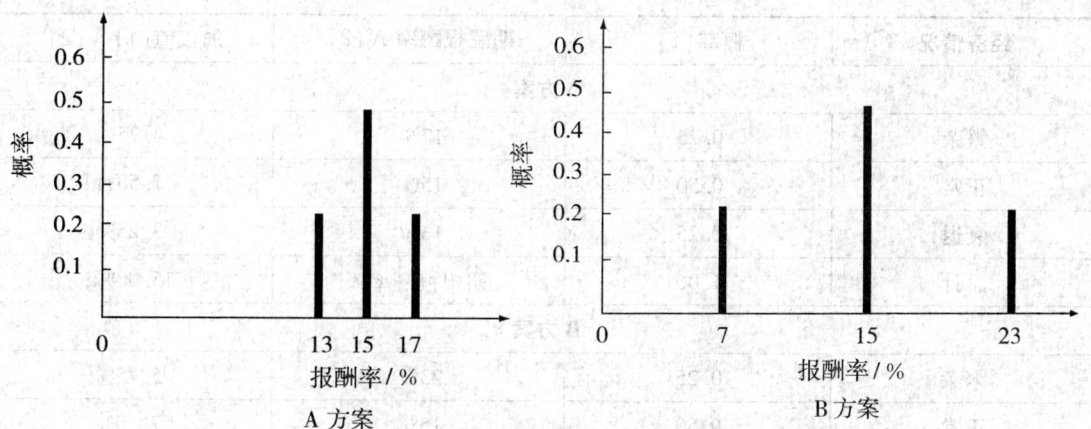

图 2.13 A、B 方案报酬率离散型分布

但实际上,经济情况在极度繁荣与极度衰退之间可能会发生无数种可能的结果。如果每一种可能结果的报酬率都能测定,并赋予相应的概率,则可用连续型分布来描述,如图 2.14 所示。

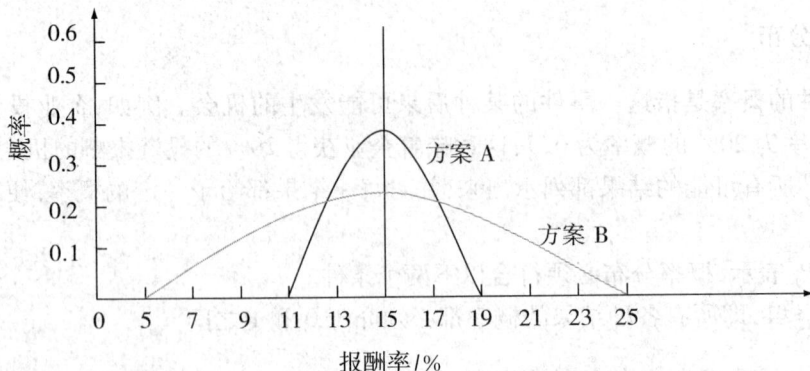

图2.14 A、B方案报酬率连续型分布

经济情况有多种时,每一种经济情况的概率会下降。一般来说,概率分布越集中,概率分布图中的峰度越高,投资风险就越低。上述两个投资方案中,方案A的风险小于方案B。

2. 期望报酬率

根据投资报酬率的概率分布情况,可以计算出期望报酬率。期望报酬率是指某一投资方案未来报酬率的各种可能后果、以概率为权数计算出来的加权平均数。

$$期望报酬率 \ \overline{K} = \sum_{i=1}^{n} (P_i \cdot K_i) \qquad (2-20)$$

式中,P_i——第 i 种结果出现的概率;K_i——第 i 种结果出现后的期望报酬率;n——所有可能结果的数目。

例2-18中,A方案、B方案的期望报酬率的计算如表2.7所示。

表2.7 A方案、B方案期望报酬率的计算

经济情况	概率(1)	期望报酬率 K_i(2)	加权值(1)×(2)
A 方案			
繁荣	0.25	17%	4.25%
正常	0.50	15%	7.50%
衰退	0.25	13%	3.25%
总计	1.00	期望报酬率 $\overline{K}$	15.00%
B 方案			
繁荣	0.25	23%	5.75%
正常	0.50	15%	7.50%
衰退	0.25	7%	1.75%
总计	1.00	期望报酬率 $\overline{K}$	15.00%

二者的期望报酬率相同,但其概率分布不同。A方案的报酬率分散程度小,变动范围在13%~17%;B方案的报酬率分散程度大,变动范围在7%~23%。这说明两个方案报酬率相

同,但风险不同。为了定量地衡量风险大小,还要使用统计学中衡量概率分布离散程度的指标。

3. 离散程度

衡量离散程度的指标包括方差、标准离差、标准离差率等。

方差是用来衡量概率分布中各种可能结果与期望值之间离散程度的一个量。

$$方差\ \sigma^2 = \sum_{i=1}^{n}(K_i - \overline{K})^2 \cdot P_i \tag{2-21}$$

标准离差也叫均方差,是方差的平方根。

$$标准离差\ \sigma = \sqrt{\sum_{i=1}^{n}(K_i - \overline{K})^2 \cdot P_i} \tag{2-22}$$

一般来说,标准离差越大,风险越大。

例2-18中,A方案、B方案的标准离差的计算如表2.8所示。

表2.8 方案A和方案B的标准离差的计算

方案A					
i	K_i	$\overline{K}$	$K_i - \overline{K}$	$(K_i - \overline{K})^2$	P_i	$(K_i - \overline{K})^2 \times P_i$
1	17%	15%	2%	0.04%	0.25	0.01%
2	15%	15%	0%	0%	0.50	0%
3	13%	15%	−2%	0.04%	0.25	0.01%
标准离差 $\sigma = \sqrt{\sum_{i=1}^{n}(K_i - \overline{K})^2 \cdot P_i}$ $= \sqrt{0.02\%} = 1.41\%$				方差 $\sigma^2 = \sum_{i=1}^{n}(K_i - \overline{K})^2 \cdot P_i$ $= 0.02\%$		
方案B					
i	K_i	$\overline{K}$	$K_i - \overline{K}$	$(K_i - \overline{K})^2$	P_i	$(K_i - \overline{K})^2 \times P_i$
1	23%	15%	8%	0.64%	0.25	0.16%
2	15%	15%	0%	0%	0.50	0%
3	7%	15%	−8%	0.64%	0.25	0.16%
标准离差 $\sigma = \sqrt{\sum_{i=1}^{n}(K_i - \overline{K})^2 \cdot P_i}$ $= \sqrt{0.32\%} = 5.66\%$				方差 $\sigma^2 = \sum_{i=1}^{n}(K_i - \overline{K})^2 \cdot P_i$ $= 0.32\%$		

通过计算可以知道,方案A的标准离差是1.41%,方案B的标准离差是5.66%,说明方案B的风险比方案A的大。

标准离差只能用来比较期望报酬率相同的投资方案,分析其风险大小。当两个投资方案的期望报酬率不同时,需要计算标准离差率,用相对数来表示离散程度的大小。标准离差率也称为变异系数,是标准离差与期望报酬率的相对比值。

$$v_\sigma = \frac{\sigma}{K} \tag{2-23}$$

式中,v_σ——标准离差率或变异系数。

例2-19 公司面临两个投资项目X、Y,它们各自的期望报酬率、标准离差及变异系数如表2.9所示。

表2.9 期望报酬率、标准离差、变异系数的计算

统计值	项目X	项目Y
(1)期望报酬率	12%	20%
(2)标准离差	9%	10%
(3)标准离差率(2)÷(1)	0.75	0.50

如果仅仅考虑标准离差,公司应当选择项目X,因为X的标准离差小于Y。但比较两个项目的标准离差率会发现,选择X放弃Y是个错误的决定。因为项目Y的标准离差率小于项目X,也就是说,项目Y的相对离散度或者说相对风险小于项目X。很明显,在比较项目风险的时候,标准离差率更为有效,因为它同时考虑了项目的规模,或者说是考虑了项目的期望报酬率。

2.2.4 风险与报酬

1. 投资者对风险的态度

不同的投资者对风险的感觉是不一样的。投资者对风险的态度大致分为3类:风险厌恶型、风险冷漠型和风险喜好型,如图2.15所示。

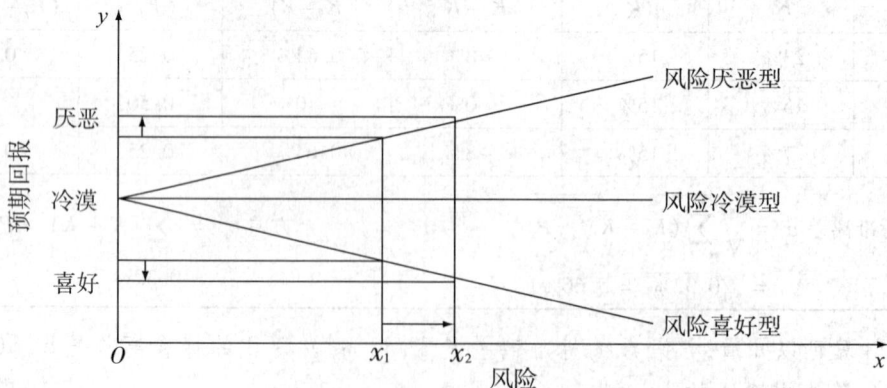

图2.15 投资者对风险的不同态度和预期回报

对于风险厌恶型的投资者来说,当预期风险由x_1上升到x_2时,他所要求的报酬也会相

应增加。因为他们厌恶风险,要他们冒险,就必须有更高的回报来作为补偿。

对于风险冷漠型的投资者来说,当预期风险由 x_1 上升到 x_2 时,他所要求的报酬不发生变化。他们对风险漠不关心,持无所谓态度。显然,在财务活动及决策中,这种态度是非理性的。

对于风险喜好型的投资者来说,当预期风险由 x_1 上升到 x_2 时,他所要求的报酬会减少。因为他们喜欢冒险,甚至愿意放弃一些回报换取更高的风险。

在本章及以后相关章节的讨论中,我们假定投资者都是理性的,属于风险厌恶型。也就是说,当预期风险上升时,要求的回报率也会增加。

2. 风险报酬的衡量

投资者由于冒风险进行投资而获得的超过资金时间价值的额外收益,称为风险报酬或风险收益。

风险报酬有 2 种表示方法:风险报酬额和风险报酬率。风险报酬额是指投资者因冒风险进行投资而获得的超过货币时间价值的那部分额外报酬;风险报酬率则是指风险报酬额对投资额的相对比率。实际工作中,讲到风险报酬,通常会以风险报酬率来衡量。

通常情况下,总的投资报酬率包括两部分:一部分是无风险报酬率;另一部分是风险报酬率。三者之间的基本关系用公式表示如下。

$$投资报酬率 = 无风险报酬率 + 风险报酬率 \tag{2-24}$$

考虑了风险的投资报酬率如图 2.16 所示。

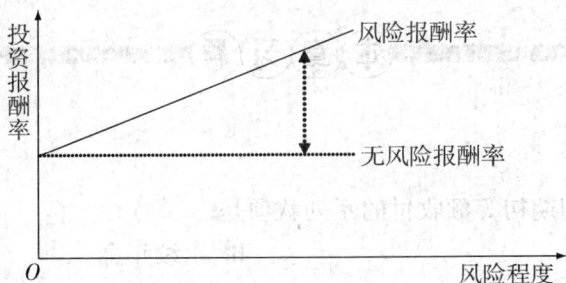

图 2.16　投资风险回报与风险的关系

无风险报酬率一般包括通货膨胀贴水和资金的时间价值,西方国家通常将投资于同期限国库券的利率作为无风险报酬率。

风险报酬率则与风险的大小有关,风险越大,相应要求的报酬率越高。它是衡量风险大小的函数,用公式表示如下。

$$风险报酬率 = 风险报酬斜率 \times 风险程度 \tag{2-25}$$

其中,风险程度用标准离差或变异系数来衡量。

当企业有多个可行的投资方案可供选择的情况下,投资决策总的原则是:投资报酬率越高越好,风险程度越低越好。具体分析,可能有以下几种情况。

① 如果两个投资方案的期望报酬率基本相同,应选择风险较小,即标准离差率较低的

投资方案。

② 如果两个投资方案的标准离差率基本相同,应选择期望报酬率较高的投资方案。

③ 如果甲方案的期望报酬率高于乙方案,而其标准离差率低于乙方案,则应当选择甲方案。

④ 如果甲方案的期望报酬率和标准离差率都高于乙方案,则取决于投资者对风险的态度。一般情况下,愿意冒较大风险者,会选择甲方案;较沉稳的投资者,可能选择乙方案。

应当注意,风险报酬的计算结果具有一定的假定性,并不十分精确。在投资决策中,应当充分考虑各种风险对投资回报的影响,权衡风险与收益的关系,以避免风险、分散风险,从而获取较高的收益。

本章小结

资金时间价值的实质,是资金周转使用中由于时间因素形成的增值。通常情况下,资金的时间价值是指在没有风险和没有通货膨胀的条件下的社会平均资金利润率。资金时间价值可以按单利计算,也可以按复利计算。本章分别介绍了单利和复利终值、现值的计算。

在此基础上,引入了年金的概念。年金是指一定时间内连续等额的系列收付款项。例如,折旧、养老金、分期偿还贷款、零存整取等,通常都属于年金收付形式。年金按其每次收付发生的时点不同,可分为普通年金、即付年金、递延年金、永续年金等几种。本章详细介绍了不同年金的终值、现值的计算。

投资者冒风险投资,获得的超过资金时间价值的额外收益,称为投资的风险价值。本章介绍了风险的种类、衡量方法。

本章习题

一、单项选择题

1. 一定时期内每期期初等额收付的系列款项是( )。

    A. 即付年金   B. 永续年金

    C. 递延年金   D. 普通年金

2. 甲某拟存入一笔资金以备 3 年后使用。假定银行 3 年期存款年利率为 5%,甲某 3 年后需用的资金总额为 34 500 元,则在单利计算情况下,目前需存入的资金为( )元。

    A. 30 000   B. 29 803.04   C. 32 857.14   D. 31 500

3. 某企业拟进行一项存在一定风险的完整工业项目投资,有甲、乙两个方案可供选择:已知甲方案净现值的期望值为 1 000 万元,标准离差为 300 万元;乙方案净现值的期望值为 1 200 万元,标准离差为 330 万元。结论正确的是( )。

    A. 甲方案优于乙方案   B. 甲方案的风险大于乙方案

    C. 甲方案的风险小于乙方案   D. 无法评价甲、乙方案的风险大小

4. 已知甲方案投资收益率的期望值为 15%,乙方案投资收益率的期望值为 12%,两个方案都存在投资风险。比较甲、乙两方案风险大小应采用的指标是( )。

    A. 方差   B. 净现值   C. 标准离差   D. 标准离差率

5. 已知 $(F/A,10\%,9)=13.579$，$(F/A,10\%,11)=18.531$，则 10 年期、利率为 10% 的即付年金终值系数为（　　　）。

    A. 17.531   B. 15.937   C. 14.579   D. 12.579

二、多项选择题

1. 属于普通年金形式的项目有（　　　）。

    A. 零存整取储蓄存款的整取额   B. 定期定额支付的养老金

    C. 年资本回收额   D. 偿债基金

2. 在不考虑通货膨胀的前提下，风险收益率与投资收益率的关系可正确表示为（　　　）。

    A. 投资收益率＝无风险收益率＋风险收益率

    B. 投资收益率＝无风险收益率×风险程度

    C. 投资收益率＝无风险收益率－风险收益率

    D. 投资收益率＝无风险收益率＋风险价值系数×标准离差率

    E. 投资收益率＝无风险收益率÷风险收益率

3. 关于投资风险的说法正确的有（　　　）。

    A. 收益的概率分布越集中，投资的风险程度越小

    B. 收益的概率分布越分散，投资的风险程度越小

    C. 收益的概率分布越集中，投资的风险程度越大

    D. 收益的概率分布越分散，投资的风险程度越大

    E. 投资的风险程度与收益的概率分布无关

4. 永续年金的特点有（　　　）。

    A. 没有终值   B. 没有期限

    C. 每期定额支付   D. 每期不等额支付

    E. 没有现值

三、判断题

1. 对于多个投资方案而言，无论各方案的期望值是否相同，标准离差率最大的方案一定是风险最大的方案。（　　　）

2. 在通货膨胀率很低的情况下，公司债券的利率可视同为资金时间价值。（　　　）

3. 国库券是一种几乎没有风险的有价证券，其利率可以代表资金时间价值。（　　　）

4. 对于期望报酬率不同的各项投资的风险程度，应使用标准离差进行评价。（　　　）

5. 金融市场可以是有形市场，也可以是无形市场。（　　　）

四、计算分析题

1. 向银行存入本金 2 000 元，银行年利率为 8%，4 年后终值是多少？（请分别用单利和复利进行计算。）

2. 某家长准备为孩子存入银行一笔款项，希望今后的 10 年里每年年底能得到 20 000 元生活费。假设当前银行存款利率为 8%，计算当前该家长应该存款的额度。

3. 某公司拟购置一处房产,房主提出两种付款方案:①从现在起,每年年初支付 20 000 元,连续支付 10 次,共 200 000 元;②从第 5 年开始,每年年初支付 25 000 元,连续支付 10 次,共 250 000 元。假设公司最低的报酬率为 10%,请问公司应该选择哪种方案?

4. 某人考虑在 3 年后还清 20 000 元的债务,从现在起,每年应相等地存入一笔多少金额的款项? 假设年利率为 10%。

5. 企业年初存入一笔资金,从第 4 年年末起每年取出 1 000 元,到第 9 年末取完,年利率为 10%,计算最初一次存入的款项是多少钱?

6. 某校准备设立永久性奖学金,每年计划颁发 36 000 元奖金,若年复利率为 12%,则该校现在应向银行存入多少本金?

7. 公司从第 6 年开始连续 5 年每年年末向银行存入 1 000 元,年复利率为 10%,到第 10 年年末可一次性取出多少本金?

8. 某项投资的资产利润概率估计情况如下。

可能出现的情况	概　率	资产利润率
经济状况好	0.4	10%
经济状况一般	0.3	5%
经济状况差	0.3	−5%

要求:

(1)计算资产利润率的期望值。

(2)计算资产利润率的标准差。

(3)计算资产利润率的标准离差率。

第3章

筹资管理

学习目标

- 理解筹资的分类和筹资的基本原则。
- 掌握债券、股票的发行价格、发行条件。
- 掌握融资租赁的计算方法,以及放弃现金折扣成本的计算方法。
- 掌握资金需要量的预测方法——销售百分比法。
- 了解银行借款的信用条件和借款的程序。
- 了解股票、债券的发行条件。
- 了解各种筹资方式的优、缺点。

技能要求

能够说出企业的各种筹资方式,并熟知各种筹资方式的利弊。

案例导入

高登公司是一个季节性很强、信用为 AA 级的大中型企业,每年一到生产经营旺季,企业就面临着产品供不应求,资金严重不足的问题,这让公司领导和财务经理大伤脑筋。2018 年,公司同样碰到了这一问题,公司生产中所需的 A 种材料面临缺货,急需 200 万元资金投入,而公司目前尚无多余资金。如果这一问题得不到解决,则给企业生产及当年效益带来严重影响。为此,公司领导要求财务经理刘涛尽快想出办法解决。接到任务后,刘涛马上会同公司其他财务人员商讨对策,以解燃眉之急。经过一番讨论,形成了 4 种备选筹资方案。

方案一:银行短期贷款。工商银行提供期限为 3 个月的短期借款 200 万元,年利率为 8%,银行要求保留 20% 的补偿性余额。

方案二:票据贴现。将面额为 220 万元的未到期(不带息)商业汇票提前 3 个月进行贴现,贴现率为 9%。

方案三:商业信用融资。天龙公司愿意以"2/10,N/30"的信用条件,向其销售 200 万元的 A 材料。

方案四:安排专人将 250 万元的应收款项催回。

高登公司的产品销售利润率为 9%。

思考:对高登公司的短期资金筹集方式,应该做出怎样的选择?

3.1 企业筹资概述

企业筹资是指企业为了满足其经营活动、投资活动、资本结构调整等需要,运用一定的筹资方式,筹措和获取所需资金的一种行为。资金是企业的血液,是企业设立、生存和发展的物质基础,是企业开展生产经营活动的基本前提。任何一个企业,为了形成生产经营能力、保证生产经营正常运行,必须拥有一定数量的资金。

3.1.1 筹资动机

企业筹资活动都是在一定的动机支配下完成的。总的来说是为了获取资金,但具体分析,又不尽相同。基本上可以概括为新建筹资动机、扩张筹资动机、偿债筹资动机和混合筹资动机4种。

1. 新建筹资动机

新建筹资动机是指企业在新建时为满足正常生产经营活动所需的铺底资金而产生的筹资动机。按照有关法律规定,企业设立时,必须有一定的资本金,且不低于国家规定的限额。因此,企业新建时,要按照经营方针所确定的生产经营规模核定固定资金和流动资金需要量,并筹措相应数额的资本金。

2. 扩张筹资动机

扩张筹资动机是指企业因扩大生产经营规模或追加对外投资的需要而产生的筹资动机。具有良好发展前景、处于成长时期的企业通常会产生这种筹资动机。扩张筹资动机所产生的直接结果是企业资产总额和筹资总额的增加。

3. 偿债筹资动机

偿债筹资动机是指为了偿还某项债务而形成的借款动机,即借新债还旧债。偿债筹资有两种情形:一是调整性偿债筹资,即企业虽有足够的能力支付到期旧债,但为了调整现有的资本结构仍然举债,从而使资本结构更加合理;二是恶化性偿债筹资,即企业现有的支付能力已不足以偿付到期旧债而被迫举债还债,这说明企业的财务状况已经恶化。

4. 混合筹资动机

混合筹资动机是指企业因同时需要长期资金和现金而形成的筹资动机。通过混合筹资,企业既可扩大资产规模,又可偿还部分旧债。也就是说,在这种筹资中混合了扩张筹资和偿债筹资两种动机。

3.1.2　筹资原则

企业筹资管理的基本要求,是在严格遵守国家法律法规的基础上,分析影响筹资的各种因素,权衡资金的性质、数量、成本和风险,合理选择筹资方式,提高筹资效果。

归纳起来,应遵守的主要原则有以下几点。

1. 遵守国家法律法规,合法筹措资金

不论是直接筹资还是间接筹资,企业最终都通过筹资行为向社会获取资金。企业的筹资活动不仅为自身的生产经营提供资金来源,而且也会影响投资者的经济利益,影响社会经济秩序。企业的筹资行为和筹资活动必须遵守国家相关的法律法规,依法履行法律法规和投资合同约定的责任,合法、合规筹资,依法信息披露,维护各方的合法权益。

2. 分析生产经营情况,正确预测资金需要量

企业筹集资金,首先要合理预测资金的需要量。筹资规模与资金需要量应当匹配一致,既避免因筹措不足影响生产经营的经常进行,又可防止筹资过多,造成资金闲置。

3. 合理安排筹资时间,适时取得资金

企业筹集资金,还需要合理预测、确定资金需要的时间。要根据资金需求的具体情况,合理安排资金的筹集时间,适时获取所需资金,使筹资与用资在时间上相衔接,既避免因过早筹集资金而形成的资金投放前闲置,又防止因取得资金的时间滞后,错过资金投放的最佳时间。

4. 了解各种筹资渠道,选择资金来源

企业筹集资金都要付出资本成本的代价,不同的筹资渠道和筹资方式所取得的资金,其资金成本各有差异。企业应当在考虑筹资难易程度的基础上,针对不同来源资金的成本进行分析,尽可能选择经济、可行的筹资渠道和方式,力求降低筹资成本。

5. 研究各种筹资方式,优化资本结构

企业筹资要综合考虑股权资金和债务资金的关系、长期资金和短期资金的关系、内部筹资和外部筹资的关系,合理安排资本结构,保持适当偿债能力,防范企业财务危机,提高筹资效率。

3.2　筹资渠道与筹资方式

3.2.1　筹资渠道

筹资渠道是指取得资金的来源和通道,体现着资金的源泉和流量。认识筹资渠道的种

类及每种渠道的特点,有利于充分开拓和正确利用筹资渠道来筹集生产经营所需要的资金。目前企业的筹资渠道主要有以下几种。

1. 国家财政资金

国家财政资金是指国家以财政拨款、入股等形式向企业投入的资金。国家财政资金基础坚固、来源充沛,为大中型企业的生产经营活动提供了可靠的保证。再加上国家不断加大扶持基础性产业和公益性产业的长远发展战略,这就决定了国家财政资金是国有企业筹集资金的重要渠道之一。

2. 银行信贷资金

银行一般分为商业银行和政策性银行。商业银行为各类企业提供商业贷款;政策性银行为特定企业提供政策性贷款。银行信贷资金有居民储蓄、单位存款等较稳定的资金来源,贷款方式灵活,能满足各种企业的资金需要,是企业重要的筹资渠道。

3. 非银行金融机构资金

非银行金融机构是由各级政府主办和民办的其他金融机构,主要有信托投资公司、租赁公司、保险公司等。这些机构的资金力量比专业银行小,当前仅起辅助作用,但其供应资金灵活方便,且可提供多种服务,今后将有更广阔的发展空间。

4. 其他企业资金

企业在生产经营过程中往往会形成部分闲置的资金。为了发挥资金效益,这些资金可在企业之间互相调剂使用。随着经济的横向联合发展,企业之间的资金联合和资金融通将会得到更广泛的发展。其他企业投入的资金往往是企业需要的,它有利于促进企业之间按市场原则建立经济联系,扩大本企业的资金实力,所以,这种筹资具有较强的生命力。

5. 民间资金

对于企业职工和城乡居民手中暂时不用的资金,企业可以通过一定的方式,如发行股票、债券等,把这些节余的货币集中起来形成企业的资金,使这一大有潜力的资金得到充分利用。

6. 企业内部资金

企业内部资金是指企业按规定从税后利润、成本等方面提取的各项资金,以用于转增资本金和弥补亏损等其他短期需要。从税后利润提取的有法定盈余公积金、公益金、未分配利润等;从成本中提取的有应付福利费、预提大修理费用等。这些资金可用于企业短期周转,并可及时、足额归还,从而成为内部筹资的一个渠道。

7. 外商投资资金

外商投资资金是指外商向我国企业投入的资金,是外商投资企业的主要资金来源。利用外资是弥补资金不足、促进企业不断壮大、推动经济发展的重要手段之一。企业通过吸引外资和我国港、澳、台地区的资本投资,不仅可以筹集到必要的资金来满足生产经营的需要,而且能够引进国外先进的技术和管理经验,促进企业的技术进步和管理水平的提高。

3.2.2　筹资方式

筹资方式是指企业筹集资金所采取的具体形式,体现着不同的经济关系(所有者权益关系或债权关系)。了解筹资方式的种类及每种筹资方式的特点有利于企业选择适宜的筹资方式,有效地进行筹资组合。

企业常用的筹资方式有:吸收直接投资、发行股票、留存收益、银行借款、发行公司债券、租赁、商业信用。其中前 3 种筹资方式属于权益资金筹集,后 4 种属于负债资金筹集。

1. 吸收直接投资

吸收直接投资是指企业按照"共同投资,共同经营,共担风险,共享收益"的原则,直接吸收国家、法人、个人和外商投入资金的一种筹资方式。吸收直接投资是非股份制企业筹集权益资本的基本方式。采用吸收直接投资的企业,资本不分为等额股份,无须公开发行股票。吸收直接投资实际出资额,注册资本部分形成实收资本;超过注册资本的部分属于资本溢价,形成资本公积。

(1) 吸收直接投资的种类

① 吸收国家投资。国家投资是指有权代表国家投资的政府部门或机构,以国有资产投入公司,这种情况下形成的资本叫国有资本。根据《公司国有资本与公司财务暂行办法》的规定,在公司持续经营期间,公司以盈余公积、资本公积转增实收资本的,国有公司和国有独资公司由公司董事会或经理办公会决定,并报主管财政机关备案;股份有限公司和有限责任公司由董事会决定,并经股东大会审议通过。吸收国家投资一般具有这些特点:产权归属国家;资金的运用和处置受国家约束较大;在国有公司中采用比较广泛。

② 吸收法人投资。法人投资是指法人单位以其依法可支配的资产投入公司,这种情况下形成的资本称为法人资本。吸收法人投资一般具有这些特点:发生在法人单位之间;以参与公司利润分配或控制为目的;出资方式灵活多样。

③ 吸收外商直接投资。企业可以通过合资经营和合作经营的方式吸收外商直接投资,即与其他国家的投资者共同投资,创办中外合资经营企业或中外合作经营企业,共同经营、共担风险、共负盈亏、共享利益。

④ 吸收社会公众投资。社会公众投资是指社会个体或本公司职工的个人合法财产投入公司,这种情况下形成的资本称为个人资本。吸收公众投资一般具有这些特点:参加投资的人员较多;每个投资的数额相对较少;以参与公司利润分配为基本目的。

(2) 吸收直接投资的出资方式

① 以货币资产出资。以货币资产出资是吸收直接投资中最重要的出资方式。企业有了货币资产,便可以获取其他物质资源,支付各种费用,满足企业创建时的开支和随后的日常周转需要。《中华人民共和国公司法》(以下简称《公司法》)规定,公司全体股东或发起人

的货币资金额不得低于公司注册资本的30%。

② 以实物资产出资。实物出资是指投资者以房屋、建筑物、设备等固定资产和材料、燃料、商品产品等流动资产所进行的投资。实物投资应符合这些条件:适合企业生产、经营、研发等活动的需要;技术性能良好;作价公平合理。

实物出资中实物的作价,可以由出资各方协商确定,也可以聘请专业资产评估机构评估确定。国有及国有控股企业接受其他企业的非货币资产出资,需要委托有资格的资产评估机构进行资产评估。

③ 以土地使用权出资。土地使用权是指土地经营者对依法取得的土地在一定期限内有进行建筑、生产经营或其他活动的权利。土地使用权具有相对的独立性。在土地使用权存续期间,包括土地所有者在内的其他任何单位和个人,不能随意收回土地,非法干预使用权人的经营活动。企业吸收土地使用权投资应符合以下条件:适合企业科研、生产、经营、研发等活动的需要;地理、交通条件适宜;作价公平合理。

④ 以工业产权出资。工业产权通常是指专有技术、商标权、专利权、非专利技术等无形资产。投资者以工业产权出资应符合这些条件:有助于企业研究、开发和生产出新的高科技产品;有助于企业提高生产效率,改进产品质量;有助于企业降低生产能耗、能源消耗等各种消耗;作价公平合理。

吸收工业产权等无形资产出资的风险较大。因为以工业产权投资,实际上是把技术转化为资本,使技术的价值固定化。而技术具有强烈的时效性,会因其不断老化、落后而导致实际价值不断减少,甚至完全丧失。

此外,对无形资产出资方式的限制,《公司法》规定,股东或发起人不得以劳务、信用、自然人姓名、商誉、特许经营权或设定担保的财产等作价出资。对于非货币资产出资,需要满足3个条件:可以用货币估价;可以依法转让;法律不禁止。

(3) 吸收直接投资的程序

① 确定筹资数量。企业在新建或扩大经营时,要先确定资金的需要量。资金的需要量应根据企业的生产经营规模和供销条件等来核定,确保筹资数量与资金需要量相适应。

② 寻找投资单位。企业既要广泛了解有关投资者的资信、财力和投资意向,又要通过信息交流和宣传,使出资方了解企业的经营能力、财务状况及未来预期,以便公司从中寻找最合适的合作伙伴。

③ 协商和签署投资协议。找到合适的投资伙伴后,双方进行具体协商,确定出资数额、出资方式和出资时间。企业应尽可能吸收货币投资,如果投资方确有先进而适合需要的固定资产和无形资产,也可采取非货币投资方式。对实物投资、工业产权投资、土地使用权投资等非货币资产,双方应按公平合理的原则协商定价。当出资数额、资产作价确定后,双方须签署投资的协议或合同,以明确双方的权利和责任。

④ 取得所筹集的资金。签署投资协议后,企业应按规定或计划取得资金。如果采用现金投资方式,通常还要编制拨款计划,确定拨款期限、每期数额及划拨方式,有时投资者还要规定拨款的用途,如把拨款区分为固定资产投资拨款、流动资金拨款、专项拨款等。如为实物、工业产权、非专利技术、土地使用权投资,一个重要的问题就是核实财产。财产数量是否准确,特别是价格有无高估、低估的情况,这关系到投资各方的经济利益,必须认真处理,必

要时可聘请专业资产评估机构来评定,然后办理产权的转移手续,取得资产。

(4)吸收直接投资的评价

吸收直接投资的有利之处,主要表现在以下3个方面。

① 有利于增强企业信誉。吸收直接投资所筹资本属权益资本,与负债比可以提高企业的信誉,增强举债能力。

② 有利于尽快形成生产能力。可以直接获取现金和各种生产要素,尽快形成生产能力。

③ 有利于降低财务风险。根据企业盈利状况向企业投资者分配利润,具有灵活性,不会形成财务负担。

但采用吸收直接投资也有不利之处,主要表现在以下2个方面。

① 资金成本较高。一般而言,采用吸收直接投资方式筹集资金所需负担的资金成本较高,特别是企业经营状况较好、盈利能力较强时更是如此。因为向投资者支付的报酬是根据其出资的数额和企业实现利润的多少来计算的。

② 容易分散企业控制权。采用吸收直接投资方式筹集资金,投资者一般都要求获得与投资数量相适应的经营管理权,这是接受外来投资的代价之一。如果外部投资者的投资较多,则投资者会有相当大的管理权,甚至会对企业实行完全控制。

2. 发行股票

股票是股份有限公司为筹措股权资本而发行的有价证券,是公司签发的证明股东持有公司股份的凭证。股票作为一种所有权凭证,代表着股东对发行公司净资产的所有权。股票只能由股份有限公司发行。

(1)股票的种类

① 按股东权利和义务的不同,股票可分为普通股股票和优先股股票。普通股股票简称普通股,是公司发行的代表着股东享有平等的权利、义务,不加特别限制的、股利不固定的股票。普通股是最基本的股票,股份有限公司通常情况下会发行普通股。优先股股票简称优先股,是公司发行的相对于普通股而言具有一定优先权的股票。其优先权主要表现在股利分配优先权和剩余财产优先权上。优先股股东在股东大会上无表决权,在参与公司经营管理上受到一定的限制,仅对涉及优先股权利的问题有表决权。

② 按票面有无记名的不同,股票可分为记名股票和无记名股票。记名股票是在股票票面上记载有股东姓名或将名称及住址记入公司股东名册的股票。无记名股票不登记股东名称,公司只记载股票数量、编号及发行日期。

我国《公司法》规定,公司向发起人、国家授权投资机构、法人发行的股票,为记名股票;向社会公众发行的股票,可以为记名股票,也可以为无记名股票。

③ 按发行对象和上市地点的不同,股票可分为 A 股、B 股、H 股、N 股和 S 股等。A 股即人民币普通股票,由我国境内公司发行、境内上市交易,以人民币标明面值,以人民币认购和交易。B 股即人民币特种股票,由我国境内公司发行、境内上市交易,以人民币标明面值,以外币认购和交易。H 股是注册地在内地、上市在香港的股票。以此类推,在纽约和新加坡上市的股票,就分别被称为 N 股和 S 股。

④ 按投资主体的不同,股票可分为国家股、法人股、外资股和个人股。国家股是指有权代表国家投资的部门或机构以国有资产向公司投入而形成的股份。国家股由国务院授权的部门或机构持有,并向公司委派股权代表。

法人股是指企业依法以其可支配的财产向公司投资而形成的股份,或者具有法人资格的事业单位和社会团体以国家允许用于经营的资产向公司投入而形成的股份。

外资股是指外国和我国港、澳、台地区的投资者,以外币购买的我国上市公司的境内上市外资股和境外上市外资股。

个人股是指社会个人或本公司职工以个人合法财产投入公司而形成的股份。其中,社会个人持有的股票称为社会公众股,内部职工持有的股票称为内部职工股。

(2) 股票的发行

◆ 发行的条件

发行股票是股份有限公司筹集资金的重要渠道,但不是任何企业都可以发行股票筹资,发行股票的企业必须符合一定的条件。

新设立的股份有限公司申请公开发行股票,应符合下列条件。

① 生产经营符合国家产业政策。

② 发行普通股限于一种,同股同权,同股同利。

③ 发起人认购的股份不少于公司拟发行股份总数的35%。

④ 发起人在近3年内没有重大违法行为。

⑤ 证监会规定的其他条件。

公司增发新股,必须具备下列条件。

① 前一次发行的股份已经募足,并间隔一年以上。

② 公司在最近3年内连续盈利,并可向股东支付股利。

③ 公司在最近3年内财务会计文件无虚假记载。

④ 公司预期利润率可达同期银行存款利率。

◆ 发行的程序

设立股份有限公司发行股票与增资扩股发行新股的程序并不相同,现分别介绍二者的程序。

设立股份有限公司时发行股票的程序。

① 提出募集股份申请。股份有限公司的设立,必须经国务院授权的部门或省级人民政府批准。股份有限公司采取募集设立方式的,发起人向社会公开募集股份时,必须向国务院证券管理部门递交募股申请,并报送一系列规定的文件。未经国务院证券管理部门批准,发起人不得向社会公开募集股份。

② 发起人公告招股说明书,并制作认股书。认股书应当载明发起人认购的股份数;每股的票面金额及发行价格;无记名股票的发行总数;认股人的权利、义务等。认股人照章填写认股书后,按照所认股数交纳股款。

③ 发起人与依法设立的证券经营机构签订承销协议,与银行签订代收股款协议。也就是说,在向社会公开募集股份时,公司不能直接收取股款,必须由依法设立的证券经营机构承销,由代收股款的银行按照协议代收和保存股款。

④ 交足股款后，由法定的验资机构验资并出具证明，发起人在 30 日内主持召开公司创立大会。创立大会由认股人组成，选举出董事会成员和监事会成员。

⑤ 创立大会结束后 30 日内，董事会向公司登记机关报送有关文件，申请设立登记。公司登记机关批准予以登记的，发给公司营业执照。公司营业执照签发日期为公司创立日期。

⑥ 股份有限公司经登记成立后，将募集股份情况报国务院证券管理部门备案。

增资扩股发行新股的程序。

① 股东大会做出发行新股的决议。

② 董事会向国务院授权的部门或者省级人民政府申请批准。属于向社会公开募集的，须经国务院证券管理部门批准。

③ 公司经批准向社会公开发行新股时，须公告新股招股说明书和财务会计报表及附属明细表，并制作认股书，同时与依法设立的证券经营机构签订承销协议。

④ 公司根据其连续盈利情况和财产增值情况确定其作价方案。

⑤ 公司发行新股募足股款后，向公司登记机关办理变更登记并公告。

◆ 发行的要求

股份有限公司应将资本划分为每一股金额相等的股份，然后将公司的股份采取股票的形式发行。股份的发行实行公开、公平、公正的原则，必须同股同权，同股同利。

同次发行的股票，每股的发行条件和发行价格应该相同。任何单位或个人所认购的股份，每股应当支付相同的价款。

我国《公司法》规定，股票发行价格可以等于票面金额，也可以超过票面金额，但不得低于票面金额。以超过票面金额为股票发行价格的，须经国务院证券管理部门批准。超过票面金额发行股票所得溢价款列入公司资本公积金。

（3）股票上市

股票上市是指股份有限公司公开发行的股票，可以在证券交易所进行交易。并非所有的股份有限公司的股票都能上市，必须是所发行的股票经国家授权或国务院授权证券管理部门批准、在证券交易所上市交易的股份有限公司。

股份有限公司申请股票上市，能够成为上市公司，可以大大提高公司的知名度，增强本公司股票的吸引力，在更大范围内筹措大量资金。

在我国，股份有限公司申请其股票上市必须符合下列条件。

① 股票经国务院证券管理部门批准已向社会公众公开发行。

② 公司股本总额不少于人民币 3 000 万元。

③ 开业时间在 3 年以上，最近 3 年连续盈利。原国有企业依法改建而设立的，或者在《公司法》实施后新组建成立、其主要发起人为国有大中型企业的，可连续计算。

④ 向社会公开发行的股份达公司股份总数的 25% 以上、公司股本总额超过人民币 4 亿元的，其向社会公开发行股份的比例为 10% 以上。

⑤ 公司在最近 3 年内无重大违法行为，财务会计报告无虚假记载。

⑥ 国务院规定的其他条件。

具备上述条件的股份有限公司，经申请，由国务院或国务院授权的证券管理部门批准，其股票方可上市。股票上市公司必须公告其上市报告，并将其申请文件存放在指定的地点供公众查阅。股票上市公司还必须定期公布其财务状况和经营情况,每一会计年度半年公布一次财务会计报告。

(4) 股票筹资的优缺点

股票筹资的优点有以下几项。

① 股票筹资具有永久性,无到期日,不需归还。这对保证公司资本的最低需要、维持公司长期稳定的发展极为有利。

② 没有固定的股息负担。公司有盈利,并认为适于分配时才分配股利;公司盈利较少,或者虽有盈利但现金短缺或有更好的投资机会,也可以少支付或不支付股利。

③ 能增强公司的社会声誉。普通股筹资使得股东大众化,由此给公司带来了广泛的社会影响。特别是上市公司,其股票的流动性强,有利于市场确认公司价值。

④ 普通股筹资能增强公司的偿债和举债能力。发行普通股筹集的资金是公司的权益资本或自有资金,而权益资本或自有资金是公司偿债的真正保障,是公司以其他方式筹资的基础,它反映了公司的实力。因此,利用普通股筹资可增强公司的偿债能力,提升公司的信誉,进而增强公司的举债能力。

⑤ 普通股可在一定程度上抵消通货膨胀的影响,因而易吸收资金。从长期来看,普通股股利具有增长的趋势,而且在通货膨胀期间,不动产升值时,普通股也随之升值。

股票筹资的缺点有以下几项。

① 资金成本高。一般来说,股票筹资的成本要大于债务资金。这主要是因为股利要从净利润中支付,而债务资金的利息可在税前扣除。另外,普通股的发行费用也比较高。

② 容易分散控制权。利用普通股筹资,出售了新的股票,引进了新的股东,容易导致公司控制权的分散。

此外,新股东分享公司未发行新股前积累的盈余,会降低普通股的每股净收益,从而可能引起股价的下跌。

3. 留存收益

(1) 留存收益的性质

从性质上看,企业通过合法有效的经营所实现的税后净利润,都属于企业的所有者。企业将本年度的利润部分全部留存下来的原因很多,主要包括这样几个方面:①收益的确认和计量是建立在权责发生制基础上,企业有利润,但企业不一定有相应的现金净流量增加,因而企业不一定有足够的现金将利润全部或部分分派给所有者;②法律法规从保护债权人利益和要求可持续发展等角度出发,限制企业将利润全部分配出去,《公司法》规定,企业每年的税后利润,必须提取 10% 的法定盈余公积金;③企业基于自身扩大再生产和筹资的需求,也会将一部分利润留存下来。

(2) 留存收益的筹资途径

留存收益的筹资途径是提取盈余公积金。盈余公积金是指有指定用途的留存净利润,是从当期企业净利润中提取的资金积累,其提取基数是本年度的净利润,主要用于企业未来的经营发展,经投资者审议后也可以用于转增股本(实收资本),弥补以前年度的经营亏损及以后年度的利润分配。

（3）利用留存收益筹资的优缺点

留存收益筹资的优点有以下几项。

① 不用发生筹资费用。企业从外界筹集长期资本，与普通股筹资相比较，留存收益筹资不需要发生筹资费用，资金成本较低。

② 维持公司的控制权分布。利用留存收益筹资，不用对外发行新股或吸收新投资者，由此增加的权益资本不会改变公司的股权结构，不会稀释原有股东的控制权。

③ 筹资数额有限。留存收益的最大数额是企业到期的净利润和以前年度未分配利润之和，不像外部筹资，一次性可以筹集大量资金。如果企业发生亏损，那么当年就没有利润留存。另外，股东和投资者从自身期望出发，往往希望企业每年发放一定的利润，保持一定的利润分配比例。

4. 银行借款

银行借款是指企业向银行或其他非银行金融机构借入的、需要还本付息的款项，包括偿还期限超过1年的长期借款和不足1年的短期借款，主要用于企业购建固定资产和满足流动资金周转的需要。

（1）银行借款的种类

① 按提供贷款的机构，分为政策性银行贷款、商业银行贷款和其他金融机构贷款。政策性银行贷款是指执行国家政策性贷款业务的银行向企业发放的贷款，通常为长期贷款。如国家开发银行贷款，主要满足企业承建国家重点建设项目的资金需要；中国进出口信贷银行贷款，主要为大型设备的进出口提供的买方信贷或卖方信贷；中国农业发展银行贷款，主要用于确保国家对粮、棉、油等政策性收购资金的供应。

商业银行贷款是指由各商业银行，如中国工商银行、中国建设银行、中国农业银行、中国银行等，向工商企业提供的贷款，用以满足企业生产经营的需要，包括短期贷款和长期贷款。

其他金融机构贷款，如从信托投资公司取得实物或货币形式的信托投资贷款，从财务公司取得的各种中长期贷款，从保险公司取得的贷款等。其他金融机构的贷款一般较商业银行的期限要长，要求的利率较高，对借款企业的信用要求和担保的选择比较严格。

② 按机构对贷款有无担保要求，分为信用贷款和担保贷款。信用贷款是指以借款人的信誉或保证人的信誉为依据而获得的贷款。企业取得这种贷款，无须以财产作抵押。对于这种贷款，由于风险较高，银行通常要收取较高的利息，往往还附加一定的限制条件。

担保贷款是指由借款人或第三方依法提供担保而获得的贷款。担保包括保证责任财产贷款、财产质押，因此，担保贷款包括保证贷款、抵押贷款和质押贷款。

保证贷款是指按《中华人民共和国担保法》（以下简称《担保法》）规定的保证方式，以第三人作为保证人，承诺在借款人不能偿还借款时，按约定承担一定保证责任或连带责任而取得的贷款。

抵押贷款是指按《担保法》规定的抵押方式，以借款人或第三人的财产作为抵押而取得的贷款。抵押是指债务人或第三人不转移财产的占有，将该财产作为债权的担保，债务人不履行债务时，债权人有权将该财产折价或拍卖、变卖的价款优先受偿。作为贷款担保的抵押品，可以是不动产、机器设备、交通运输工具等实物资产，可以是依法有权处分的土地使用权,也可以是股票、债券等有价证券,它们必须是能够变现的资产。如果贷款到期,借款企业不能或不愿偿还贷款,银行可取消企业对抵押品的赎回权。

质押贷款是指按《担保法》规定的质押方式,以借款人或第三人的动产或财产权利作为质押物而取得的贷款。质押是指债务人或第三人将其动产或财产权利移交债权人占有,将该动产或财产权利作为债权的担保,债务人不履行债务时,债权人有权以该动产或财产权利折价或以拍卖、变卖的价款优先受偿。作为贷款担保的质押品,可以是汇票、支票、债券、存款单、提单等信用凭证,可以是依法可以转让的股份、股票等有价证券,也可以是依法可以转让的商标专用权、专利权、著作权中的财产权等。

(2) 银行借款的程序

1) 提出申请。企业根据筹资需求向银行提出书面申请,填写包括借款金额、借款用途、偿还能力、偿还方式等内容的借款申请书,并提供借款人的基本情况、上年度的财务会计报告等资料。

2) 银行审查借款申请。银行接到借款申请后,应对申请进行审查,审查的内容有以下几点。

① 对借款人的信誉等级进行评估。评估可由银行独立进行,也可委托独立的信誉评定机构进行。

② 对借款人进行调查。银行应对借款人的信用、借款的合法性、安全性及盈利性进行调查,还要核对抵押物、保证人情况,测定借款风险。

③ 贷款审批。银行一般都建立了审贷分离、分级审批的贷款管理制度。审查人员应对调查人员提供的资料认真进行审查,决定是否提供贷款。

3) 签订借款合同。为了维护借贷双方的合法权益,企业与银行应签订借款合同。合同的主要内容如下。

① 基本条件。其主要是规定双方的权利和义务,具体包括数额、方式、发放时间、还款期限、利率及利息的支付方式等。

② 保证条款。其包括借款按规定的用途使用、有关的物资保证、抵押财产、担保人及其责任等。

③ 违约条款。其主要载明对企业逾期不还或挪用借款如何处理和银行不按期发放贷款的处理。

④ 其他附属条款。其包括双方经办人、合同生效日期等。

4) 取得借款。借款合同签订后,企业在核定的借款指标范围内,根据用款计划和实际需要,一次或分次将借款转入公司的存款结算户,以便使用。

5) 企业归还借款。企业取得借款后,应按合同规定按时、足额归还借款的本金和利息。

(3) 银行借款的信用条件

银行发放贷款时,往往涉及以下信用条款。

① 信贷额度。信贷额度也即贷款限额,是借款人与银行签订的协议中规定的允许借款人借款的最高限额,如借款人超过规定限额继续向银行借款,银行则停止办理。此外,如果企业信誉恶化,即使银行曾经同意按信贷限额提供贷款,企业也可能因银行终止放贷而得不到借款。

② 周转信贷协定。周转信贷协定是银行从法律上承诺向企业提供不超过某一最高限额的贷款协定。在协定的有效期内,只要企业借款总额未超过最高限额,银行必须满足企业任何时候提出的借款要求。企业享有周转信贷协定,通常要为贷款限额的未使用部分付给银行一笔承诺费。

例 3－1 某企业与银行商定的周转信贷额为 2 000 万元,承诺费率为 0.5%,借款企业年度内使用了 1 400 万元,余额为 600 万元,则借款企业应向银行支付承诺费的金额为:

承诺费 ＝600 ×0.5% ＝3(万元)

③ 补偿性余额。补偿性余额是银行要求借款人在银行中保持按贷款限额或实际借用额的一定百分比(通常为 10%～20%)计算的最低存款余额。补偿性余额有助于银行降低贷款风险,补偿其可能遭受的损失;但对借款企业来说,补偿性余额则提高了借款的实际利率,加重了企业的利息负担。补偿性余额贷款实际利率的计算公式为:

$$补偿性余额贷款实际利率 ＝\frac{名义利率}{1 - 补偿性余额比例} \times 100\% \qquad (3-1)$$

例 3－2 某企业按年利率 8% 向银行借款 100 万元,银行要求保留 20% 的补偿性余额,企业实际可以动用的借款只有 80 万元,则该项借款的实际利率为:

$$补偿性余额贷款实际利率 ＝\frac{8\%}{1 - 20\%} \times 100\% ＝10\%$$

④ 借款抵押。银行向财务风险较大、信誉不好的企业发放贷款,往往需要有抵押品担保,以减少自身蒙受损失的风险。借款的抵押品通常是借款企业的应收账款、存货、股票、债券以及房屋等。银行接受抵押品后,将根据抵押品的账面价值决定贷款金额,一般为抵押品账面价值的 30%～50%。这一比率的高低取决于抵押品的变现能力和银行的风险偏好。抵押贷款的资金资本通常高于非抵押贷款,这是因为银行主要向信誉好的客户提供非抵押贷款,而将抵押贷款视为一种风险贷款,收取较高的利息;此外,银行管理抵押贷款比管理非抵押贷款更为困难,为此往往另外收取手续费。企业取得抵押借款后,银行还会限制其抵押财产的使用和将来的借款能力。

⑤ 偿还条件。无论何种借款,一般都会规定还款的期限。根据我国金融制度的规定,贷款到期后仍无能力偿还的,视为逾期贷款,银行要照章加收逾期罚息。贷款的偿还有到期一次性偿还和在贷款期内定期等额偿还两种方式。一般来说,企业不希望采用后种方式,因为这会提高贷款的实际利率;而银行则不希望采用前种方式,因为这会加重企业还款时的财务负担,增加企业的拒付风险,同时会降低实际贷款利率。

⑥ 以实际交易为贷款条件。当企业发生经营性临时资金需求需要贷款时,银行则以企业将要进行的实际交易为贷款基础,单独立项、单独审批,并确定贷款的相应条件和信用保证。

(4) 银行借款利息支付的方法

① 利随本清法。利随本清法又称收款法,是在借款到期时借款人向银行支付利息的方

法。采用这种方法,借款的名义利率等于其实际利率。

② 贴现法。贴现法是银行向企业发放贷款时,先从本金中扣除利息部分,而到期时借款企业再偿还全部本金的一种计息方法。贴现法的实际贷款利率公式为:

$$贴现贷款实际利率 = \frac{利息}{贷款金额 - 利息} \times 100\%$$
$$= \frac{名义利率}{1 - 名义利率} \times 100\% \qquad (3-2)$$

例 3-3 某企业从银行取得借款 200 万元,期限为 1 年,名义利率为 10%,利息为 20 万元。按照贴现法付息,企业实际可动用的贷款为 180(200-20)万元,该项贷款的实际利率为:

$$贴现贷款实际利率 = \frac{20}{200-20} \times 100\% \approx 11.11\%$$

(5) 银行借款的优缺点

银行借款的优点有以下几项。

① 筹资速度快。企业利用银行筹资一般所需时间较短,程序较为简单,可以快速获得所需资金。

② 借款成本低。利用银行借款筹资,其利息可在所得税前列支,故可减少企业实际负担的成本,因此比股票筹资的成本要低得多。与债券相比,借款利率一般低于债券利率,筹资费用也较小。

③ 筹资弹性较大。在借款之前,公司根据当时的资本需求与银行等贷款机构直接商定借款的时间、数量和条件。在借款期间,如果公司的财务状况发生某些变化,也可与债权人再协商,变更借款数量、时间和条件,或提前偿还本息。因此,借款筹资对公司具有较大的灵活性,特别是短期借款更是如此。

④ 发挥财务杠杆的作用。企业利用借款筹资,与债券一样可以发挥财务杠杆的作用。

银行借款的缺点有以下几项。

① 财务风险高。长期借款必须到期还本付息,当企业经营不景气时,会给企业带来更大的财务困难,甚至可能导致破产。

② 限制条款较多。这有可能使企业在财务管理和生产经营上受到某种程度的制约,以致对企业今后的筹资和投资活动产生影响。

③ 筹资数额有限。银行借款的数额往往受到贷款机构资本实力的制约,不可能像发行债券、股票那样一次筹集到大笔资金,无法满足公司大规模筹资的需要。

5. 发行公司债券

企业债券又称公司债券,是企业依照法定程序发行的、约定在一定期限内还本付息的有价证券。债券是持券人拥有公司债权的书面证书,代表持券人与发债公司之间的债权、债务关系。

(1) 发行债券的条件

根据《公司法》的规定,股份有限公司、国有独资公司和两个以上的国有公司或者两个以上的国有投资主体投资设立的有限责任公司,具有发行债券的资格。

根据《证券法》的规定,公开发行公司债券,应当符合这些条件:股份有限公司的净资产不低于人民币3 000万元,有限责任公司的净资产不低于人民币6 000万元;累计债券余额不超过公司净资产的40%;最近3年平均可分配利润足以支付公司债券1年的利息;筹集的资金投向符合国家产业政策;债券的利率不超过国务院限定的利率水平;国务院规定的其他条件。

公开发行公司债券筹集的资金,必须用于核准的用途,不得用于弥补亏损和非生产性支出。

根据《证券法》的规定,公司申请公司债券上市交易,应当符合这些条件:公司债券的期限在1年以上;公司债券实际发行额不少于人民币5 000万元;公司申请债券上市时仍符合法定的公司债券发行条件。

(2) 公司债券的种类

① 按是否记名,公司债券可分为记名债券和无记名债券。记名公司债券,应当在公司债券存根簿上载明债券持有人的姓名及住所、债券持有人取得债券的日期及债券的编号等债券持有人信息。记名公司债券,由债券持有人以背书方式,或者法律、行政法规规定的其他方式转让;转让后由公司将受让人的姓名或名称及住所记载于公司债券存根簿。无记名公司债券,应当在公司债券存根簿上载明债券总额、利率、偿还期限和方式、发行日期及债券编号。无记名公司债券的转让,由债券持有人将该债券交付给受让人后即发生转让的效力。

② 按是否能够转换成公司股权,公司债券可分为可转换债券与不可转换债券。可转换债券,债券持有者可以在规定的时间内按规定的价格转换为发债公司的股票。这种债券在发行时,对债券转换成股票的价格和比率等都做了详细的规定。《公司法》规定,可转换债券的发行主体是股份有限公司中的上市公司。不可转换债券是指不能转换为发债公司股票的债券,大多数公司债券属于这种类型。

③ 按有无特定财产担保,公司债券可分为担保债券和信用债券。担保债券是指以抵押方式担保发行人按期还本付息的债券,主要是指抵押债券。抵押债券按其抵押品的不同,又分为不动产抵押债券、动产抵押债券和证券信托抵押债券。信用债券是无担保债券,是仅凭公司自身的信用发行的、没有抵押品作抵押担保的债券。在公司清算时,信用债券的持有人因无特定的资产作担保品,只能作为一般债权人参与剩余财产的分配。

(3) 债券的发行程序

① 做出决议。公司发行债券要由董事会制定方案,股东大会做出决议。

② 提出申请。我国《公司法》规定,公司申请发行债券由国务院证券管理部门批准。证券管理部门按照国务院确定的公司债券发行规模审批公司债券的发行。公司申请应提交公司登记证明、公司章程、公司债券募集办法、资产评估报告和验资报告。

③ 公告募集办法。企业发行债券的申请经批准后,向社会公告债券募集办法。公司债券分私募发行和公募发行。私募发行是以特定的少数投资者为对象发行债券,而公募发行则是在证券市场上以非特定的广大投资者为对象公开发行债券。

④ 委托证券经营机构发售。公募间接发行是各国通行的公司债券发行方式。在这种发行方式下,发行公司与承销团签订承销协议。承销团由数家证券公司或投资银行组成,承销

方式有包销和代销两种。代销是指承销团代为推销债券,在约定期限内未售出的余额可退还发行公司,承销团不承担发行风险。包销是指由承销团先购入发行公司拟发行的全部债券,然后再售给社会上的投资者,如果约定期限内未能全部售出,余额要由承销团负责认购。

⑤ 交付债券,收缴债券款,登记债券存根簿。发行债券通常不需经过填写认购证过程,由债券购买人直接向承销团付款购买,承销团付给企业债券。然后,发行公司向承销团收缴债券款并结算代理费及预付款项。

(4) 债券发行价格的确定

多数情况下,企业债券是按票面价值发行,又称平价发行,但也有按高于票面价值或低于票面价值,即溢价发行或折价发行的情况。溢价发行是指发行价格大于票面价格;折价发行是指发行价格小于票面价格。3 种债券发行价格的形成受诸多因素的影响,其中主要是票面利率与市场利率的一致程度。发行债券时已确定的票面利率不一定与当时的市场利率一致,为了协调购销双方在债券利息上的利益,就要调整发行价格,即平价发行时,票面利率等于市场利率;溢价发行时,票面利率大于市场利率;折价发行时,票面利率小于市场利率。

(5) 债券筹资的优缺点

债券筹资的优点有以下几项。

① 资金成本较低。由于债券的发行费用较低,债券利息作为财务费用在税前支付,所以债券筹资的资金成本较低。

② 保证股东对企业的控制权。债券持有人无权干涉企业的经营管理,因而不会减弱原有股东对企业的控制权。

③ 可以发挥财务杠杆作用。由于债券利率是固定的,当企业营利时,财务杠杆作用可使得原有投资者获取更大的收益。

债券筹资的缺点有以下几项。

① 筹资风险大。债券筹资有固定到期日,要承担还本付息义务。当企业经营不善时,会发生较大的财务风险。

② 限制条件多。发行债券的限制性条款多,这对企业造成较多的约束,影响企业财务灵活性。

③ 筹资额有限。当公司的负债比例超过一定程度后,债券筹资的成本会迅速上升,甚至导致债券难以发行。因此,债券发行数量不可能太多,否则会影响企业信誉。

6. 租赁

租赁是承租人以支付租金的形式向出租人租用某种资产的一种契约性行为。租赁活动由来已久。信贷租赁综合了传统租赁和分期付款的特点,在金融市场上发挥了投资、融资和促销三重作用,其中,融资功能最为明显。目前,租赁业务已成为企业普遍采用的筹资方式。

租赁业务通常分为经营租赁和融资租赁两大类。

(1) 经营租赁

经营租赁又称服务租赁,是出租人在短期内向承租人提供租赁物,并承担维修责任的一种服务性业务。经营租赁是一种传统的租赁,用户的着眼点不在于融资,而是为了解决短期的、临时的资产需求,一旦需求解决,租赁关系即告结束。

经营租赁的特点如下。

① 租赁物一般由出租人选定,经营租赁物一般具有通用性,容易找到接替用户,如办公设备、汽车等。

② 租期较短。

③ 出租人承担维修、保养责任,这是为了保持租赁物的完好,以便继续出租。

④ 在合理条件下,出租人有权解除租约。

（2）融资租赁

① 融资租赁的含义。融资租赁是租赁公司按承租企业的要求,购买所需的设备,然后在契约或合同规定的期限内租借给承租企业使用,承租企业按期支付租金,租赁期满,设备以较低的价格转让给承租企业,或者以较优惠的价格续租。

融资租赁是以融通资金为目的的租赁,以出租实物形式取代向企业提供设备贷款,是融资和融物相结合,并带有商品销售性质的信用活动,是筹集资金的特殊方式。现代意义的租赁就是指融资租赁。因为融资功能明显,所以也称财务租赁或金融租赁。

② 融资租赁的形式。融资租赁通常有直接租赁、售后租回和借款租赁 3 种形式。

- 直接租赁是承租人直接向设备制造公司、租赁公司或金融公司等出租人承租所需要的资产,按合同支付租金。

- 售后租回是承租人在出售某项资产以后,再从购买者(出租人)手中租回该项资产。售后租回一方面可以取得销售收入,另一方面又可继续使用该项资产。提供这种租赁服务的通常是租赁公司、金融机构等,其实质是通过租赁的方式向承租人发放贷款。

- 借款租赁也称为第三方租赁、杠杆租赁。典型的借款租赁是出租人向贷款人借入租赁设备的购货款,购置设备出租给承租人。在这种情况下,承租人按合同支付租金,出租人同时又是借款人,出租人所得租金首先用于偿还贷款,剩余部分才构成投资收益。

③ 租金的支付方式。租金的支付方式影响租金的计算。租金通常采用分次支付的方式,具体可分为以下几种类型。

- 按支付时期长短的不同,可分为年付、半年付、季付、月付等。

- 按支付时期的先后,可分为先付租金和后付租金。先付租金是指在期初支付租金;后付租金是指在期末支付租金。

- 按每期支付金额的不同,可分为等额支付和不等额支付。

④ 租金的计算方法。在我国的融资租赁业务中,租金的计算方法一般采用等额年金法。因为租金有先付租金和后付租金两种支付形式,故分别说明。

后付租金的计算。承租企业与租赁公司商定的租金支付方式大多为等额后付租金,即普通年金。

根据普通年金现值的计算公式,每期期末支付租金数额的计算公式如下。

$$A = P / (P/A, i, n) \tag{3-3}$$

式中,n——租赁期限;i——市场利率;P——租金总额;A——每期支付的租金。

例3-4 某企业向租赁公司租入一套设备,设备原价为100万元,租期10年,租赁期满后归企业所有。为保证租赁公司的利益,承租企业与租赁公司商定的折现率为16%,租金每年年末支付一次。

要求:

计算该企业每年年末应付等额租金的数额。

$$A = 100 \div (P/A, 16\%, 10) = 100 \div 4.833\,2 \approx 20.690\,2 (万元)$$

先付租金的计算。承租企业有时与租赁公司商定,采取等额先付租金的支付方式支付租金。

根据即付年金现值的计算公式,每期期初支付租金数额的计算公式如下。

$$A = P / [(P/A, i, n-1) + 1] \qquad (3-4)$$

式中符号的含义与公式(3-3)相同。

例3-5 沿用例3-4的资料。假如租金在每年年初支付,则每期期初支付租金数额的计算如下。

$$A = 100 \div [(P/A, 16\%, 10 - 1) + 1] = 100 \div (4.606\,5 + 1) \approx 17.836\,4 (万元)$$

⑤ 融资租赁的优缺点。

融资租赁的优点有以下几项。

- 筹资速度快。融资租赁比借款购置设备更迅速、更灵活,有助于企业迅速形成生产能力。
- 筹资限制少。与发行股票、债券、银行借款相比,融资租赁的限制条件较少。
- 设备陈旧风险小。随着科学技术的不断进步,固定资产更新周期日趋缩短,企业设备陈旧风险很大,融资租赁可减少这一风险。因为融资租赁的期限一般为使用年限的75%,且多数租赁协议都规定由出租人承担设备陈旧过时的风险。
- 财务风险小。由于租金在整个租期内分摊,可适当降低不能偿付的风险。
- 税收负担轻。由于租金在所得税前扣除,具有抵减所得税的作用。

融资租赁的主要缺点是资金成本高。一般来说,融资租赁的租金比银行借款或发行债券所负担的利息高很多,所以在企业财务困难时,固定的租金会构成一项较重的财务负担。

7. 商业信用

商业信用是指商品交易中的延期付款或延期交货而形成的借贷关系,是企业之间的一种直接信用关系。商业信用已成为企业普遍使用的短期资金筹措方式。

(1) 商业信用的形式

商业信用的形式主要有应付账款、应付票据、预收货款等3种。

① 应付账款。应付账款即赊购商品形成的欠款,是一种典型的商业信用形式。应付账款是卖方向买方提供商业信用,允许买方收到商品后不立即付款,可延长一定时间付款。

② 应付票据。应付票据是一种期票,即由出票人出票,由承诺人允诺在一定时期内支

付一定款项的书面证明。这种票据由购货方或销货方开出,由购货方承兑或请求开户银行承兑。

在应付票据商业信用形式下,延期付款期限一般为 1~6 个月,最长不超过 9 个月。应付票据有带息和不带息两种,西方国家一般带息,属于有代价信用;我国一般不带息,属于免费信用。

③ 预收货款。预收货款是销货方在交货前向购货方预先收取部分或全部货款所发生的负债,这项负债要用以后的商品或劳务偿还,这实际等于向购货方借一笔款项。

(2) 商业信用条件

商业信用条件是指销货人对付款时间和现金折扣所做的具体规定,如"2/10,N/30"便是一种信用条件。卖方在销售中推出信用期限的同时,往往会推出现金折扣条款。从总体上看,商业信用条件主要有以下几种形式。

① 预收货款。一般用于两种情况:企业已知买方信用欠佳;销售生产周期长、售价高的商品。

② 延期付款,但不涉及现金折扣。这里指卖方允许买方在交易发生后的一定时期内按发票金额支付货款。"N/30"指卖方允许买方在 30 天内按发票金额支付货款。该条件下的信用期一般为 30~60 天,有些季节性的生产企业可能为其顾客提供更长的信用期。

③ 延期付款,但早付款可享受现金折扣。这里指买方在卖方规定的折扣期内付款可享受给定的现金折扣。如"2/10,N/30"表示信用期为 30 天,如买方在 10 天内付款,可以享受 2% 的现金折扣;如买方超过 10 天付款,不享受现金折扣。提供现金折扣的目的是加速货款的回收。现金折扣率一般为发票金额的 1%~5%。

(3) 现金折扣成本的计算

现金折扣成本是指买方赊购商品时,卖方提供现金折扣,买方没有利用,放弃享受现金折扣的机会成本。其计算公式如下。

$$\text{放弃现金折扣成本率} = \frac{\text{现金折扣率}}{1-\text{现金折扣率}} \times \frac{360}{\text{信用期}-\text{折扣期}} \qquad (3-5)$$

例 3 - 6 企业购进一批材料,价款为 120 000 元,销货方的信用条件为"2/10,N/30",则有以下两种情况。

① 企业在第 10 天付款,享受的现金折扣为 2 400(120 000 ×2%)元,并使用 10 天的免费信用。

② 在第 30 天付款,可使用 30 天的信用,但要以放弃现金折扣为代价,这种代价就是商业信用的成本。其计算方法如下。

$$\text{放弃现金折扣成本率} = \frac{2\%}{1-2\%} \times \frac{360}{20} \times 100\% = 36.73\%$$

上述计算结果表明,放弃现金折扣的信用成本是相当昂贵的,比借款利率高出很多,如果无特殊情况,还是享受现金折扣为好。

(4) **商业信用筹资的优缺点**

商业信用的优点有以下几项。

① 筹资便利。因为商业信用与商品买卖同时进行,属于一种自然性融资,随时可以随着购销行为的产生获得这项资金。

② 筹资成本低。如果没有现金折扣,或者企业不放弃现金折扣,则利用商业信用筹资没有实际成本。

③ 限制条件少。商业信用无须担保和抵押,与其他筹资方式相比,限制条件较少。

商业信用的缺点有以下几项。

① 期限短。商业信用的期限一般都很短,资金不能长期占用。

② 现金折扣成本高。如果放弃现金折扣,会付出较高的资金成本。

3.3 企业资金需要量的预测

资金的需要量是筹资的数量依据,必须科学合理地进行预测。筹资数量预测的目的是保证筹集的资金既能满足生产经营的需要,又不会产生多余资金闲置的现象。

3.3.1 定性预测法

定性预测法是指依靠预测者个人的经验、主观分析和判断能力,对未来时期资金的需求量进行估计和推算的方法。这种方法通常采取召开专业人员座谈会和专家论证会等形式,常在缺乏完整的历史资料的条件下采用。它不能揭示资金需求量与相关因素的关系,预测结果的准确性较差,一般只作为预测的辅助方法。

3.3.2 销售百分比法

销售百分比法是指将反映生产经营规模的销售因素与反映资金占用的资产因素结合起来,根据销售与资产之间的数量比例关系,预计企业的外部筹资需要量的方法。销售百分比法首先假设某些资产与销售额之间存在稳定的百分比关系,根据销售与资产的比例关系预计资产额,根据资产额预计相应的负债和所有者权益,进而确定筹资需要量。其基本步骤如下。

① 确定随销售额变动而变动的资产和负债项目。资产是资金使用的结果,随着销售额的变动,经营性资产项目将占用更多的资金。同时,随着经营性资产的增加,相应的经营性短期债务也会增加,如存货增加会导致应付账款增加等,此类债务被称为"自动性债务",可以为企业提供暂时性资金。经营性资产与经营性负债的差额通常与销售额保持稳定的比例关系。这里,经营性资产项目包括库存现金、应收账款、存货等项目;而经营性负债项目包括应付票据、应付账款等项目,不包括短期借款、长期负债等筹资性负债。

② 确定经营性资产与经营性负债有关项目与销售额的稳定比例关系。如果企业资金周转的营运效率保持不变,经营性资产与经营性负债将会随销售额的变动而呈正比例变动,保持稳定的百分比关系。企业应根据历史资料和同业情况,剔除不合理的资金占用,寻找与

销售额的稳定的百分比关系。

③ 确定需要增加的筹资数量。预计由于销售增长而需要的资金需求增长额,扣除利润留存后,即为所需要的外部筹资额。即有:

$$对外资金的需求量 = \frac{A}{S_1} \times \Delta S - \frac{B}{S_1} \times \Delta S - P \cdot E \cdot S_2 \qquad (3-6)$$

式中,A——随销售而变化的敏感性资产;B——随销售而变化的敏感性负债;S_1——基期销售额;S_2——预测期销售额;ΔS——销售变动额;P——销售净利率;E——利润留存率;A/S_1——敏感资产与销售额的关系百分比;B/S_1——敏感负债与销售额的关系百分比。

例 3-7 兴达公司 2018 年 12 月 31 日资产负债表(简)如表 3.1 所示。

表 3.1 资产负债表

2018 年 12 月 31 日 元

资 产	金 额	与销售关系/%	负债和权益	金 额	与销售关系/%
现金	5 000	5	短期借款	25 000	N
应收账款	15 000	15	应付账款	10 000	10
存货	30 000	30	应付费用	5 000	5
固定资产净值	30 000	N	应付债券	10 000	N
			实收资本	20 000	N
			留存收益	10 000	N
合计	80 000	50	合计	80 000	15

注:表中百分比是基期该项目金额除以基期销售收入求得,如现金一项:5 000 ÷ 100 000 = 5%。

兴达公司 2018 年的销售额为 100 000 元,现在还有剩余生产能力,即增加收入不需要进行固定资产方面的投资。假定销售净利率为 10%,利润留存率为 40%。预计下年销售额提高到 120 000 元,那么要筹集多少资金?

首先,确定有关项目及其与销售额的关系百分比。在表 3.1 中,N 为不变动项,是指该项目不随销售额的变化而变化。

其次,根据兴达公司的资料可求得对外部资金的需求量为:(5% + 15% + 30%) × 20 000 - (5% + 10%) × 20 000 - 10% × 40% × 120 000 = 2 200(元)

在此例中,如果兴达公司预计下半年销售额为 110 000 元,即只增长 10%,对外部资金需求量为:

(5% + 15% + 30%) × 10 000 - (5% + 10%) × 10 000 - 10% × 40% × 110 000 = -900(元)

如果公司销售仅增长 10%,公司不仅不需要向外界筹资,而且还会有 900 元的剩余资金,那么在这种情况下,公司的任务不是规划如何筹资,而是应计划去增发股利、偿还债务或寻找较有利的投资机会。这一实例也说明了正确确定筹资规模的意义所在。

销售百分比法的优点是能为筹资管理提供短期预计的财务报表,以适应外部筹资的需要,且易于使用。但在有关因素发生变动的情况下,必须相应地调整原有的销售百分比。

3.3.3 资金习性预测法

资金习性预测法是指根据资金习性预测未来资金需要量的一种方法。所谓资金习性,是指资金的变动同产销量变动之间的依存关系。按照资金与产销量之间的依存关系,可把资金区分为不变资金、变动资金和半变动资金。

① 不变资金是指在一定的产销量范围内,不随销量的变动而变动的那部分资金,包括为维持营业而占用的最低数额的现金;原材料的保险储备;必要的成品储备和厂房、机器设备等固定资产占用的资金。

② 变动资金是指随着产销量的变动而呈比例变动的那部分资金,一般包括直接构成产品实体的原材料、外构件等占用的资金。

③ 半变动资金是指虽受产销量变化的影响,但并不呈比例变动的那部分资金,如一些辅助材料占用的资金。半变动资金可以通过一定的方法分解为不变资金和变动资金两部分。资金习性预测法就是对资金习性进行分析,将其划分为变动资金和不变资金,根据资金与产销量之间的数量关系来建立数学模型,然后根据历史资料预测资金需要量。预测的基本模型如下。

$$y = a + bx \tag{3-7}$$

式中,y——资金需要量;a——不变资金;b——单位产销量所需要的变动资金;x——产销量。

资金习性预测法包括回归线性法和分项预测法两种。

1. 回归线性法

回归线性法是按照企业历史上资金占用总额与产销量的关系,运用最小平方法原理计算不变资金和单位销售额的变动资金的一种资金习性分析方法,其计算公式如下。

$$a = \frac{\sum X_i^2 \sum Y_i - \sum X_i \sum X_i Y_i}{n \sum X_i^2 - \left(\sum X_i \right)^2}$$

$$b = \frac{n \sum X_i Y_i - \sum X_i \sum Y_i}{n \sum X_i^2 - \left(\sum X_i \right)^2}$$

或

$$b = \frac{\sum Y_i - na}{\sum X_i} \tag{3-8}$$

例3-8 某企业2013—2017年的产销量与资金需要量如表3.2所示。假如2018年企业的预计产销量为150万件,试预测2018年的资金需要量。

表 3.2 2013—2017 年产销量与资金需要量的关系

年 度	产销量 X_i/万件	资金占用量 Y_i/万元
2013	120	190
2014	140	200
2015	170	260
2016	190	285
2017	160	230

资金需要量的预测过程如下。

① 根据表 3.2 的资料,计算整理出表 3.3 所示的资料。

表 3.3 产销量与资金需要量数据计算表

年 度	产销量 X_i/万件	资金占用量 Y_i/万元	X_iY_i	X_i^2
2013	120	190	22 800	14 400
2014	140	200	28 000	19 600
2015	170	260	44 200	28 900
2016	190	285	54 150	36 100
2017	160	230	36 800	25 600
$n = 5$	$\sum X_i = 780$	$\sum Y_i = 1\,165$	$\sum X_iY_i = 185\,950$	$\sum X_i^2 = 124\,600$

② 将表 3.3 的数据代入下列联立方程。

$$a = \frac{\sum X_i^2 \sum Y_i - \sum X_i \sum X_iY_i}{n\sum X_i^2 - \left(\sum X_i\right)^2}$$

$$b = \frac{n\sum X_iY_i - \sum X_i \sum Y_i}{n\sum X_i^2 - \left(\sum X_i\right)^2}$$

求 a 和 b 的值,即:

$a = 8.082\,2$ $b = 1.441\,8$

③ 将 $a = 8.082\,2$、$b = 1.441\,8$ 代入 $y = a + bx$ 中,得到资金需要量与产销量之间的关系式为:

$y = 8.082\,2 + 1.441\,8x$

④ 将 2018 年预计产量 150 万件代入上式,得到 2018 年企业的资金需要量为:

$y = 8.082\,2 + 1.441\,8 \times 150 \approx 224(万元)$

2. 分项预测法

分项预测法是根据各资金占用项目(如现金、存货、应收账款、固定资产等)与销售收入之间的关系,把各项目的资金分成变动资金和不变资金两部分,然后汇总求出企业变动资金总额和不变资金总额,再预测资金的需要量。

例 3-9 某企业 2013—2017 年现金占用和销售收入之间的关系如表 3.4 所示。假如 2018 年企业的预计销售收入为 3 400 万元,试预测 2018 年的资金需要量。

表 3.4 现金占用与销售收入关系表

年　度	销售收入 X_i/万元	现金占用 Y_i/万元
2013	2 000	110
2014	2 300	120
2015	2 600	125
2016	2 900	140
2017	3 200	170

根据表 3.4 的资料,运用高低点法计算出 a、b 的值,计算公式如下:

$$b = \frac{最高收入期资金占用量 - 最低收入期资金占用量}{最高销售收入 - 最低销售收入} \tag{3-9}$$

$$a = 最高收入期资金占用量 - 最高销售收入 \times b$$

由 $y = a + bx$,得 $a = y - bx$,将表 3.4 中数据代入后得:$b = 0.05$

$$a = 170 - 0.05 \times 3200 = 10(万元)$$

按照同样的方法将应收账款、存货、固定资产、流动负债等项目占用的资金分解为变动资金和不变资金两部分,汇总列示在表 3.5 中。

表 3.5 资金占用与产销量关系

项　目	年度不变资金/万元	每元销售收入所需变动资金/元
流动资产		
现金	10	0.05
应收账款	50	0.15
存货	90	0.24
小计	150	0.44
减:流动负债		
应付账款	70	0.14
净流动资金占用	80	0.30
固定资产		
厂房、设备	60	
所需资金合计	140	0.30

根据表 3.5 的资料得出资金需要量的预测模型为:

$$y = 140 + 0.30x$$

如果企业 2018 年的预计销售收入为 3 400 万元,那么 2018 年的预测资金需要量为:

$$y = 140 + 0.30 \times 3\,400 = 1\,160\,(万元)$$

资金习性预测法利用资金需要量与产销量之间的数学关系进行预测,是一种比较科学合理的预测方法。使用这一方法时必须注意以下几个问题。

① 资金需要量和产销量之间线性关系的假定应符合实际情况。

② 确定 a、b 的数值应该利用预测年度前连续若干年的历史资料,至少要有 3 年以上的资料。

③ 应考虑价格等因素的变化情况。

本章小结

1. 企业筹集资金是资金运作的起点,筹资工作的好坏,直接影响企业效益的好坏,进而影响企业收益分配。

2. 企业的资金由权益资金和负债资金两部分组成。

3. 企业权益资金的筹集可通过吸收直接投资、发行股票、利用留存收益等方式筹集。

4. 按股东权利和义务的不同,股票可分为普通股和优先股。股票的发行价格有平价、溢价和折价发行。我国目前不允许折价发行。

5. 企业负债资金可通过向银行借款、发行债券、融资租赁、利用商业信用等方式筹集。

6. 商业信用是一种自然性融资,主要有应付账款、应付票据和预收货款等形式。

7. 在有现金折扣的赊销方式下,如果买方在现金折扣期内付款,就不会发生商业信用成本;但如果买方放弃了现金折扣,则会发生商业信用筹资机会成本,亦即放弃现金折扣的成本。

8. 筹资的数量应当合理,不管采取的是什么筹资方式,都必须预先合理确定资金的需要量,根据需要筹资。

本章习题

一、单项选择题

在线测试

1. 某企业按年利率 10% 向银行借款 20 万元,银行要求保留 20% 的补偿性余额。那么,企业该项借款的实际利率为(　　)。

　　A. 10%　　　　　B. 12.5%　　　　　C. 20%　　　　　D. 15%

2. 某企业按"2/10,N/60"的条件购进 20 000 元的商品,如果放弃现金折扣,则其资金的机会成本率为(　　)。

　　A. 12.3%　　　　B. 12.6%　　　　C. 11.4%　　　　D. 14.7%

3. 与股票筹资相比,债券筹资的特点是(　　)。

　　A. 财务风险大　　　　　　　　B. 资本成本高

　　C. 能增强公司的社会信誉　　　D. 分散控制权

4. 出租人既出租某项资产,又以该项资产为担保借入资金的租赁方式是(　　)。

  A. 经营租赁   B. 售后回租

  C. 杠杆租赁   D. 直接租赁

 5. 佳和公司拟发行 3 年期债券进行筹资,债券票面金额为 1 000 元,票面利率为 10%,每年末付息一次,到期还本。当时的市场利率为 8%,则该公司债券的发行价格为( )元。

  A. 990   B. 1 000   C. 950   D. 1 051. 51

二、多项选择题

 1. 属于普通股筹资特点的是(   )。

  A. 没有固定的利息负担   B. 有一定的弹性

  C. 筹资方便   D. 不需要办理复杂的手续

 2. 债券发行价格的影响因素包括(   )。

  A. 债券面额   B. 票面利率

  C. 市场利率   D. 债券期限

 3. 补偿性余额的约束使借款企业受到的影响是(   )。

  A. 减少了可用现金   B. 减少了应付利息

  C. 提高了筹资成本   D. 增加了应付利息

 4. 有关抵押借款和无抵押借款的说法正确的是(   )。

  A. 抵押借款的资金成本高于无抵押借款

  B. 银行主要向信誉好的客户提供无抵押借款

  C. 银行对于抵押借款一般还要收取手续费,抵押借款还会限制借款企业抵押资产的使用和将来的借款能力

  D. 抵押借款是一种风险贷款

 5. 属于权益资金筹集的筹资方式有(   )。

  A. 吸收直接投资   B. 发行股票

  C. 留存收益   D. 银行借款

三、判断题

 1. 由于银行借款的利息是固定的,所以相对而言,这一筹资方式的弹性较小。 ( )

 2. 放弃现金折扣的机会成本与现金折扣率、折扣期呈反方向变化,而与信用期呈同方向变化。 ( )

 3. 如果没有现金折扣,或者企业不放弃现金折扣,则利用商业信用筹资没有机会成本。 ( )

 4. 一旦企业与银行签订周转信贷协议,则在协议的有限期内,只要企业的借款总额不超过最高限额,银行必须满足企业任何时候用途的借款要求。 ( )

 5. 在债券面值与票面利率一定的情况下,市场利率越高,则债券的发行价格越低。 ( )

四、计算分析题

 1. 某公司 2018 年 12 月 31 日的资产负债情况如下表所示。

大华公司资产负债表

2018 年 12 月 31 日   万元

资　产	金　额	负债和权益	金　额
现金	1 000	短期借款	6 000
应收账款	14 000	应付账款	6 500
存货	15 000	应付费用	2 500
固定资产净值	20 000	应付债券	10 000
		实收资本	20 000
		留存收益	5 000
合计	50 000	合计	50 000

该公司 2018 年的销售收入为 50 000 万元,现在还有剩余生产能力,即增加收入不需增加固定资产投资。假定销售净利率为 15%,如果 2019 年的销售收入为 60 000 万元,公司的股利支付率为 60%,那么需要从外部筹集多少资金?

2. 某企业采用融资方式于 2018 年年初租入设备 1 台,价格为 400 000 元,租期为 5 年,租期内年利率为 10%(残值归承租人所有)。

要求:

(1) 计算每年年末支付租金方式的应付租金。

(2) 计算每年年初支付租金方式的应付租金。

3. 华伟公司发行 3 年期的债券,面值为 1 000 万元,每年年末付息一次,到期还本,票面利率为 8%。

要求:

(1) 当市场利率为 8% 时,计算其发行价格。

(2) 当市场利率为 7% 时,计算其发行价格。

(3) 当市场利率为 9% 时,计算其发行价格。

第4章
资金成本和资本结构

学习目标

- 理解资金成本和资本结构的概念。
- 掌握个别资金成本和综合资金成本的计算。
- 理解财务杠杆、经营杠杆,以及总杠杆的基本原理。
- 掌握财务杠杆的计算方法。
- 理解杠杆效应在企业财务管理中的重要作用。
- 掌握最佳资本结构决策的方法。

技能要求

- 能熟练计算各种筹资方式的资金成本,进行合理的筹资决策。
- 能够熟练运用最佳资本结构决策的方法对企业的资本结构进行决策。
- 能够应用杠杆原理对企业的经营风险和财务风险及其综合风险进行衡量。

案例导入

茂业通信于 2018 年 3 月 27 日公告上市公司拟更名为"中嘉博创信息技术股份有限公司",突出公司信息智能传输、网络通信服务的主业,同时上市公司也发布了重大资产重组,即发行股份及支付现金购买嘉华信息 100% 股权的系列公告。本次并购重组标的嘉华信息公司是一家致力于通过大型联络中心(通信平台以及呼叫中心)、软件系统、数据挖掘技术等优势为保险、银行等大型金融企业提供全面深入的金融产品营销服务解决方案,将人工智能、大数据、金融科技服务三位一体有效结合的企业。此次并购标志着茂业通信在智能信息传输、人工智能大数据、金融科技应用领域迈出了实质性的关键一步。嘉华信息公司也承诺 2017 年、2018 年、2019 年、2020 年各年度净利润不低于 10 200 万元、13 400 万元、16 700 万元、20 100 万元。

本次并购重组非公开发行股票募集配套资金不超过 63 900 万元,公告的发行价格依然为 15.37 元 / 股,受相关利好影响,茂业通信股价当日已经大幅抬升 5.04%,当日收盘价为 13.97 元。茂业通信的业务和基本面已经进入拐点、后期市值也值得重点期待。

思考:上市公司的资产重组业务时有发生,如何建立最佳的资本结构,控制资金成本呢?

4.1 资金成本

资金是企业生存和经营发展的必要条件。企业的筹资管理,不仅需要合理选择筹资方式,还要科学安排资本结构。资本结构是企业筹资管理的基本目标,资金成本是衡量企业资本结构优化程度的标准,也是对投资获得经济效益的最低要求。因此,掌握好各种筹资方式的资金成本的计算,并以此进行筹资决策是财务管理人员必备的基本技能。

在市场经济条件下,企业不能无偿地使用资金,必须向资金的提供者支付一定数量的费用作为补偿,企业使用资金必须付出代价,所以企业必须节约使用资金。

4.1.1 资金成本概述

1. 资金成本的概念

资金成本是指企业为筹集和使用资金而付出的代价。广义的资金成本包括长期资金和短期资金的成本;狭义的资金成本仅指筹集和使用长期资金的成本。由于长期资金也被称为资本,故资金成本又被称为资本成本。

2. 资金成本的内容

资金成本的内容比较复杂,归纳起来,包括用资费用和筹资费用两部分,如图4.1所示。

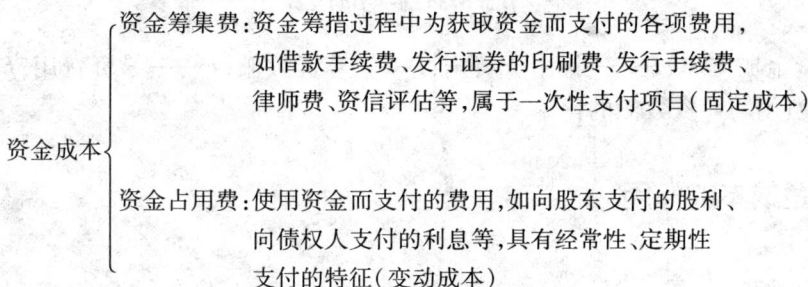

资金成本 {
  资金筹集费:资金筹措过程中为获取资金而支付的各项费用,
    如借款手续费、发行证券的印刷费、发行手续费、
    律师费、资信评估等,属于一次性支付项目(固定成本)

  资金占用费:使用资金而支付的费用,如向股东支付的股利、
    向债权人支付的利息等,具有经常性、定期性
    支付的特征(变动成本)
}

图4.1 资金成本的构成

(1)用资费用

用资费用是指企业在生产经营、投资过程中因使用资金而付出的代价,如向股东支付的股利、向债权人支付的利息等。

(2)筹资费用

筹资费用是指企业在筹措资金过程中为获取资金而付出的费用,如向银行支付的借款手续费,发行股票、债券需支付的发行费等。

3. 资金成本的种类

按用途分类,资金成本可分为个别资金成本、综合资金成本和边际资金成本。

① 个别资金成本。个别资金成本是某一种筹资方式的资金成本,如长期借款成本、债券成本、股票资金成本等。个别资金成本一般用于各种筹资方式的比较和评价。

② 综合资金成本。综合资金成本是对各种个别资金成本进行加权平均而得的结果。综合资金成本一般用于资本结构决策。

③ 边际资金成本。边际资金成本是企业新筹集部分资金的成本,在计算时,也需要进行加权平均。边际资金成本一般用于追加筹资的决策。

上述 3 种资金成本之间有着密切的关系。个别资金成本是综合资金成本和边际资金成本的基础,综合资金成本和边际资金成本是对个别资金成本的加权平均,三者都与资本结构有关。

4. 资金成本计算的基本公式

资金成本的计算,因资金的来源不同而有差异。资金是借入的,资金成本是借款利率(相对数)或利息额(绝对数);如果是投资者自有资金,资金成本需要按投资者希望获得的报酬来确定,一般为预期的投资报酬率(相对数)或报酬额(绝对数)。在财务管理中,一般用相对数表示,即表示为用资费用与实际筹得资金(即筹资数额扣除筹资费用后的差额)的比率,称为资金成本率,其计算公式如下。

$$资金成本率 = \frac{每年的用资费用}{筹资数额 - 筹资费用} \times 100\% \qquad (4-1)$$

用字母表示:

$$K = \frac{D}{P - F} \text{ 或 } K = \frac{D}{P(1-f)}$$

式中,K——资金成本率;D——年用资费用;P——筹资数额;F——筹资费用;f——筹资费用率,即筹资费用与筹资数额的比率。

4.1.2 资金成本的作用

1. 资金成本在企业筹资决策中的作用

① 资金成本是影响企业筹资总额的重要因素。
② 资金成本是企业选择资金来源的基本依据。
③ 资金成本是企业选用筹资方式的参考标准。
④ 资金成本是确定最优资金结构的主要参数。

2. 资金成本在投资决策中的作用

资金成本在企业评价投资项目的可行性、选择投资方案时也发挥着重要作用。
① 在利用净现值指标进行决策时,常以资金成本作为折现率。
② 在利用内部收益率指标进行决策时,一般以资金成本作为基准收益率。

3. 资金成本在业绩评价中的作用

企业在业绩评价的时候,其中最重要的影响因素就是资金成本。在"筹资决策—资本成本—投资决策—资本成本—筹资决策"的循环中,为了实现股东财富最大化的目标,公司在筹资活动中寻求资本成本最小化,与此同时,选择投资报酬率高于资本成本率的项目并力求净现值最大化。

4.1.3　个别资金成本的计算

企业的长期资金有长期借款、长期债券、优先股、普通股、留存收益等。其中,前2项为债务资本或称为负债,后3项称为权益资本或权益。这些资金的成本,在计算方法和结果上有较大的差别,应分别注意掌握。

1. 长期借款资金成本

长期借款的占用成本一般是借款利息,筹集费是手续费。借款利息通常允许在企业所得税前支付,可以起到抵税的作用。因此,企业实际负担的利息如下。

$$实际负担的利息 = 利息 \times (1 - 所得税税率) \tag{4-2}$$

一次还本、分期付息方式借款的资金成本计算公式如下。

$$K_L = \frac{I_L(1-T)}{L(1-f_L)} = \frac{i(1-T)}{1-f_L} \tag{4-3}$$

式中,I_L——借款年利息;L——借款总额;i——借款年利率;T——所得税税率;f_L——筹资费用率。

当筹资费用率f_L很小时可忽略不计,公式可简化为:

$$K_L = i \times (1-T) \tag{4-4}$$

例 4-1　振华公司筹集资金,从银行取得长期借款200万元,年利息率为10%,期限为3年,每年付息一次,到期还本,筹资费用率为0.2%,所得税税率为25%,则其资金成本率为:

$$K = \frac{200 \times 10\% \times (1-25\%)}{200 \times (1-0.2\%)} = 7.5\%$$

简化计算为:$K = 10\% \times (1-25\%) = 7.5\%$

2. 长期债券资金成本

长期债券的成本主要是债券利息和筹资费用。债券利息也在所得税前支付,其处理与长期借款的利息处理相同,但债券的筹资费用一般较高,应予以考虑。债券的筹资费即发行费,主要包括申请发行债券的手续费、债券注册费、印刷费、上市费及推销费用等。

债券的发行价格有平价、溢价、折价3种。债券利息按面值和票面利率确定,但债券的筹资额应按具体发行价格计算,以便正确计算债券的成本。债券成本的计算公式如下。

$$债券资金成本率\ K_b = \frac{I(1-T)}{B_0(1-f)} = \frac{Bi(1-T)}{B_0(1-f)} \tag{4-5}$$

式中,K_b——债券成本;I——债券每年支付的利息;T——所得税税率;B——债券面值;B_0——按发行价确定的债券筹资额;i——债券票面利率;f——债券筹资费率。

例 4-2 振华公司发行面值 1 000 元的债券 10 000 张,发行价为每张 1 050 元,期限为 10 年,票面利率为 5%,每年付息一次,发行费率为 3%,所得税税率为 25%。计算该债券的资金成本。

$$K_b = \frac{1\ 000 \times 5\% \times (1-25\%)}{1\ 050 \times (1-3\%)} = 3.68\%$$

3. 优先股资金成本

企业发行优先股股票,要支付筹资费用,股息也要定期支付。但与债券利息不同,股息是以税后净利支付,且没有固定的到期日。优先股资金成本包括优先股利和优先股筹措费用。优先股股利通常是固定的,且为所得税后支付。优先股成本的计算公式如下。

$$K_p = \frac{D}{P_0(1-f)} \tag{4-6}$$

式中,K_p——优先股成本;D——优先股每年的股利;P_0——发行优先股总额;f——优先股筹资费率。

例 4-3 某公司发行优先股,发行价为每股 10 元,每股支付年股利 1 元,发行费率为 5%,求该优先股的资金成本。

$$K_p = \frac{1}{10 \times (1-5\%)} = 10.5\%$$

4. 普通股资金成本

普通股的资金成本包括股利和发行费用,目前常用的普通股资金成本的计算方法有固定股利增长率模型法、资本资产定价模型及债券收益率和权益风险报酬率法等。这里仅介绍固定股利增长率模型法,其计算公式如下。

$$K_s = \frac{D_1}{P_0(1-f)} + g \tag{4-7}$$

式中,K_s——普通股成本;P_0——普通股筹资额;D_1——第 1 年的普通股股利;f——普通股筹资费用率;g——普通股股利年增长率。

例 4-4 某公司普通股发行价为每股 20 元,第一年预期股利为 1.5 元,发行费率为 5%,预计股利增长率为 4%。计算该普通股的资金成本。

$$K_s = \frac{1.5}{20 \times (1-5\%)} + 4\% = 11.89\%$$

5. 留存收益资金成本

留存收益的使用并非无代价,股东愿意将其留用于公司而不作为股利取出投资于别处,总是要求得到与普通股等价的报酬。因此,留存收益的成本是一种机会成本。留存收益成本的确定方法与普通股成本基本相同,但不用考虑筹资费用,其计算公式如下。

$$K_e = \frac{D}{P_0} \tag{4-8}$$

股利不断增加的企业的留存收益的计算公式如下。

$$K_e = \frac{D_1}{P_0} + g \tag{4-9}$$

式中,K_e——留存收益成本。

其他符号含义与普通股成本计算公式相同。

例 4 - 5　某公司普通股发行价为每股 20 元,发行费率为 5%,第一年预期股利 1.5 元,留存收益 500 万元,预计股利增长率为 5%。计算该公司留存收益的资金成本。

$$K_e = \frac{1.5}{20} + 5\% = 12.5\%$$

思考

比较上述各种资金成本,哪种筹资方式的成本最高、风险最大? 你能发现各种筹资方式的风险与其资金成本之间的关系吗?

4.1.4　综合资本成本的计算

综合资本成本(overall cost of capital)是指企业全部长期资金的总成本。通常以各种资本成本占全部资本的比重为权数,对个别资本成本加权平均计算确定,所以又称为加权平均资本成本(Weighted Average Cost of Capital,WACC),其计算公式如下。

$$\text{WACC} = \sum W_j \cdot K_j \tag{4-10}$$

式中,WACC——综合资本成本;K_j——第 j 种资金的资金成本;W_j——第 j 种资金占总资金的比重。

例 4 - 6　某企业共有资金 100 万元,其中,债券 30 万元,优先股 10 万元,普通股 40 万元,留存收益 20 万元,各种资金的成本分别为 6%、12%、15.5%、15%。试计算该企业加权平均资金成本。

① 计算各种资金所占的比重：

$W_b = 30 \div 100 \times 100\% = 30\%$

$W_p = 10 \div 100 \times 100\% = 10\%$

$W_s = 40 \div 100 \times 100\% = 40\%$

$W_e = 20 \div 100 \times 100\% = 20\%$

② 计算加权平均资本成本：

$$K_w = \sum W_j \cdot K_j$$
$$= 30\% \times 6\% + 10\% \times 12\% + 40\% \times 15.5\% + 20\% \times 15\%$$
$$= 12.2\%$$

4.1.5 边际资本成本的计算

边际资本成本是企业追加筹资时,资金增加一个单位而增加的成本,边际资本成本是企业追加筹资的决策依据。

在实际工作中,一个企业不可能以同一种筹资方式来筹集无限的资金。当企业筹集的资金超过一定限度时,原来的资金成本会发生变化。确定不同追加筹资总额范围的关键是确定好筹资突破点。筹资突破点的计算公式如下。

$$筹资突破点 = \frac{某种筹资方式的筹资限额}{该种方式追加的资金占全部追加的比重} \qquad (4-11)$$

4.2 经营杠杆与财务杠杆

财务管理中存在着类似于物理学中的杠杆效应。杠杆效应具有双面性,既可以产生杠杆利益,也可以带来杠杆风险。合理利用杠杆原理,有助于企业规避风险,提高资金营运效率。

财务管理中的杠杆效应表现为由于特定费用(如固定生产成本和固定的财务费用)的存在,而导致当某一财务变量以较小的幅度变动时,另一相关的变量会以较大的幅度变动。财务管理中的杠杆效应形式有经营杠杆、财务杠杆和复合杠杆3种。

在财务管理中,在学习杠杆原理之前,需要了解成本按习性分类和杠杆原理涉及的相关概念。

4.2.1 相关概念

1. 成本习性及其分类

成本习性是指成本总额与业务量之间在数量上的依存关系。成本按习性可划分为固定成本、变动成本和混合成本 3 类。这一分类是研究杠杆原理的基础。

（1）固定成本

固定成本是指总额在一定时期及一定业务量范围内,不直接受业务量变动的影响而能保持固定不变的那部分成本,如按直线法折旧的厂房、管理人员的工资等均属于固定成本。固定成本总额不受产量变动的影响,因而其单位成本与产量呈反比例变动,即随着产量增加,单位产品分摊的固定成本份额将随之减少;反之亦然。

（2）变动成本

变动成本是指在特定的业务范围内,其总额会随业务量的变动而呈正比例变动的那部分成本,如直接材料、直接人工等。变动成本和单位产品的生产有直接联系,总会随产量的增减呈正比例变化,但单位变动成本不受产量变动的影响。

（3）混合成本

在企业生产经营过程中,有些成本虽随业务量的变动而变动,但不呈比例变动,不能简单地归于变动成本或固定成本,这类成本叫混合成本。

成本按习性分类是有前提的,其前提就是相关业务量范围。所谓相关业务范围,是指在企业现有既定生产能力下,产销量的有限变化。离开了这个前提,成本就不能分为固定成本、变动成本和混合成本。

（4）总成本习性模型

总成本习性模型是把总成本、变动成本、固定成本和业务量用等式表示出来的式子,计算公式如下。

$$总成本 = 固定成本 + 单位变动成本 \times 业务量 \tag{4-12}$$

即:

$$y = a + bx$$

式中,y——总成本;a——固定成本;b——单位变动成本;x——业务量。

总成本习性模型是企业进行成本预测决策和其他短期决策的一个常用的重要模型。

2. 边际贡献和息税前利润

（1）边际贡献

边际贡献也叫贡献边际、贡献毛益,是指销售收入减去变动成本以后的余额。

边际贡献有边际贡献总额和单位边际贡献之分,计算公式如下。

$$单位边际贡献 = 销售单价 - 单位变动成本 \tag{4-13}$$

$$m = p - b$$

$$边际贡献总额 = 销售收入总额 - 变动成本总额$$

$$= 单价 \times 销售量 - 单位变动成本 \times 销售量$$

$$M = px - bx = (p - b)x = mx$$

式中,M——边际贡献总额;p——销售单价;b——单位变动成本;m——单位边际贡献;x——销售量。

（2）息税前利润

息税前利润（EBIT）是指支付利息和交纳所得税前的利润,计算公式如下。

$$EBIT = 单价 \times 销售量 - 单位变动成本 \times 销售量 - 固定成本$$
$$= 销售收入总额 - 变动成本总额 - 固定成本 \qquad (4-14)$$

$$EBIT = (p-b)x - a = mx - a$$

式中,a——固定成本。

或

$$EBIT = 利润总额 + 利息费用$$

例 4 - 7 2018 年振华公司甲产品的固定成本总额为 100 000 元,单位变动成本为 10 元/件,销售总量为 100 000 件,售价为 15 元/件,则:

总成本 $= 100\ 000 + 10 \times 100\ 000 = 1\ 100\ 000(元)$

单位边际贡献 $= 15 - 10 = 5(元/件)$

边际贡献总额 $= 15 \times 100\ 000 - 10 \times 100\ 000 = 500\ 000(元)$

息税前利润 $= 15 \times 100\ 000 - 10 \times 100\ 000 - 100\ 000 = 400\ 000(元)$

4.2.2 经营杠杆

1. 经营杠杆的含义

企业生产经营在一定的业务量范围内,产销量的变动一般不会改变固定成本总额。产销量增加会降低单位产品固定成本,从而提高单位产品利润;产销量减少会提高单位产品固定成本,降低单位产品利润。业务量、固定成本和利润之间的这一客观变化规律,使息税前利润的变动率大于产销量的变动率,这就是经营杠杆原理。这种在一定固定成本存在下,产销量变动对息税前利润产生的作用,称为经营杠杆。

固定成本的存在是经营杠杆的前提。在企业的生产经营中,如果不存在固定成本,所有成本都是变动的,那么边际贡献就是息税前利润,这时息税前利润变动率就同产销量变动率完全一致。

产销量的变动必然引起边际贡献的变动,而且两者的变动率是一致的,即在单价和单位成本不变的条件下,产销量和边际贡献的变动率相等。

2. 经营杠杆的计量

只要企业存在固定成本,就存在经营杠杆的作用。但不同企业,由于固定成本量的大小不同,经营杠杆的作用程度也不完全一致。因此,需要对经营杠杆进行计量。在财务管理中,对经营杠杆的计量,采用计算经营杠杆系数(DOL)指标来表示。它是企业息税前利润的变动率与产销量变动率的比率,其计算公式如下。

$$经营杠杆系数 = \frac{息税前利润变动率}{产销量变动率}$$

$$DOL = \frac{\Delta EBIT / EBIT}{\Delta px / px} = \frac{\Delta EBIT / EBIT}{\Delta x / x} \qquad (4-15)$$

式中，$\Delta EBIT$——息税前利润的变动额；$EBIT$——基期息税前利润；Δx——产销量的变动数；x——基期产销量；p——销售单价；px——销售收入。

或
$$经营杠杆系数（DOL）= \frac{基期边际贡献}{基期息税前利润} = \frac{M}{EBIT} = \frac{M}{M-a} \qquad (4-16)$$

式中，M——基期边际贡献；a——基期固定成本。

例 4-8 振华公司 2017 年销售量为 10 000 件，单位售价为 50 元/件，单位变动成本为 30 元/件，固定成本为 100 000 元，息税前利润为 30 000 元。预计 2018 年度的销售量为 13 000 件，固定成本不变，具体资料见表 4.1。请用两种方法分别计算经营杠杆系数。

表 4.1　经营杠杆系数分析　　　　　　　　　　　　　　　　元

项　目	2017 年度（基期）	2018 年度（报告期）
销售收入（px）	500 000	650 000
减：变动成本（bx）	300 000	390 000
边际贡献（M）	200 000	260 000
减：固定成本（a）	100 000	100 000
息税前利润（$EBIT$）	100 000	160 000

解：

方法一：根据公式（4-15）可得：

$$息税前利润变动率 = \frac{160\,000 - 100\,000}{100\,000} \times 100\% = 60\%$$

$$销售收入变动率 = \frac{13\,000 - 10\,000}{10\,000} \times 100\% = 30\%$$

$$经营杠杆系数 = \frac{60\%}{30\%} = 2$$

方法二：根据公式（4-16）可得：

$$经营杠杆系数 = \frac{基期边际贡献}{息税前利润} = \frac{200\,000}{100\,000} = 2$$

从以上结果可知，销售收入每增长 1%，其息税前利润将增长，1%×2＝2%。该公司 2018 年度销售收入增长 30%，其息税前利润将增长 60%。

3. 经营杠杆与经营风险

经营风险是指企业由于生产经营上而导致的息税前利润波动的风险。引起企业经营风险的主要原因包括市场需求、产品售价、产品成本等因素。一般来说，在其他条件相同的情况下，经营固定成本越大，经营杠杆系数越高，息税前利润变动越激烈，经营风险就越高；如果经营性固定成本为 0，则经营杠杆系数为 1，息税前利润变动率将等于产销量变动率，企业就没有经营风险。

4.2.3　财务杠杆

1. 财务杠杆的含义

企业通过负债(或优先股)筹集的资金,其使用利息(或优先股利息)通常是先约定固定不变。当息税前利润增大时,每1元盈余所负担的固定财务费用就会相对减少,能给普通股股东带来更多的盈余;当息税前利润减少时,每增加1元盈余所负担的固定财务费用就会相对增加,会大幅度减少普通股的盈余。息税前利润、固定财务费用和普通股股东盈余之间的这一客观变化规律,使普通股盈余的变动率大于息税前利润的变动率,这就是财务杠杆原理。这种在一定固定财务费用存在下息税前利润变动对普通股每股利润产生的作用,称为财务杠杆。

固定财务费用的存在是财务杠杆的前提。在企业筹资中,只要筹资方式中有固定财务费用支出的债务和优先股,就存在财务杠杆作用。如果没有借入资金,就不存在财务杠杆,这时,普通股每股利润变动率就同息税前利润变动率完全一致。

2. 财务杠杆的计量

只要企业存在固定财务费用,就存在财务杠杆作用。但不同企业,由于负债(或优先股)筹资量的大小不同,固定的财务费用支出多少就不同,财务杠杆作用的程度也不完全一致。因此,在财务管理中,需要对财务杠杆进行计量,采用计算财务杠杆系数(DFL)指标来进行。财务杠杆系数是指普通股每股利润变动率相当于息税前利润变动率的倍数,其计算公式如下。

$$财务杠杆系数 = \frac{普通股每股利润变动率}{息税前利润变动率}$$

或

$$DFL = \frac{\Delta EPS / EPS}{\Delta EBIT / EBIT} \tag{4-17}$$

$$财务杠杆系数 = \frac{基期息税前利润}{基期息税前利润 - 利息}$$

或

$$DFL = \frac{EBIT}{EBIT - I} \tag{4-18}$$

式中,ΔEPS——普通股每股收益的变动额;EPS——基期每股收益;$\Delta EBIT$——息税前盈余变动额;EBIT——基期息税前盈余;I——债务利息(优先股股利)。

在有优先股的情况下,其公式可改写成以下形式。

$$DFL = \frac{EBIT}{EBIT - I - D / (1 - T)} \tag{4-19}$$

式中,T——所得税率;D——优先股股利。

例4-9 某公司全部资本为5 000万元,其中,债务资本占40%,利率为12%,所得税税率为25%,当息税前利润为600万元时,税后利润为241.2万元。其财务杠杆系数为:

$$财务杠杆系数 = \frac{600}{600 - 5\,000 \times 40\% \times 12\%} = 1.33$$

由例4-9计算结果可知,当息税前利润增长1倍,普通股每股利润增长1.67倍。

例4-10 振华公司2018年度计划年度预测需资金为500 000元,现有两种融资方案可供选择。

方案一:50 000股普通股,每股面值10元。

方案二:30%采取负债筹资,年利率为8%,70%采取权益筹资,每股面值为10元。如果2017年度息税前利润为60 000元,所得税税率为25%,预计2018年度息税前利润同比增长20%。具体资料如表4.2所示。试计算财务杠杆系数。

表4.2 财务杠杆系数计算分析   元

时 间	项 目	方案一	方案二
2017年度	发行普通股股数/股	50 000	35 000
	普通股股本(每股面值10元)	500 000	350 000
	债务(利率8%)	0	150 000
	资金总额	500 000	500 000
	息税前利润	60 000	60 000
	减:债务利息	0	12 000
	税前利润	60 000	48 000
	减:所得税	15 000	12 000
	税后利润	45 000	36 000
	每股收益/(元/股)	0.9	1.02
2018年度	息税前利润增长率	20%	20%
	增长后的息税前利润	72 000	72 000
	减:债务利息	0	12 000
	税前利润	72 000	60 000
	减:所得税	18 000	15 000
	税后利润	54 000	45 000
	每股收益/(元/股)	1.08	1.286
	每股收益增长额	0.18	0.266
	普通股每股收益增长率	20%	26%

解：

方法一： 根据公式(4-17)进行计算。

方案一：财务杠杆系数 $= \dfrac{20\%}{20\%} = 1$

方案二：财务杠杆系数 $= \dfrac{26\%}{20\%} = 1.3$

方法二： 根据公式(4-18)进行计算。

方案一：财务杠杆系数 $= \dfrac{60\,000}{60\,000 - 0} = 1$

方案二：财务杠杆系数 $= \dfrac{60\,000}{60\,000 - 12\,000} = 1.3$

3. 财务杠杆与财务风险

财务风险是指企业为取得财务杠杆利益而利用负债资金时,增加了破产机会或普通股利润大幅度变动的机会所带来的风险。财务杠杆系数越大,对财务杠杆利益的影响就越强,财务风险也就越大。

4.2.4 复合杠杆

企业销售商品,假设销售价格、变动成本保持不变,而销售数量逐年发生变化,则在不同的固定成本和利息成本的组合下,企业销售数量的变动会造成企业息税前利润及每股盈余的变动。这种变动将对企业经营方面和财务方面的风险造成什么影响? 这种影响是正面的还是负面的? 它预示着什么?

1. 复合杠杆的概念

复合杠杆是由于经营杠杆和财务杠杆共同作用所形成的杠杆,又称为总杠杆。由于固定成本和固定财务费用的共同存在而导致的每股利润变动大于产销业务量变动的杠杆效应,又称为复合杠杆效应。

2. 复合杠杆的计量

复合杠杆效益的大小用复合杠杆系数(DCL)来衡量。它是经营杠杆和财务杠杆的乘积,是每股收益变动率与产销业务量变动率的比率,可用以下公式表示。

$$复合杠杆系数 = \frac{普通股每股收益变动率}{产销量变动率} \qquad (4-20)$$

根据定义,复合杠杆系数等于经营杠杆系数与财务杠杆系数的乘积,所以可用以下公式表示。

$$复合杠杆系数 = 经营杠杆系数 \times 财务杠杆系数 \qquad (4-21)$$

或

$$DCL = DOL \times DFL$$

复合杠杆系数的简化计算公式如下。

$$复合杠杆系数 = \frac{边际贡献}{息税前利润 - 利息} \qquad (4-22)$$

用字母表示为：

$$DCL = \frac{M}{EBIT - I}$$

如果企业发行了优先股,则应在分母中扣除税前的优先股股利。

例 4 - 11 某公司的经营杠杆系数为 2,财务杠杆系数为 1.5,则复合杠杆系数为:

复合杠杆系数 = 2 × 1.5 = 3

以上计算结果表明,该公司销售额每增长 1 倍,每股利润就会增长 3 倍。

3. 复合杠杆与企业风险

由于复合杠杆作用,每股利润大幅度波动而造成的风险称为复合风险。复合杠杆系数反映了经营杠杆和财务杠杆之间的关系,用以评价企业的总风险。在复合杠杆系数一定的情况下,经营杠杆系数和财务杠杆系数此消彼长。在其他因素不变的情况下,复合杠杆系数越大,总风险越大;复合杠杆系数越小,总风险就越小。

4.3 资 本 结 构

资本结构及其管理是企业筹资管理的核心问题。资本结构是否合理会影响企业资金成本的高低、财务风险的大小,以及投资者的利益,科学合理的资本结构有助于提升企业的价值。

4.3.1 资本结构的概念和理论

1. 资本结构的概念

资本结构是指企业各种资本的构成及其比例关系。资本结构有广义和狭义之分。狭义的资本结构是指只包括长期债务与股东权益的构成比率;广义的资本结构是指包括全部债务与股东权益的构成比率。本章所指的资本结构是指狭义的资本结构。

2. 有关资本结构的理论

(1) 净收益理论

该理论认为,利用债务可以降低企业的综合资金成本。由于债务成本一般较低,所以,负债程度越高,综合资金成本越低,企业价值越大。当负债比率达到100%时,企业价值将达到最大。

（2）净营业收益理论

该理论认为,资本结构与企业的价值无关,决定企业价值高低的关键要素是企业的净营业收益,不存在最佳资本结构。

（3）MM理论

MM理论认为,在没有企业和个人所得税的情况下,任何企业的价值,不论其有无负债,都等于经营利润除以适用于其风险等级的收益率。风险相同的企业,其价值不受有无负债及负债程度的影响;但在考虑所得税的情况下,由于存在税额庇护利益,企业价值会随负债程度的提高而增加,股东也可获得更多好处。因此,负债越多,企业价值也会越大。

（4）代理理论

该理论认为,债权筹资有很强的激励作用,并将债务视为一种担保机制。这种机制能够促使企业领导人在工作中努力做出更好的投资决策,从而降低由于两权分离而产生的代理成本。但是,负债筹资可能导致另一种代理成本,即企业接受债权人监督而产生的成本。均衡的企业所有权结构是由股权代理成本和债权代理成本之间的平衡关系来决定的。

4.3.2 最佳资本结构决策

最佳资本结构是企业通过权衡负债筹资的低资本成本和高财务风险的关系来确定的。

1. 最佳资本结构的概念

最佳资本结构是指在一定时期内、一定条件下,企业筹措资本的加权平均资金成本最低、企业价值达到最大化的资本结构。它是企业的目标资本结构。

根据对资本结构理论的分析,企业最佳资本结构是存在的,在资本结构的最佳点上,企业的加权平均资本成本最低,同时企业价值达到最大化。最佳资本结构的判断标准有以下3个。

① 有利于最大限度地增加企业投资者的财富,使企业价值达到最大化的资本结构。

② 能使加权平均资本成本最低的资本结构。

③ 能使企业资产保持适宜的流动,并使资本结构具有弹性的资本结构。

其中,最主要的判断标准为加权平均资本成本最低这一项。

2. 最佳资本结构的决策方法

最佳的负债点即是最佳资本结构,最佳负债点的选择即是资本结构决策。由于企业内部条件和外部环境经常发生变化,寻找最优资金结构比较困难。常用的方法有两种:比较资金成本法;每股利润无差别点分析法。

（1）比较资金成本法

比较资金成本法是通过计算各方案加权平均资金成本,并根据加权平均资金成本的高低来确定最佳资本结构的方法。最佳资本结构亦即加权平均资金成本最低的资本结构,基本程序如下。

① 拟订几个筹资方案。

② 确定各方案的资本结构。

③ 计算各方案的加权资本成本。

④ 通过比较,选择加权平均资本成本最低的结构为最优资本结构。

该方法通俗易懂,计算过程也不是十分复杂,是确定资本结构的一种常用方法。但是,因所拟订的方案数量有限,故有把最优方案漏掉的可能。

例 4-12　振华公司创立之初,拟订筹资规模为 600 万元,有以下 3 种方案供选择。

A:债券 200 万元,普通股 300 万元,长期借款 100 万元。

B:债券 300 万元,普通股 100 万元,长期借款 200 万元。

C:债券 100 万元,普通股 300 万元,长期借款 200 万元。

资金成本如表 4.3 所示。

表 4.3　振华公司各筹资方案资本成本

筹资方式	方案 A		方案 B		方案 C	
	筹资额/万元	资本成本	筹资额/万元	资本成本	筹资额/万元	资本成本
债券	200	10%	300	12%	100	10%
普通股	300	14%	100	12%	300	13%
长期借款	100	8%	200	10%	200	9%
合计	600		600		600	

各方案的加权平均资本成本计算如下:

加权资金成本(A) $= 200 \div 600 \times 10\% + 300 \div 600 \times 14\% + 100 \div 600 \times 8\%$
$= 3.33\% + 7\% + 1.33\% = 11.66\%$

加权资金成本(B) $= 300 \div 600 \times 12\% + 100 \div 600 \times 12\% + 200 \div 600 \times 10\%$
$= 6\% + 2\% + 3.33\% = 11.33\%$

加权资金成本(C) $= 100 \div 600 \times 10\% + 300 \div 600 \times 13\% + 200 \div 600 \times 9\%$
$= 1.67\% + 6.5\% + 3\% = 11.17\%$

由以上分析可知,振华公司的 3 个筹资方案中,C 方案的加权资金成本最低,所以 C 方案为最佳资本结构,应选择 C 方案。

企业在持续经营的过程中,由于扩大规模或对外投资的需要,有时需要增加新的资金,即进行追加筹资。由于资金追加后扩大,原来的资本结构会发生改变,从而使原有的资本结构未必还是最优资本结构。因此,企业在资本结构不断发生变化的过程中,需要寻求最佳结构,保持资本结构的最优化。

选择追加筹资方案有 2 种方法:一种是直接测算各备选追加筹资方案的边际资本成本,从中选择最优筹资方案;另一种是将备选追加筹资方案与原有资本结构汇合,测算追加筹资后各方案的综合资本成本,比较确定最优追加筹资方案。

例 4—13 某公司现拟扩大经营规模,需要追加筹资,有 2 种筹资方案可供选择,有关资料如表4.4所示。

表 4.4　振华公司各种追加筹资方案资本成本

筹资方式	追加筹资方案 1		追加筹资方案 2	
	筹资额/万元	资本成本	筹资额/万元	资本成本
长期借款	50	8%	60	9%
普通股	40	16%	20	16%
优先股	10	14%	20	14%
合计	100		100	

各方案的加权资本成本计算如下。

方案 1:加权资本成本 $=50 \div 100 \times 8\% + 40 \div 100 \times 16\% + 10 \div 100 \times 14\%$

　　　　　　　　　　$=11.8\%$

方案 2:加权资本成本 $=60 \div 100 \times 9\% + 20 \div 100 \times 16\% + 20 \div 100 \times 14\%$

　　　　　　　　　　$=11.4\%$

通过以上计算可知,方案 2 的边际资本成本低于方案 1。因此,追加筹资方案 2 优于方案 1,应选择方案 2。

思考

如果已知该公司原有资本结构是:债券 100 万元,资本成本为 10%;普通股 300 万元,资本成本为 13%;长期借款 200 万元,资本成本为 9%。把原方案与追加方案汇合计算综合资本成本,选出最优追加筹资方案,验证 2 种方法得出的结论是否一致。

(2)每股利润无差异点分析法

每股利润无差异点分析法(或每股收益无差异点分析法、ebit-eps 分析法)是利用税后每股利润无差异点分析来选择和确定负债筹资和所有者权益间的比例或数量关系的方法。所谓的无差异点,是指负债筹资与所有者权益下税后资本利润率相等时的息税前利润点,也称为息税前利润平衡点或无差异点。该点是两种资本结构优劣的分界点,其计算公式如下。

$$\frac{(\overline{\text{EBIT}} - I_1)(1-T)}{N_1} = \frac{(\overline{\text{EBIT}} - I_2)(1-T)}{N_2} \qquad (4-23)$$

式中,$\overline{\text{EBIT}}$——每股利润无差异点处的息税前利润;I_1、I_2——两种筹资方式下的年利息;N_1、N_2——两种筹资方式下的流通在外的普通股股数;T——所得税税率。

每股利润无差异点分析法的决策依据是:进行每股收益分析时,当预计息税前利润大于每股无差异点息税前利润时,运用负债筹资可获得较高的每股收益;反之,运用权益筹资可获得较高的每股收益。

该方法只考虑了资本结构对每股利润的影响,并假定每股收益最大,股票价格也最高。但把资本结构对风险的影响置于视野之外是不够全面的。该方法的原理比较容易理解,测算过程较为简单。它以普通股每股利润最高为决策标准,可用于资本规模不大、资本结构不太复杂的股份有限公司。

例4-14 振华公司目前的资金总额为4 000万元,因扩大生产规模需要追加筹集资金1 000万元。有两种筹资方案:甲方案采用发行股票的方式筹集,每股发行价为25元,每股溢价为15元;乙方案采用发行债券方式筹集。根据财务人员分析,追加筹资后息税前利润可望达到600万元。公司原资本结构和新资本结构情况如表4.5和表4.6所示。要求根据资本结构变化情况,运用每股利润无差异点分析法确定最优的资本结构。

表4.5　资本结构变化情况　　　　　　　　　　　　　　　　万元

筹资方式	原资本结构	追加筹资后资本结构	
		发行普通股(甲)	发行债券(乙)
企业债券(利率8%)	1 000	1 000	2 000
普通股(面值10元)	800	1 200	800
资本公积	1 200	1 800	1 200
留存收益	1 000	1 000	1 000
资金总额	4 000	5 000	5 000
普通股股数	80	120	80

表4.6　追加筹资后的每股收益　　　　　　　　　　　　　　万元

项　目	发行普通股(甲)	发行债券(乙)
预计息税前利润	600	600
减:利息	80	160
税前利润	520	440
减:所得税(25%)	130	110
净利润	390	330
普通股股数/万股	120	80
每股收益/元	3.25	4.125

解:
根据公司的上述数据,代入每股利润无差异点分析法公式:

$$\frac{(\overline{EBIT}-80)(1-25\%)}{120}=\frac{(\overline{EBIT}-160)(1-25\%)}{80}$$

求得:$\overline{EBIT}=320$(万元),$EPS=1.5$(元/股)

从计算结果得知,追加筹资后预计息税前利润600万元大于无差异点息税前利润320万元,所以,选择乙方案筹资更有利,能获得每股收益4.125元。

上述每股利润无差异点分析可用图解法描绘,如图 4.2 所示。

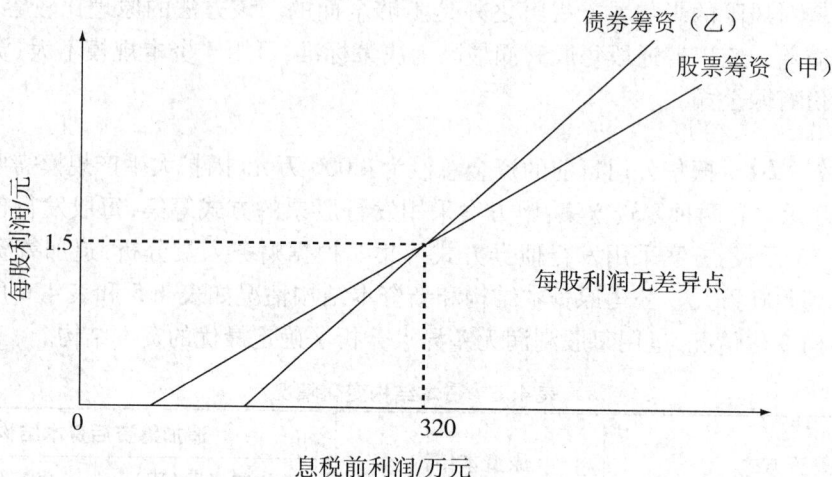

图 4.2　每股利润无差异点分析

图 4.2 中,当息税前利润为 320 万元时,选择增加权益资本筹资和选择负债资本筹资都无差异;当息税前利润预计大于 320 万元时,则选择追加负债筹资能使股东们的权益增加;当息税前利润预计小于 320 万元时,则选择追加权益筹资能使股东们的权益增加。

3. 影响企业资本结构的因素分析

(1) 宏观因素

① 利率杠杆因素。企业在一定条件下,多举债就会形成举债正效应,使企业价值增高。当企业总资产收益率 j 大于宏观利率 i 时,企业总体的债务供给量会增加,同时投资人对债券或贷款的投资报酬率总体要求也比较高。

② 通货膨胀因素。人们通常认为在通货膨胀情况下,企业举债经营是有益的,因为企业偿还的是更"廉价"的货币。但财务理论界却认为在通货膨胀情况下,举债收益很大程度上取决于盈利情况。

③ 资本市场因素。效率越高的资本市场,企业的股票价格越能反映出企业的经营情况。企业偏好于股权融资,负债比率就会更趋于最佳的资本结构。在效率越低的资本市场,企业偏向于选择负债融资,使企业偏离最佳的资本结构。

(2) 微观因素

① 行业因素。不同行业所需的资本规模、资产的流动性,以及行业风险的不同,决定了不同的行业资本结构也不同。一般认为,高风险行业负债水平不宜过高,资产流动性高的企业可以高负债。不同的资本规模影响企业资本结构。

② 资本成本和财务风险。企业确定资本结构,首先必须考虑资本成本与财务风险,资本成本直接决定了企业筹资来源的选择及组成情况。企业必须在由于负债经营所带来的好处与财务风险之间进行选择,以决定筹资的方式和数量等。

③ 经营风险。即使是相同行业的企业,其经营风险也可能存在不同,所以,经营风险便成为影响企业资本结构的一个独立因素。通常情况下,企业应在经营状况良好而不是下降

的情况下加大负债比例。

④ 企业规模。在财务实务中,大企业收益比小企业更稳定,其破产成本将更低,因而大企业可较小企业更多地负债。

⑤ 企业获利能力。按照西方筹资顺序理论,企业融资的顺序一般是保留盈余、负债筹资、股权筹资。高盈利的企业一般势必先尽可能利用保留盈余,然后发行债券;而低盈利的企业则在更大程度上依靠负债融资,造成负债比例较高。

⑥ 企业成长性。高成长的企业经营风险小,因而可采用较高的负债比例融资。

⑦ 税收影响。由于利息费用而减少的支出(相当于利息费用乘以税率)被称为税盾(tax shield)。由于税盾的存在,对企业负债资本的安排产生了一种刺激作用。在不考虑税盾的不确定性的条件下,负债比例越高,税盾越大,企业价值越高,因此企业应尽量提高负债比例;但如果考虑到税盾的不确定性,如企业负债比例过高,则税盾的不确定性下降,导致企业价值下降,因此应该适度负债。

本章小结

筹资是企业取得其所需资金的一项财务活动,是企业整体财务活动的起点;而筹资的成本高低也是企业在进行此项活动中首要考虑的问题之一。因此,本章应该掌握的主要内容有以下几点。

1. 资金成本是企业筹资所必须付出的代价。这些代价包括筹资费用和用资费用两个方面。不同筹资方式的资金成本不同,资金成本的计算主要指个别资金成本和综合资本成本的计算。

2. 在企业的财务活动中,客观存在着一些财务事项较小的变化引起另一财务事项较大的变化的现象,这就是财务管理中的杠杆原理。企业财务管理中的杠杆效应主要有经营杠杆、财务杠杆、复合杠杆3种。

3. 资金结构是企业各种资金来源的构成比例关系。资金结构决策就是选择长期资金来源合理的结构。企业最优资金结构决策的基本方法就是每股利润无差异点分析法。

本章习题

一、单项选择题

1. 成本按其习性可划分为(　　)。

    A. 约束成本和酌量成本　　　　　B. 固定成本、变动成本和混合成本

    C. 相关成本和无关成本　　　　　D. 付现成本和非付现成本

在线测试

2. 某企业取得5年长期借款300万元,年利率为10%,每年付息一次,到期一次还本,筹资费用率为0.5%,企业所得税税率为25%,则该项长期借款的资金成本为(　　)。

    A. 7.54%　　　B. 7.50%　　　C. 10%　　　D. 7.8%

3. 大德公司按面值发行150万元的优先股,筹资费率为5%,每年支付10%的股利,如果该公司的所得税税率为30%,则优先股的成本为(　　)。

    A. 7.37%　　　B. 10%　　　C. 10.53%　　　D. 15%

4. 某企业发行普通股 1 000 万股,每股面值为 1 元,发行价格为每股 5 元,筹资费率为 4%,每年股利固定为每股 0.20 元,则该普通股成本为(   )。

    A. 4%　　　　　B. 4.17%　　　　　C. 16.17%　　　　D. 20%

5. 比较资金成本法是根据(   )来确定资金结构。

    A. 加权平均资金成本的高低

    B. 占比重大的个别资金成本的高低

    C. 每个个别资金成本的代数和的高低

    D. 负债资金各个别资金成本的代数和的高低

二、多项选择题

1. 负债资金在资金结构中产生的影响是(   )。

    A. 降低企业资金成本　　　　　　B. 加大企业财务风险

    C. 具有财务杠杆作用　　　　　　D. 分散股东控制权

2. 在其他因素不变的情况下,固定成本越高,则(   )。

    A. 经营杠杆系数越小　　　　　　B. 经营风险越大

    C. 经营杠杆系数越大　　　　　　D. 经营风险越小

3. 各种筹资活动中,(   )活动会加大财务杠杆作用。

    A. 增加银行借款　　　　　　　　B. 增发公司债券

    C. 增加留存收益　　　　　　　　D. 增发普通股

4. 企业使用资金要付出代价,(   )属于筹资费用。

    A. 向股东支付股息　　　　　　　B. 向银行支付的借款手续费

    C. 发行费　　　　　　　　　　　D. 向债权人支付利息

5. 复合杠杆系数可通过(   )计算出来。

    A. 经营杠杆系数　　　　　　　　B. 财务杠杆系数

    C. 销售收入　　　　　　　　　　D. 利息

三、判断题

1. 在计算普通股成本时,可以不考虑筹资费用和所得税的影响。　　　　　　(　　)

2. 资金成本一般用资金成本率表示。它是筹资费用与用资费用之和与筹资总额的百分比。　　　　　　　　　　　　　　　　　　　　　　　　　　　　　　　　(　　)

3. 企业最佳资本结构是指一定条件下使企业负债资本成本最低的资本结构。　(　　)

4. 息税前利润可用利润总额加上利息费用计算。　　　　　　　　　　　　　(　　)

5. 适当利用负债可以降低企业资金成本。　　　　　　　　　　　　　　　　(　　)

四、技能训练

1. 某公司是一家股份上市公司,拟筹集资金,有以下几种渠道。

① 发行期限为 5 年、票面总值为 2 000 万元、利率为 12% 的长期债券一批,发行的总价格为 2 000 万元,发行费用率为 3%,所得税税率为 25%。

② 按面值发行优先股 1 500 万元,预定股息率为 12%,预计筹资费用为 300 万元。

③ 增发新股 20 000 万股,该公司普通股每股面值为 1 元,现行市价每股为 2 元,预计筹资费用率为 6%,预计第一年发行股利为每股 0.2 元,年股利增长率预计为 5%。

要求:

(1) 列式计算该公司发行债券、优先股、普通股的资金成本。

(2) 如果该公司无其他资金来源,请计算出该公司的综合资金成本。

2. S 公司拟从下列资金来源筹措资金。

① 向银行取得借款 1 000 万元,年利率 10%,每年结息一次,所得税税率为 25%。

② 拟按面值发行债券 5 000 万元,筹资费用率为 4%,票面年利率为 10%,所得税税率为 25%。

③ 发行一部分优先股股票,票面额为 5 000 万元,预定股息率为 12%,预计筹资费用率为 3%。

④ 发行普通股 1 000 万股,票面额为 5 000 万元,按市价计算为 10 000 万元,预计筹资费用率 3%,预计第一年发行股利每股 0.12 元,年股利增长率预计为 6%。

⑤ 留用利润为 30 万元,按普通股计算股利率 6%,每年增长 6%。

要求:

(1) 列式计算各项资金来源的资金成本率。

(2) 计算出该公司的综合资金成本。

3. 明远公司打算采取向银行借款、发行债券和发行股票 3 种方式筹集资金,其资金成本已经确定,具体资料见下表。

明远公司的筹资方式

筹资方式	资金来源结构/%				资金成本率/%
	A	B	C	D	
银行借款	30	40	50	45	8
长期债券	40	40	20	25	9
普通股	30	20	30	30	11

根据上述资料,确定该公司应从 4 个备选方案中选择哪种筹资方案。

4. A 公司年营业收入净额为 280 万元,息税前利润为 80 万元,固定成本为 32 万元,变动成本率为 60%,资本总额为 200 万元,负债比率为 40%,债务利率为 12%。

要求:计算 A 公司财务杠杆系数。

5. 鸿远公司有资本 100 万元,负债与资本的比例为 20% : 80%。现拟追加筹资 50 万元,有两个方案可供选择:①追加资本;②增加负债。增资前、后的借款利率为 10%,所得税税率为 25%,增资后息税前利润可达到 20%。

要求:

(1) 计算无差异点 EBIT。

(2) 计算无差异点 EPS。

(3) 进行筹资决策。

6. 某公司 2018 年度销售收入为 1 000 万元,利息费用为 61 万元,实现净利润 100 万元,2018 年发行在外的普通股股数为 200 万股,没有优先股。

2019 年,公司为了使销售收入达到 1 600 万元,需要增加资金 350 万元。现有两种筹集资金方案可供选择。

方案甲:通过增加借款取得,借款利率为 8%。

方案乙:通过增发普通股股票取得,预计发行价格为 10 元/股。

假设企业的固定生产经营成本维持在 2018 年的 115 万元/年的水平,变动成本率维持在 2018 年的 20%,该企业的所得税税率为 25%,不考虑筹资费用。

要求:

(1)计算 2018 年的息税前利润。

(2)计算方案乙中增发的股票数。

(3)计算方案甲中增加的利息。

(4)计算两种方案每股利润无差异点的销售额和息税前利润。

(5)计算两种方案筹资后的复合杠杆系数,并说明筹资后的复合风险的大小。

(6)如果决策者是风险中立者,会选择哪种筹资方案?

第 5 章
营运资金管理

学习目标

- 理解现金、应收账款及存货的相关成本的含义。
- 掌握最佳现金持有量的计算方法。
- 掌握信用条件的选择。
- 掌握存货经济批量的计算方法。

技能要求

- 能够应用最佳现金持有量的计算方法对实际生活中的财务问题进行分析。
- 能够应用存货管理相关方法对企业存货进行统筹。

案例导入

据统计,我国企业的物流成本占产品全部成本的 30% 左右,其中库存费用要占 35%,对于众多的制造业和分销商来说,不断增长的库存量已成为一种沉重的负担。企业管理者希望实现他们梦寐以求的"零库存",保证物料供应和产品分配的顺畅,实现利润最大化。怎样才能做到"零库存"?

说起"零库存",很多人马上就想起了戴尔公司。经过充分的传播,戴尔的名声已经与"零库存"联系在一起了。

1984 年,当 19 岁的迈克尔·戴尔开始在大学宿舍外销售个人电脑,到 2003 年年底 19 年间,他把自己宿舍里的销售业务转变为销售额已经突破 400 亿美元的计算机帝国。戴尔公司目前已经发展成为世界上最大的电脑直销商,也是全球发展最快的第二大电脑制造商。

一、戴尔的成功之道——"直销模式"

在不景气的大环境下,戴尔却始终保持着较高的收益,并且不断增加市场份额。我们习惯于给成功者贴上"标签式"的成功秘籍,正如谈及沃尔玛成就商业王国时,"天天低价"被挂在嘴边;论及戴尔的成功之道,几乎是众口一词地归结为"直销模式"。

戴尔的直销模式可分为以下 3 个阶段。

第一阶段:订货阶段。在这一阶段,戴尔要接受顾客的订单。

第二阶段:生产阶段。当顾客的订单传送到生产部门后,所需的零部件清单也就自动产生,并将零部件备齐通过传送带送到装配线上。组装人员将零部件组装成计算机,然后用戴尔特制的测试软件进行测试,通过测试的产品送到包装车间,包装后装入相应的卡车运送给顾客。

第三阶段:发运阶段。怎样把产品发送到顾客手中? 戴尔采用了第三方物流。戴尔与专业的第三方物流公司,如大海国际货运、联邦快递、美国联合包裹运送公司签订了代理合同,由这些第三方物流公司负责其产品的运送。在戴尔的厦门制造中心,大海国际货运的车队 24 小时随时待命;在马来西亚的戴尔生产基地,戴尔的工作人员与联邦快递的工作人员同时作业;货物一旦发出,戴尔的网上系统会给顾客发送一个电子邮件予以通知。

总之,戴尔直销模式的特点是产品定制化、低价格、快速配送和备受赞誉的顾客服务。

二、库存管理——物料的低库存与成品的零库存

迈克尔说:"人们只把目光停留在戴尔公司的直销模式上,并把这看作戴尔公司与众不同的地方。但是直销只不过是最后阶段的一种手段。我们真正努力的方向是追求零库存运行模式。"

在库存的数量管理上,戴尔以物料的低库存与成品的零库存而声名远播,其平均物料库存只有 5 天。在 IT 业界,与戴尔最接近的竞争对手也有 10 天以上的库存,联想的库存管理是中国厂商的最高管理水平,有 22 天,业内的其他企业平均库存更是达到了 50 天。由于材料成本每周就会有 1% 的贬值,所以库存天数对产品的成本影响很大,仅低库存一项就使戴尔的产品比许多竞争对手拥有了 8% 左右的价格优势。

而高效率的物流配送使戴尔的过期零部件比例保持在材料开支总额的 0.05% ~ 0.1%,2000 年戴尔全年在这方面的损失为 2 100 万美元。而这一比例在戴尔的对手企业都高达 2%~3%,在其他工业部门更是高达 4%~5%。

三、赢在超乎寻常的供应链

当然,戴尔需要一个组织严密的供应商网络,才能按照这样的安排准点送货,才能实现物料的低库存和成品的零库存。事实上,戴尔的成功源于其效率超乎寻常的供应链,其经常以 200% 以上的年均增长速度飞速发展。

戴尔致力于与少数优秀的供应商合作,并努力使这种合作关系简单化。戴尔拥有稳定的订单,而且这些订单量足够大,比如一次为 1 亿美元的采购量,足以使想和戴尔合作的供应商动心:自己得执行戴尔的标准,按照戴尔的要求,确保迅速配送,而且这样的经营运作必须是高品质的。戴尔公司之所以能围绕直销实现 JIT(Just In Time)生产,就是因为其有一个组织严密的供应商网络。戴尔公司 95% 的物料来自这个供应网络,其中 75% 来自 40 家最大的供应商,另外 20% 来自规模略小的 20 家供应商。戴尔公司几乎每天都要与这 60 家主要供应商中的每一家打交道,甚至每天要与其中的许多家打多次交道。

四、流程管理——电子化贯穿始终

电子工具的广泛应用是戴尔供应链管理的一个显著特征,戴尔电子化的供应链系统为处于链条两端的用户和供应商分别提供了网上交易的虚拟平台。戴尔有 90% 以

上的采购程序通过互联网完成。有了与供货商的紧密沟通渠道,工厂只需保持2小时的库存即可应付生产。不仅如此,"电子化"还贯穿了从供应商管理、产品开发、物料采购一直到生产、销售乃至客户关系管理的全过程。以销售管理为例,强大的管理信息系统不仅使戴尔能够实现成品的零库存,而且还可以大大提高物流与运输的效率。

戴尔公司实施电子商务化物流后1998年取得的物流效果是:①成品库存为零;②零部件仅有2.5亿美元的库存量(其盈利为168亿美元);③年库存周转次数为50次;④库存期平均为7天;⑤增长速度4倍于市场成长速度;⑥增长速度2倍于竞争对手。

五、戴尔公司在中国

从1998年2月正式进入中国市场以来,一直面对种种关于直销模式是否会水土不服的质疑,戴尔用自己市场份额的提升证明了自己:从1998年戴尔在中国厦门成立中国客户中心以来,戴尔在中国的销售额4年翻了58.3倍,1998年销售额为3亿元人民币,2002年达到了175亿元人民币。在中国市场,戴尔已经成为仅次于联想的计算机供应商。

长期以来,中国一直是戴尔公司最重要的战略市场之一。进入→退出→进入,面对中国的市场机遇,戴尔公司推出了一系列富有前瞻性的举措,及时满足了客户需求上的新变化。"例如,在过去的几年时间里,我们在不断拓展全线产品、满足不同客户产品需求的同时,进一步完善了戴尔的客户服务体系,增加了业务开展的区域范围,使更多中国客户体验到'直接经营'模式带来的价值。"原戴尔中国区总裁符标榜这样解释。

在国际上合作广泛的伯灵顿环球公司随戴尔一同进驻中国,主力承担起戴尔中国工厂的原材料物流供应,现在已经把即时供货的服务标准缩短到90分钟以内。供货时间之所以能做到这么短,一是能系统化地接收戴尔生产计划,二是通过自动库存管理保证货物的先进先出。伯灵顿在厦门为戴尔管理和运作VMI,帮助戴尔(中国)实现了"真正的零库存"。这是伯灵顿环球公司成立30年以来,在全球123个国家遇到第一个真正的"零库存"企业。

思考:

(1)"零库存"是不是意味着没有库存?戴尔公司的"零库存"运行模式的精髓在哪里?

(2)在企业里推行"零库存"运行模式需要什么条件?是不是所有的企业都适合"零库存"的管理模式?

这个小故事告诉我们一个道理,那就是一定要学会、学好全程控制成本。本章介绍的就是怎样全程控制营运资金的知识。

5.1 营运资金管理概述

5.1.1 营运资金的概念和特点

1. 营运资金的概念

营运资金又称营运资本,是指某时点内企业的流动资产与流动负债的差额。流动资产是指企业可以在1年或超过1年的一个营业周期内变现或运用的资产,包括货币资金、短期投资、应收票据、应收账款和存货等。流动资产具有占用时间短、周转快、易变现等特点。流动负债也叫短期负债,是指将在1年(含1年)或超过1年的一个营业周期内偿还的债务,包括短期借款、应付票据、应付账款、预收账款、应付工资、应付福利费、应付股利、应交税金、其他暂收应付款项、预提费用和1年内到期的长期借款等。流动负债具有成本低、偿还期短的特点。营运资金的计算公式如下。

$$营运资金=流动资产-流动负债 \qquad (5-1)$$

如果流动资产等于流动负债,则占用在流动资产上的资金由流动负债融资;如果流动资产大于流动负债,则与此相对应的净流动资产要以长期负债或股东权益的一定份额为其资金来源。营运资金越多,说明不能偿还的风险越小。因此,营运资金的多少可以反映偿还短期债务的能力。在理财实务中,多数企业现金流入与现金流出无法在时间上互相匹配,因此,保持一定数量的营运资金,以备偿付到期债务和支付当期费用。

2. 营运资金的特点

为了有效地管理企业的营运资金,必须研究营运资金的特点,以便有针对性地进行管理。营运资金一般具有以下特点。

① 营运资金的来源具有灵活多样性。与筹集长期资金的方式相比,企业筹集营运资金的方式较为灵活多样,通常有银行短期借款、短期融资券、商业信用、应交税金、应交利润、应付工资、应付费用、预收货款、票据贴现等多种内外部融资方式。

② 营运资金的数量具有波动性。流动资产的数量会随企业内外条件的变化而变化,时高时低,波动很大。季节性企业如此,非季节性企业也是如此。随着流动资产数量的变动,流动负债的数量也会相应发生变动。

③ 营运资金的周转具有短期性。企业占用在流动资产上的资金,通常会在1年或一个营业周期内收回。根据这一特点,营运资金可以用商业信用、银行短期借款等短期筹资方式来加以解决。

④ 营运资金的实物形态具有变动性和易变现性。企业营运资金的实物形态是经常变化的,一般按照现金、材料、在产品、产成品、应收账款、现金的顺序转换。为此,在进行流动

资产管理时,必须在各项流动资产上合理配置资金数额,做到结构合理,以促进资金周转顺利进行。此外,短期投资、应收账款、存货等流动资产一般具有较强的变现能力,如果遇到意外情况,企业出现资金周转不灵、现金短缺时,便可迅速变卖这些资产,以获取现金,这对企业应付临时性资金需求具有重要意义。

5.1.2　营运资金管理

营运资金管理是对企业流动资产及流动负债的管理。一个企业要维持正常的运转,就必须要拥有适量的营运资金,因此,营运资金管理是企业财务管理的重要组成部分。据调查,公司财务经理有 60% 的时间都用于营运资金管理。要搞好营运资金管理,必须解决好流动资产和流动负债两个方面的问题:第一,企业应该投资多少在流动资产上,即资金运用的管理,主要包括现金管理、应收账款管理和存货管理;第二,企业应该怎样来进行流动资产的融资,即资金筹措的管理,包括银行短期借款的管理和商业信用的管理。可见,营运资金管理的核心内容就是对资金运用和资金筹措的管理。企业进行营运资金管理应遵循以下原则。

1. 保证合理的资金需求

企业应认真分析生产经营状况,合理确定营运资金的需要数量。企业营运资金的需求数量与企业生产经营活动有直接关系。一般情况下,当企业产销两旺时,流动资产会不断增加,流动负债也会相应增加;当企业产销量不断减少时,流动资产和流动负债也会相应减少。营运资金的管理必须把满足正常合理的资金需求作为首要任务。

2. 提高资金使用效率

加速资金周转是提高资金使用效率的主要手段之一。提高营运资金使用效率的关键就在于采取得力措施以缩短营业周期、加速变现过程、加快营运资金周转。因此,企业要千方百计地加速存货、应收账款等流动资产的周转,以使用有限的资金服务于更大的产业规模,为企业取得更好的经济效益提供条件。

3. 节约资金使用成本

在营运资金管理中,必须正确处理保证生产经营需要和节约资金使用成本二者之间的关系。要在保证生产经营需要的前提下,遵守勤俭节约的原则,尽力降低资金使用成本。一方面,要挖掘资金潜力,盘活全部资金,精打细算地使用资金;另一方面,积极拓展融资渠道,合理配置资源,筹措低成本资金,服务于生产经营。

4. 保持足够的短期偿债能力

偿债能力的高低是企业财务风险高低的标志之一。合理安排流动资产与流动负债的比例关系,保持流动资产结构与流动负债结构的适配性,保证企业有足够的短期偿债能力是营运资金管理的重要原则之一。流动资产、流动负债,以及二者之间的关系能较好地反映企业的短期偿债能力。流动负债是在短期内需要偿还的债务,而流动资产则是在短期内可以转化为现金的资产。因此,如果一个企业的流动资产比较多,流动负债比较少,说明企业的短期偿债能力较强;反之,则说明短期偿债能力较弱。如果企业的流动资产太多、流动负债太少,也不是正常现象,这可能是因流动资产闲置或流动负债利用不足所致。

5.2 现 金 管 理

现金有广义、狭义之分。广义的现金是指在生产经营过程中以货币形态存在的资金,包括库存现金、银行存款和其他货币资金等;狭义的现金仅指库存现金。这里所讲的现金是指广义的现金。

保持合理的现金水平是企业现金管理的重要内容。现金是变现能力最强的资产,可以用来满足生产经营开支的各种需要,也是还本付息和履行纳税义务的保证。拥有足够的现金对于降低企业的风险、增强企业资产的流动性和债务的可清偿性有着重要的意义。但库存现金是唯一的不创造价值的资产,对其持有量不是越多越好,即使是银行存款,其利率也非常低。因此,现金存量过多,其所提供的流动性边际效益便会随之下降,从而使企业的收益水平下降。

除了应付日常的业务活动之外,企业还需要拥有足够的现金用来偿还贷款、把握商机及以防不时之需。企业必须建立一套管理现金的方法,持有合理的现金数额,使其在时间上继起,在空间上并存。企业必须编制现金预算,以衡量企业在某段时间内的现金流入量与流出量,以便在保证企业经营活动所需现金的同时,尽量减少企业的现金数量,提高资金收益率。

5.2.1 持有现金的动机

企业持有现金通常是出于3种需求:交易性需求、预防性需求和投机性需求。

1. 交易性需求

企业的交易性需求是企业为了维持日常周转及正常商业活动所需持有的现金额。企业每日都在发生许多支出和收入,这些支出和收入在数额上的不相等及时间上的不匹配使企业需要持有一定现金来调节,以使生产经营活动能持续进行。

在许多情况下,企业向客户提供的商业信用条件和其从供应商那里获得的信用条件不同,使企业必须持有现金。例如,供应商提供的信用条件是20天付款,而企业迫于竞争压力,则向顾客提供30天的信用期,这样,企业必须筹集够用10天的营运资金来维持企业运转。

另外,企业业务的季节性要求企业逐渐增加存货以等待季节性的销售高潮。这时,一般会发生季节性的现金支出,企业现金余额下降,随后随着销售高潮到来,存货减少,而现金又逐渐恢复到原来的水平。

2. 预防性需求

预防性需求是指企业需要维持充足现金,以应付突发事件。这种突发事件可能是政治环境变化,也可能是企业的某大客户违约导致企业突发性偿付等。尽管财务主管试图利用各种手段来较准确地估算企业需要的现金数,但这些突发事件会使原本很好的财务计划失去效果。因此,企业为了应付突发事件,有必要维持比日常正常运转所需金额更多的现金。

为应付意料不到的现金需要,企业掌握的现金额取决于:企业愿冒缺少现金风险的程度;企业预测现金收支的可靠程度;企业临时融资的能力。希望尽可能减少风险的企业倾向于保留大量的现金余额,以应付其交易性需求和大部分预防性需求。另外,企业会与银行维持良好的关系,以备现金短缺之需。

3. 投机性需求

投机性需求是企业为了抓住突然出现的获利机会而持有的现金。这种机会大都是一闪即逝的,如证券价格的突然下跌。企业如果没有用于投机的现金,就会错过这一机会。

除了上述 3 种基本的现金需求以外,还有许多企业是将现金作为补偿性余额来持有的。补偿性余额是企业同意保持的账户余额。它是企业对银行所提供借款或其他服务的一种补偿。

5.2.2　目标现金余额的确定

1. 成本模型

成本模型强调的是:持有现金是有成本的,最优的现金持有量是使得现金持有成本最小化的持有量。该模型考虑的现金持有成本包括以下项目。

(1) 机会成本

现金的机会成本是指企业因持有一定现金余额而丧失的再投资收益。再投资收益是企业不能同时用该现金进行有价证券投资所产生的机会成本,这种成本在数额上等于资金成本。例如,某企业的资本成本为 10%,年均持有现金 50 万元,则该企业每年的现金机会成本为 5(50×10%) 万元。放弃的再投资收益即机会成本属于变动成本,与现金持有量的多少密切相关,即现金持有量越大,机会成本越大;反之就越少。

(2) 管理成本

现金的管理成本是指企业因持有一定数量的现金而发生的管理费用,如管理者工资、安全措施费用等。一般认为这是一种固定成本,这种固定成本在一定范围内和现金持有量之间没有明显的比例关系。

(3) 短缺成本

现金短缺成本是指在现金持有量不足、又无法及时通过有价证券变现加以补充所给企业造成的损失,包括直接损失与间接损失。现金的短缺成本随现金持有量的增加而下降,随现金持有量的减少而上升,即与现金持有量负相关。

成本分析模式是根据现金有关成本,分析预测其总成本最低时现金持有量的一种方法。其计算公式如下。

$$最佳现金持有量 = \min(管理成本 + 机会成本 + 短缺成本) \qquad (5-2)$$

式中,管理成本属于固定成本,机会成本是正相关成本,短缺成本是负相关成本。因此,成本分析模式是要找到机会成本、管理成本和短缺成本所组成的总成本曲线中最低点所对应的现金持有量,把其作为最佳现金持有量,如图5.1所示。

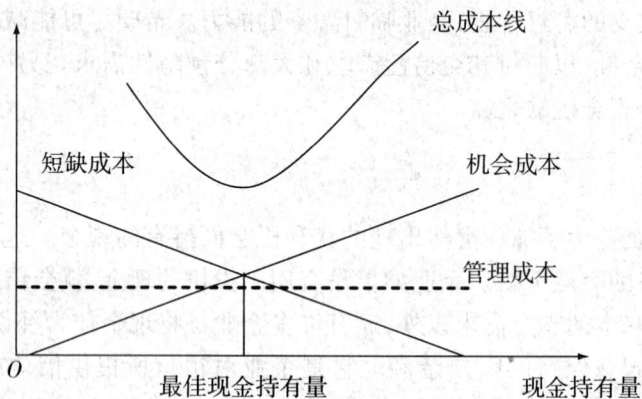

图5.1 成本模式分析

例5-1 某企业有4种现金持有方案,相关资料如表5.1所示。

表5.1 现金持有方案表 元

方案	现金持有量	机会成本(10%)	管理成本	短缺成本	现金持有总成本
A	30 000	3 000	1 000	8 000	12 000
B	50 000	5 000	1 000	4 500	10 500
C	70 000	7 000	1 000	2 000	10 000
D	100 000	10 000	1 000	0	11 000

将以上各方案的总成本加以比较,可以看出C方案的总成本最低。也就是说,当企业持有70 000元的现金时对企业最合算,现金持有总成本最低为10 000元。因此,预测下一年的最佳现金持有量为70 000元。

在实际工作中运用成本分析模式确定最佳现金持有量的具体步骤如下。

① 根据不同现金持有量测算并确定有关成本数值。

② 按照不同现金持有量及其有关成本资料编制最佳现金持有量测算表。

③ 在测算表中找出总成本最低时的现金持有量,即最佳现金持有量。

由成本分析模型可知,如果减少现金持有量,则增加短缺成本;如果增加现金持有量,则增加机会成本。改进上述关系的一种方法是:当拥有多余现金时,将现金转换为有价证券;当现金不足时,将有价证券转换成现金。但现金和有价证券之间的转换,也需要成本,称为转换成本。转换成本是指企业用现金购入有价证券及用有价证券换取现金时付出的交易费用,即现金同有价证券之间相互转换的成本,如买卖佣金、手续费、证券过户费、印花税、实物交割费等。转换成本可以分为两类：一是与委托金额相关的费用；二是与委托金额无关，只与转换次数有关的费用，如委托手续费、过户费等。证券转换成本与现金持有量即有价证券变现额的多少，必然对有价证券的变现次数产生影响，即现金持有量越少，进行证券变现的次数越多，相应的转换成本就越大。

2. 存货模式

存货模式，又称鲍莫模式，是由美国经济学家 William J. Baumol 首先提出来的。他认为现金持有量在许多方面与存货相似，存货经济批量模式可用于确定现金持有量，其着眼点也是现金相关总成本最低。

当企业持有的现金数量不能满足支付现金的需求时，就要变现一部分有价证券，以补充其不足。作为企业，不论是持有现金，还是将有价证券变现，都要付出一定的代价。企业要降低持有现金的持有成本，就要减少现金的持有数量。这样，势必要增加有价证券的变现次数，从而使证券交易成本（转换成本）增加。因此，持有现金的持有成本和证券交易成本的变化方向正好相反，持有成本随现金余额增大而增大，交易成本则随现金余额增大而减少。企业要保证经营所需现金余额，又要少付出代价，就必须处理好持有现金余额与证券变现次数的关系。

运用存货模式时，要求具备一定的前提条件：企业一定时期内现金的收入与支出均匀、稳定、可预测；短期有价证券的利率或报酬率可知；有价证券的每次交易成本可知；每当现金余额降至 0 时，均可以通过部分证券变现得以补足。换句话说，这种模式不考虑短缺成本，只对持有现金的持有成本和有价证券的交易成本予以考虑。

现金管理成本的计算公式如下。

$$总成本 = 持有现金持有成本 + 有价证券交易成本$$
$$= 现金平均余额 \times 证券收益率 + 证券变现次数 \times$$
$$证券每次交易成本$$

即：

$$TC = \frac{Q}{2} \times K + \frac{T}{Q} \times F \tag{5-3}$$

式中，TC——持有现金的总成本；Q——最佳现金持有量；K——有价证券的市场利率；T——一定期间内企业现金需求总量；F——有价证券每次交易的成本。

现金管理总成本与持有现金持有成本、有价证券交易成本的关系，如图 5.2 所示。

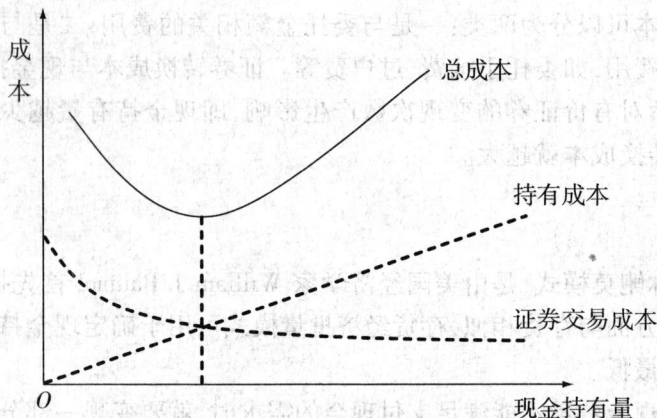

图 5.2　存货模式分析

从图 5.2 可以看出,持有现金的持有成本与证券变现的交易成本相等时,持有现金的总成本最低,此时的现金持有量为最佳现金持有量,即:

$$Q = \sqrt{\frac{2TF}{K}} \qquad\qquad (5-4)$$

最佳现金持有量总成本为:

$$TC = \sqrt{2TFK} \qquad\qquad (5-5)$$

例 5-2　某企业预计在一年内需用现金 800 000 元,有价证券每次转换成本为 100 元,有价证券的年利率为 10%,则:

最佳现金持有量为:$Q = \sqrt{\dfrac{2TF}{K}} = \sqrt{\dfrac{2 \times 800\,000 \times 100}{10\%}} = 40\,000$(元)

持有现金总成本:$TC = \sqrt{2TFK} = \sqrt{2 \times 800\,000 \times 100 \times 10\%} = 4\,000$(元)

其中:

证券交易成本 $= \dfrac{T}{Q} \times F = \dfrac{800\,000}{40\,000} \times 100 = 2\,000$(元)

现金持有成本 $= \dfrac{Q}{2} \times K = \dfrac{40\,000}{2} \times 10\% = 2\,000$(元)

有价证券转换次数为:$\dfrac{T}{Q} = \dfrac{800\,000}{40\,000} = 20$(次)

5.2.3　现金日常管理的制度安排

一个完善的现金管理制度体系应包括国家的统一管理制度、企业的基本管理制度和财务部门的具体管理制度 3 个层次。

1. 国家的统一管理制度

统一管理制度的主要内容如下。

① 关于核定并严格遵守现金库存限额的规定。

② 关于按照现金开支范围支用现金的规定。

③ 关于办理现金收支业务的规定。例如,所收现金当日送存银行、不准坐支现金、不准白条顶库等。

2. 企业的基本管理制度

企业在现金管理方面的基本制度与企业在经营管理和其他类别的资产管理方面的制度相同,也是内部控制制度。现金与现金运动的特点决定了应用内部控制制度组织现金管理更为重要,对于保证现金的安全与完整具有独到的作用。

所谓内部控制制度,或称内部控制,是指企业为了维护资产的安全与完整,确保会计记录的正确性和可靠性,以及对经济活动进行综合的计划、调整和评价而制定的制度、组织方法和手段的统称。

3. 财务部门的具体管理制度

财务部门在现金管理方面的具体制度主要用来规范业务操作过程,我们称这类制度为内部牵制制度。

内部牵制制度是内部控制制度中的一个重要组成部分。它将同一项业务活动交给两个或两个以上的工作人员办理或执行,以便利用他们之间的相互牵制关系来防止错误和弊端的出现。内部牵制制度是企业内部的一种自检系统,其实质是依靠合理的组织与安排将舞弊和错误的发生控制到最低限度。

内部牵制制度按其性质和方式可划分为实物牵制、机械牵制、体制牵制和簿记牵制。

现金收付与有价证券投资的频繁进行,使其日常管理较其他资产项目的日常管理更为复杂,对其可归纳、概括为以下几点。

① 合理持有现金,积极组织证券投资。

② 减少库存现金,增加银行存款。

③ 科学地调度现金收支。

5.3 应收账款管理

应收账款是指企业采用信用方式销售商品或提供劳务而形成的,需要在未来一定时期内收回的款项,其实质是企业的债权。应收账款有狭义与广义之分。狭义的应收账款主要是指应收销货款;广义的应收账款包括应收销货款、应收票据、分期应收账款、其他应收款、预付账款与待摊费用。

5.3.1 应收账款的功能和成本

1. 应收账款的功能

企业采取赊销、分期付款等方式可以扩大销售,增强竞争力,获得利润。应收账款作为企业扩大销售和盈利的一项投资,也会产生一定的成本。因此,企业需要在应收账款所增加的盈利和所增加的成本之间做出权衡。应收账款管理就是分析赊销的条件,使赊销带来的盈利增加大于应收账款投资产生的成本增加,最终使企业现金收入增加,企业价值上升。

应收账款的功能是指其在生产经营中的作用,主要有以下两个方面。

① 增加销售。在激烈的市场竞争中,通过提供赊销可有效地促进销售。因为企业提供赊销不仅向顾客提供了商品,也在一定时间内向顾客提供了购买该商品的资金,顾客将从赊销中得到好处,所以赊销会带给企业销售收入和利润的增加。

② 减少存货。企业持有一定产成品存货时,会相应地占用资金,形成仓储费用、管理费用等,产生成本,而赊销则可避免这些成本的产生。所以当企业的产成品存货较多时,一般会采用优惠的信用条件进行赊销,将存货转化为应收账款,节约支出。

2. 应收账款的成本

应收账款作为企业为增加销售和盈利进行的投资,必然会发生一定的成本。应收账款的成本主要有以下几种。

① 应收账款的机会成本。应收账款会占用企业一定量的资金,而企业如果不把这部分资金投放于应收账款,便可用于其他投资并可能获得收益,如投资债券获得利息收入等。这种因投放于应收账款而放弃其他投资所带来的收益,即为应收账款的机会成本。

$$应收账款的机会成本 = 维持赊销业务所需要的资金 \times 资本成本$$

$$应收账款周转率 = 日历天数(360) \div 应收账款周转期$$

$$应收账款平均余额 = 赊销收入净额 \div 应收账款周转率$$

$$维持赊销业务所需要的资金 = 应收账款平均余额 \times 变动成本 \div 销售收入$$

$$= 应收账款平均余额 \times 变动成本率$$

② 应收账款的管理成本。主要是指在进行应收账款管理时所增加的费用,主要包括调查顾客信用状况的费用、收集各种信息的费用、账簿的记录费用、收账费用等。

③ 应收账款的坏账成本。在赊销交易中,债务人由于种种原因无力偿还债务,债权人就有可能无法收回应收账款而产生损失,这种损失就是坏账成本。可以说,企业产生坏账成本不可避免,而此项成本一般与应收账款发生的数量成正比。

以上3类成本是企业持有应收账款资产而产生的,故也称之为应收账款的持有成本。

5.3.2　信用政策

信用政策即应收账款的管理政策,是指企业为了对应收账款投资进行规划与控制而确立的基本原则与行为规范,包括信用标准、信用条件、信用期间和折扣条件四部分内容。

1. 信用标准

信用标准代表企业愿意承担的最大付款风险的金额。如果企业执行的信用标准过于严格,可能会降低对符合可接受信用风险标准客户的赊销额,那么会限制企业的销售机会;如果企业执行的信用标准过于宽松,可能会对不符合可接受信用风险标准的客户提供赊销,那么会增加随后还款的风险,并增加坏账费用。

（1）信息来源

当企业建立分析信用请求的方法时,必须考虑信息的类型、数量和成本。信息既可以从企业内部收集,也可以从企业外部收集。无论信用信息从哪种渠道收集,都必须将成本与预期的收益进行对比。企业内部产生的最重要的信用信息来源是信用申请人执行信用申请（协议）的情况和企业自己保存的有关信用申请人还款历史的记录。

企业可以使用各种外部信息来源去帮助其确定申请人的信誉。申请人的财务报表是该种信息的主要来源之一。无论是经过审计的,还是没有经过审计的财务报表,因为可以将这些财务报表及其相关比率与行业平均数进行对比,所以它们都提供了有关信用申请人的重要信息。

获得申请人付款状况的第二个信息来源是一些商业参考资料或申请人过去获得赊销的供货商。另外,银行或其他贷款机构（如商业贷款机构或租赁公司）可以提供申请人财务状况和可使用信息额度方面的标准化信息。最后,一些地方性和全国性的信用评级机构收集、评价和报告有关申请人信用状况的历史信息。这些信用报告包括还款历史、财务信息、最高信用额度、可获得的最长信用期限和所有未了结的债务诉讼等。由于还款状况的信息是以自愿为基础提供给信用评级机构的,所以,评级机构所使用的样本量可能较小并且（或）不能准确反映企业还款历史的整体状况。

（2）5C 信用评价系统

信用评价取决于可以获得的信息类型、信用评价的成本与收益。传统的信用评价主要考虑以下 5 个因素。

① 品质（character）。这是指个人申请人或企业申请人的诚实和正直的表现。品质反映了个人或企业在过去的还款经历中所体现的还款意图和愿望。

② 能力（capacity）。能力反映的是企业或个人在其债务到期时可用于偿债的当前和未来的财务资源。可以使用流动比率和现金流预测等方法评价申请人的还款能力。

③ 资本（capital）。资本是指如果企业或个人当前的现金流不足以还债,他们在短期和长期内可供使用的财务资源。

④ 抵押（collateral）。抵押是指当企业或个人不能满足还款条款时,可以用作债务担保的资产或其他担保物。

⑤ 条件（condition）。条件是指影响顾客还款能力和还款意愿的经济环境,对申请人的这些条件进行评价以决定是否给其提供信用。

（3）信用的定量分析

进行商业信用的定量分析可以从考察信用申请人的财务报表开始,通常使用比率分析法评价顾客的财务状况,常用的指标有流动性和营运资本比率（如流动比率、速动比率及现金对负债总额比率）、债务管理和支付比率（利息保障倍数、长期债务对资本比率、带息债务对资产总额比率及负债总额对资产总额比率）和盈利能力指标（销售回报率、总资产回报率和净资产收益率）。

将这些指标和信用评级机构及其他协会发布的行业标准进行比较,可以洞察申请人的信用状况。定量信用评价法常被像百货店这样的大型零售信用提供商使用。信用评分包括以下4个步骤。

① 根据信用申请人的月收入、尚未偿还的债务和过去受雇佣的情况将申请人划分为标准的客户和高风险的客户。

② 对符合某一类型申请人的特征值进行加权平均以确定其信誉值。

③ 确定明确的同意或拒绝给予信用的门槛值。

④ 对在同意给予信用的门槛值或拒绝给予信用的门槛值之间的申请人进行进一步分析。

这些定量分析方法符合成本－效益原则,并且也符合消费者信用方面的法律规定,是一种规范的统计分析方法,可以有效地确定、区分按约付款或违约付款顾客的因素。

2. 信用条件

信用条件是指销货企业要求赊购客户支付货款的条件,由信用期限和现金折扣两个要素组成。规定信用条件包括设计销售合同或协议来明确规定在什么情形下可以给予信用。企业必须建立信息系统或购买软件对应收账款进行监控以保证信用条款的执行,并且查明顾客还款方式在总体和个体方面可能发生的变化。

（1）约束信用政策的因素

有许多因素影响企业的信用政策。在许多行业里,信用条件和政策已经成为标准化的惯例,因此某一家企业很难采取与其竞争对手不同的信用条件。企业还必须考虑提供商业信用对现有贷款契约的影响,因为应收账款的变化可能会影响流动比率,可能会导致违反贷款契约中有关流动比率的约定。

（2）对流动性的影响

公司的信用条件、销售额和收账方式决定了其应收账款的水平。应收账款的占用必须要有相应的资金来源,因此,企业对客户提供信用的能力与其自身的借款能力相关。不适当地管理应收账款可能会导致顾客延期付款,从而出现流动性问题。然而,当应收账款用于抵押贷款或作为债务担保工具或出售时,应收账款也可以成为流动性的来源。

（3）提供信用的收益和成本

因为提供信用可以增加销售额,所以商业信用可能会增加企业的收益。赊销的另一个潜在的收益来源是从分期收款销售安排中获得利息收益。利息可能是一块很大的利润来源,尤其是零售型企业通过自己私有品牌的信用卡或分期收款合同向顾客提供直接融资时更是如此。

另一方面,提供信用也有成本。应收账款的主要成本是持有成本。一般来说,企业根据短期借款的边际成本或加权平均成本确定应收账款的持有成本。运营和维持企业信用部门的成本也是非常高的,其成本包括人员成本、数据处理成本和还款处理成本、信用评估成本和从第三方购买信用信息的成本。

3. 信用期间

监管逾期账款和催收坏账的成本影响企业的利润。根据相关会计准则的规定,不能收回的应收账款应该确认为坏账损失。多数企业根据过去的收款情况来估计坏账损失的数额并建立"坏账准备"账户,同时将坏账费用计入当期损益。信用政策的一个重要方面就是确定坏账费用和注销坏账费用的时间和金额。

催收逾期账款的成本可能很高。企业可以通过购买各种类型的补偿坏账损失的保险来降低坏账的影响。在评价赊销潜在的盈利能力时,必须对保险费进行成本—效益分析。

信用期间是企业允许顾客从购货到付款之间的时间,或者说是企业给予顾客的付款期间。例如,如果某企业允许顾客在购货后的 50 天内付款,则信用期为 50 天。信用期过短,不足以吸引顾客,会使销售额下降;信用期过长,对销售额增加固然有利,但只顾及销售增长而盲目放宽信用期,所得到的收益有时会被增长的费用抵销,甚至造成利润减少。因此,企业必须慎重研究,制定出恰当的信用期。

信用期的确定,主要是分析改变现行信用期对收入和成本的影响。延长信用期会使销售额增加,产生有利影响;与此同时,应收账款、收账费用和坏账损失增加,会产生不利影响。当前者大于后者时,可以延长信用期,否则不宜延长。如果缩短信用期,情况则与此相反。

4. 折扣条件

如果公司给顾客提供现金折扣,那么顾客在折扣期内付款时少付的金额产生的"成本"将影响公司收益。当顾客利用了公司提供的折扣,而折扣又没有促使销售额增长时,公司的净收益则会下降。当然上述收入方面的损失可能会全部或部分地由应收账款持有成本的下降所补偿。宽松的信用政策可能会提高销售收入,但是也会使应收账款的服务成本、收账成本和坏账损失增加。

现金折扣是企业对顾客在商品价格上的扣减。向顾客提供这种价格上的优惠,主要目的在于吸引顾客为享受优惠而提前付款,缩短企业的平均收款期。另外,现金折扣也能招徕一些视折扣为减价出售的顾客前来购货,借此扩大销售量。

信用条件通常表示为"1/10,N/30"等形式,其含义为:在 10 天之内付款可以享受价款1% 的现金折扣,最后付款期限为 30 天,超过 10 天付款没有任何现金折扣优惠。这里的 1% 为现金折扣,10 天为折扣期限,30 天为信用期限,也就是企业给予客户延期支付货款的期限。

因为现金折扣与信用期间结合使用,所以确定折扣程度的方法与程序实际上与前述确定信用期间的方法与程序一致,只不过要把所提供的延期付款时间和折扣综合起来,计算各方案的延期与折扣能取得多大的收益增量,再计算各方案带来的成本变化,最终确定最佳方案。

例 5-3 某企业目前采用按发票金额 30 天内付款的信用政策,销售量预计为 200 000 件,市场单位产品价格为 10 元/件;企业单位变动成本为 8 元/件,固定成本总额为 80 000 元;企业可能发生的收账费用为 6 000 元,坏账损失为 8 000 元。企业拟将信用期限延长至 60 天,则预计销售量将增加 20%,预计收账费用将增加 30%,坏账损失将增加 35%,企业仍按发票金额收款。假定该企业最低报酬率为 15%,要求做出是否延长信用期限的决策。

根据上述资料,分析计算延长信用期限可能得到的收益和增加的成本,并进行比较,做出判断。计算分析过程如表 5.2 所示。

表5.2 计算分析过程　　　　　　　　　　　　　　　　　　　　　　　　　　　　　元

项　　目	信用期限 60 天	信用期限 30 天	差额
1. 收益			
销售收入	2 400 000	2 000 000	400 000
销售成本	1 920 000	1 600 000	320 000
收益增加	480 000	400 000	80 000
2. 费用			
应收账款的机会成本	$\dfrac{2400\,000}{360}\times 60\times\dfrac{1920\,000}{2\,400\,000}$ $\times 15\% = 48\,000$	$\dfrac{2\,000\,000}{360}\times 30\times\dfrac{1\,600\,000}{2\,000\,000}$ $\times 15\% = 20\,000$	28 000
收账费用	7 800	6 000	1 800
坏账损失	10 800	8 000	2 800
费用增加	66 600	34 000	32 600
3. 净损益增加	413 400	366 000	47 400

表 5.2 中的计算结果说明,延长信用期限,收益的增加大于成本的增加,其差额为 47 400 元,因此采用 60 天的信用期限较好。

5.3.3 应收账款日常管理

1. 实施应收账款的追踪分析

应收账款一旦形成,企业就必须考虑如何按期足额收回的问题。这样,赊销企业就有必要在收款之前,对该项应收账款的运行过程进行追踪分析,重点要放在赊销商品的变现方面。企业要对赊购者今后的经营情况、偿付能力进行追踪分析,及时了解客户现金的持有量与调剂程度能否满足兑现的需要,应将那些挂账金额大、挂账时间长、经营状况差的客户的欠款作为考察的重点,以防患于未然;必要时可采取一些措施,如要求这些客户提供担保等来保证应收账款的回收。

2. 认真对待应收账款的期限

一般而言,客户逾期拖欠账款时间越长,账款催收的难度越大,成为呆、坏账损失的可能性也就越高。企业必须要做好应收账款的期限分析,密切注意应收账款的回收进度和出现的变化。

通过对应收账款的期限分析,企业财务管理部门可以掌握这些信息:有多少客户在折扣期限内付款;有多少客户在信用期限内付款;有多少客户在信用期限过后付款;有多少应收账款拖欠太久,可能会成为坏账。

如果期限分析显示企业的应收账款开始延长期限,或者过期账户所占比例逐渐增加,那么就必须及时采取措施,调整企业信用政策,努力提高应收账款的收现效率。对尚未到期的应收账款也不能放松监督,以防发生新的拖欠。

3. 不断完善收账政策

当企业应收账款遭到客户拖欠或拒付时,企业应当首先分析现行的信用标准及信用审批制度是否存在纰漏,然后对违约客户的资信等级重新调查摸底,进行再认识。对于恶意拖欠、信用品质差的客户应当从信用清单中除名,不再对其赊销,并加紧催收所欠,态度要强硬。催收无果,可与其他经常被该客户拖欠或拒付账款的同伴企业联合向法院起诉,以增强其信誉不佳的有力证据。对于信用记录一向正常,甚至良好的客户,在去电发函的基础上,再派人与其进行面对面的沟通,协商一致,争取在延续、增进相互业务关系中妥善地解决账款拖欠的问题。

企业在制定收账政策时,要在增加收账费用与减少坏账损失、减少应收账款机会成本之间进行比较、权衡,以前者小于后者为基本目标,掌握好宽严界限,拟订可取的收账计划。

4. 建立应收账款坏账准备制度

不管企业采用怎样严格的信用政策,只要存在商业信用行为,坏账损失的发生总是不可避免的。因此,企业要遵循稳健性原则,对坏账损失的可能性预先进行估计,积极建立弥补坏账损失的准备制度。根据《企业会计准则》的规定:应收账款可以计提坏账准备金。企业要按照期末应收账款的一定比例提取用于补偿因债务人破产或死亡、逾期未履行偿债义务、已无法收回的坏账损失,以促进企业健康发展。

5.4　存货管理

5.4.1　存货与存货管理目标

存货是指企业在生产经营过程中为销售或生产耗用而储备的各类物资,主要包括原材料、委托加工材料、燃料、低值易耗品、在产品、产成品和外购商品等。在企业的流动资产中,存货所占比重较大,存货利用程度的高低直接影响着企业的财务状况。因此,使存货水平达到最优,对存货进行正确的管理规划和有效的控制,成为财务管理的一项重要内容。

存货管理的目标,就是要尽力在各种存货成本与存货效益之间做出权衡,在充分发挥存货功能的基础上,降低存货成本,实现两者的最佳组合。存货的功能是指存货在企业生产经营过程中起到的作用,具体包括以下几个方面。

1. 保证生产正常进行

生产过程中需要的原材料和在产品是生产的物质保证。为保障生产的正常进行,必须储备一定量的原材料,否则,可能会造成生产中断、停工待料的现象。

2. 有利于销售

一定数量的存货储备能够增加企业在生产和销售方面的机动性和适应市场变化的能力。当企业市场需求量增加时,如果产品储备不足,就有可能失去销售良机,所以保持一定量的存货有利于市场销售。

3. 便于维持均衡生产,降低产品成本

有些企业产品属于季节性产品或需求波动较大的产品,此时如果根据市场需求状况组织生产,则生产能力有时不足,有时又超负荷,从而造成产品成本上升。

4. 降低存货取得成本

一般情况下,当企业进行采购时,进货总成本与采购物资的单价和采购次数有密切关系。许多供应商为鼓励客户多购买其产品,往往在客户采购量达到一定数量时,给予价格折扣。所以,企业通过大批量集中进货,既可以享受价格折扣,降低购置成本,又因减少订货次数,降低了订货成本,使总的进货成本降低。

5. 防止意外事件的发生

企业在采购、运输、生产和销售过程中,都可能发生意外事故。保持必要的存货保险储备可以避免或减少因意外事件造成的损失。

5.4.2 存货成本

企业在购入及存储过程中要发生各种费用成本,与储备存货有关的成本主要有以下3种。

1. 取得成本

取得成本是指为取得某种存货而支出的成本,分为订货成本和购置成本。

(1)订货成本

订货成本是指取得订单的成本,如办公费、差旅费、邮资、电报电话费、运输费等。订货成本中有一部分与订货次数无关,如常设采购机构的基本开支等,称为固定的订货成本,用 F_1 表示;另一部分与订货次数有关,如差旅费、邮资等,称为订货的变动成本。每次订货的变动成本用 K 表示;订货次数等于存货的年需求量 D 与每次进货量 Q 之商。订货成本的计

算公式如下。

$$订货成本 = F_1 + \frac{D}{Q}K \qquad (5-6)$$

(2) 购置成本

购置成本是指为购买存货本身所支出的成本,即存货本身的价值,经常用数量与单价的乘积来确定。一定时期内的采购数量是根据企业自身的生产规模和生产计划确定的一个较为固定的量,所以采购成本的变动主要受采购成本单价的影响。采购单价除了受市场供求、供应商、产品质量等因素的影响外,还受一次采购批量大小的影响。一般来说,采购批量越大,企业可享受的价格折扣就越高,单价就越低。但是,采购批量越大,存储成本就越高。所以,一次采购批量应该有一个经济合理的限额。存货的年需求量用 D 表示,单价用 U 表示,于是就有。

$$购置成本 = DU$$

订货成本加上购置成本等于存货的取得成本,计算公式如下。

$$取得成本 = 订货成本 + 购置成本 = 订货固定成本 + 订货变动成本 + 购置成本 \qquad (5-7)$$

2. 储存成本

储存成本是指为保持存货而发生的成本,包括存货占用资金所应计的利息、仓库费用、保险费用、存货破损和变质损失等。

储存成本也分为固定成本和变动成本。固定成本与存货数量的多少无关,如仓库折旧、仓库职工的固定工资等,常用 F_2 表示;变动成本与存货的数量有关,如存货资金的应计利息、存货的破损和变质损失、存货的保险费用等,单位储存变动成本用 K_c 来表示。储存成本的计算公式如下。

$$储存成本 = 储存固定成本 + 储存变动成本$$
$$= F_2 + \frac{Q}{2}K_c \qquad (5-8)$$

3. 缺货成本

缺货成本是指由于存货供应中断而造成的损失,包括材料供应中断造成的停工损失、产成品库存缺货造成的拖欠发货损失和丧失销售机会的损失及造成的商誉损失等。如果生产企业以紧急采购代用材料解决库存材料中断之急,那么缺货成本表现为紧急额外购入成本,缺货成本用 TC_s 表示。

如果以 TC 来表示储备存货的总成本,TC_a 表示取得成本,用 TC_c 表示储存成本,则企业储存存货的总成本如下。

$$TC = TC_a + TC_c + TC_s = F_1 + \frac{D}{Q}K + DU + F_2 + \frac{Q}{2}K_c + TC_s \qquad (5-9)$$

企业存货的最优化,就是使企业存货总成本即上式中的 TC 值最小。

5.4.3 存货的经济批量

经济批量采购是指使企业全年存货总成本最低的每次采购数量。

1. 经济采购批量的基本方法

当企业按照经济采购批量来订货时,可实现订货成本和储存成本之和最小化。经济订货模型是目前大多数企业最常用的货物订购方式,该模型适用于整批间隔进货、不允许缺货的存储问题。在存货管理工作中,要确定使储存成本和订货成本之和最低的采购批量,即经济采购批量。

通过图 5.3 可以看出年存储成本、年订货成本与年总成本的关系:在年存储成本与年订货成本相等时,年总成本最低。对应的采购数量 Q,即为经济采购批量。

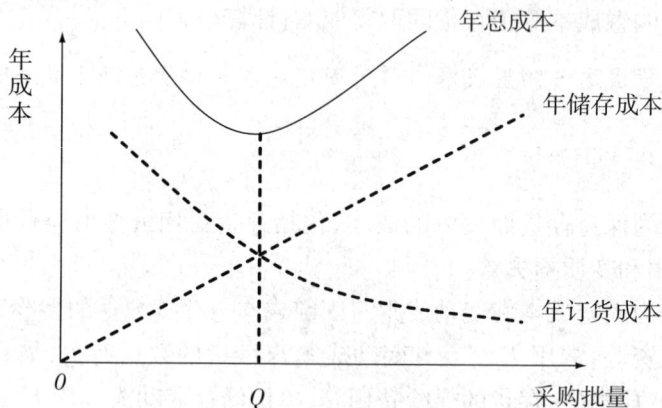

图5.3 年储存成本、年订货成本和年总成本的关系

设 TC 为年储存成本与年订货成本之和;A 为存货的全年需要量;Q 为存货的每批订货量;F 为存货的每批订货成本;K 为每单位存货的年储存成本。则:

$$TC = \frac{A}{Q} \times F + \frac{Q}{2} \times K \qquad (5-10)$$

从图 5.3 可以看出,存货年总成本最低时,储存成本与年订货成本相等,即 $\frac{A}{Q} \times F = \frac{Q}{2} \times K$ 时,TC 有最小值。由此得出:

$$经济采购批量\ Q = \sqrt{\frac{2AF}{K}} \qquad (5-11)$$

例5-4 某企业全年需要 A 材料 240 000 千克,每次的订货成本为 400 元,每个零件的年储存成本为 3 元,则该企业 A 材料的经济采购批量是多少?

经济采购批量 $Q = \sqrt{\dfrac{2AF}{K}} = \sqrt{\dfrac{2 \times 240\,000 \times 400}{3}} = 8\,000(千克)$

一年内订货次数 $= 240\,000 \div 8\,000 = 30(次)$

2. 订货点的确定

经济采购批量是以供需稳定为前提的,但实际情况并非完全如此。企业对存货的需求量可能发生变化,交货时间也可能会延误,并且企业的存货不能做到随时领用、随时补充。为防止由此造成的损失,企业需要在没有用完存货时就提出订货,即所谓的提前订货。在提前订货的情况下,企业再次发出订货单订货时,尚存的存货数量称为订货点,其计算公式如下。

$$订货点 = 保险储备量 + 平均单位时间消耗量 \times 订货提前期 \qquad (5-12)$$

保险储备量是指为了防止发出订货后,在交货期内发生需求量增大或交货时间延误等情况而储备的存货数量,这种储备在正常情况下是不动用的。保险储备量的计算公式如下。

$$保险储备量 = 平均每日耗用量 \times 保险储备天数 \qquad (5-13)$$

保险储备天数,一般凭经验或报告期的供货平均误期天数来确定。

订货点公式中的订货提前期是指从提出订货到货物运抵企业并入库所需要的时间。

例 5-5 根据例 5-4 数据,企业经济批量为 8 000 千克,一年订货 30 次,假设订货提前期为 3 天,保险储备天数为 3 天,每月平均消耗用量为 20 000 千克。则:

保险储备量 $= 20\,000 \div 30 \times 3 = 2\,000(千克)$

订货点 $= 2\,000 + 20\,000 \div 30 \times 3 = 4\,000(千克)$

最高库存量 $= 2\,000 + 4\,000 = 6\,000(千克)$

订货点和库存材料量变动情况如图 5.4 所示。

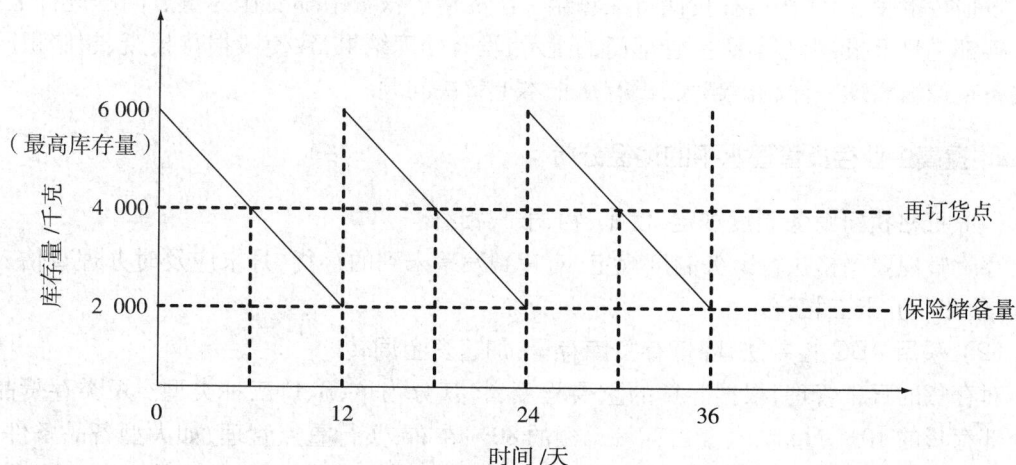

图 5.4　订货点和库存材料量变动情况

5.4.4 存货日常控制

存货控制是指企业在日常生产经营过程中,按照存货计划的要求,对存货的使用和周转情况进行组织、协调和监督。

1. 当前企业存货管理存在的问题及原因

(1) 存货的收入、发出、结存缺乏真实记录

材料领用记录生产成本及费用的归集、结转的记录人为因素较多,尤其在工程项目核算上更显现其弊端。例如,甲、乙两个工号同时开工,月末核算记录显示的是乙工号的材料消耗极少甚至为0,而甲工号的材料消耗多出很多;原辅材料已经领用消耗,而实际上并未相应结转成本;原辅材料并未领用消耗,而实际上已经结转了成本;购入的材料已经领用消耗,购货发票未到,期末又没有按规定暂估入库,造成资产负债表期末存货记录减少甚至出现红字余额。

(2) 内部控制制度不健全

在材料采购、产品销售环节上,往往由同一个人完成采购销售、付款收款、入库出库等全过程,使采购销售工作无章可依,还提供了暗箱操作的温床,增加了营私舞弊的可能性。

(3) 流动资金占用额高

因库存量大,导致流动资金占用额高,有的企业存货储备要占到流动资金总额的60%以上,给企业流动资金的周转带来很大困难。

(4) 非正常存货储备量挤占了正常的存货储备量

为控制流动资金占用额,在日常存货管理中尽量降低库存占用量,减少进货量,从而影响了正常生产经营所需要的合理存货储备量。

(5) 管理不到位

毁损待报废、超储积压存货储备在每年一次的清产核资中都要作为重点问题进行上报,但每年都是只上报,没有上级主管部门的批示,没有处理结果,致使毁损待报废、超储积压存货储备量像滚雪球一样越滚越大,没有从根本上解决问题。

2. 提高企业存货管理水平的途径分析

(1) 严格执行财务制度规定,使账、物、卡三相符

存货管理要严格执行财务制度规定,对货到发票未到的存货,月末应及时办理暂估入库手续,使账、物、卡三相符。

(2) 采用ABC控制法,降低存货库存量,加速资金周转

对存货的日常管理,根据存货的重要程度,将其分为A、B、C三种类型。A类存货品种占全部存货的10%~15%,资金占存货总额的80%左右,实行重点管理,如大型备品备件等。B类存货为一般存货,品种占全部存货的20%~30%,资金占全部存货总额的15%左右,适当控制,实行日常管理,如日常生产消耗用材料等。C类存货品种占全部存货的60%~65%,资金占存货总额的5%左右,进行一般管理,如办公用品、劳保用品等,随时都可以采购。通过

分类,抓住重点存货,控制一般存货,制订出较为合理的存货采购计划,从而有效地控制存货库存,减少储备资金占用,加速资金周转。

（3）加强存货的采购管理,合理运作采购资金,控制采购成本

① 计划员要有较高的业务素质,对生产工艺流程及设备运行情况要有充分的了解,掌握设备维修、备件消耗情况及生产耗用材料情况,进而做出科学合理的存货采购计划。

② 要规范采购行为,增加采购的透明度。本着节约的原则,采购员要对供货单位的品质、价格、财务信誉进行动态监控;收集各种信息,同类产品货比多家,以求价格最低、质量最优。

③ 对大宗原辅材料、大型备品备件实行招标采购,杜绝暗箱操作,杜绝采购黑洞。这样,既能确保生产的正常进行,又有效地控制采购成本,加速资金周转,提高资金的使用效率。

（4）充分利用 ERP 等先进的管理模式,实现存货资金信息化管理

要想使存货管理达到现代化企业管理的要求,就要使企业尽快采用先进的管理模式,如 ERP 系统。利用 ERP,使人、财、物,产、供、销全方位科学高效集中管理,最大限度地堵塞漏洞,降低库存,使存货管理更上一个新台阶。

3. 存货管理的意义

可以帮助企业仓库管理人员对库存商品进行详尽、全面的控制和管理;帮助库存会计进行库存商品的核算;提供的各种库存报表和库存分析可以为企业的决策提供依据;降低库存,减少资金占用,避免物品积压或短缺,保证企业经营活动顺利进行。

本章小结

营运资金管理是企业财务管理中的一个重要方面,主要应把握以下几点。

1. 现金的日常管理。持有现金主要源于 3 种需求:交易性需求、预防性需求和投机性需求。本章介绍了最佳现金持有量的确定方法。

2. 介绍了应收账款的信用条件的选择。

3. 介绍了存货的经济订货、批量决策模型,为企业管理好营运资金提供有力依据。

本章习题

一、单项选择题

1. 关于流动资产和流动负债的说法中错误的是(　　)。

    A. 流动资产具有占有时间短、周转快、收益高等特点

    B. 企业拥有较多的流动资产,可在一定程度上降低财务风险

    C. 流动负债又称短期负债,具有成本低、偿还期短的特点

    D. 流动负债以应付金额是否确定为标准,可以分为应付金额确定的流动负债和应付金额不确定的流动负债

2. 企业要购买原材料,并不都是收到原材料的当天就马上付款,通常会有一定的延迟,

在线测试

这一延迟的时间段是( )。

    A. 应收账款周转期   B. 存货周转期

    C. 应付账款周转期   D. 现金周转期

3. 属于固定储存成本的选项是( )。

    A. 仓库折旧   B. 存货资金的应计利息

    C. 存货的破损和变质损失   D. 存货的保险费用

4. 某企业每年耗用某种原材料 3 600 千克,该材料的单位成本为 20 元/千克,单位材料年持有成本为 1 元/千克,一次订货成本为 50 元,则该企业的经济订货批量为( )千克,最小存货成本为( )元。

    A. 300 3 000   B. 600 600   C. 600 300   D. 600 6 000

5. 某企业按年利率 6% 向银行借款 1 000 万元,银行要求保留 10% 的补偿性余额,同时要求按照贴现法计息,则这项借款的实际利率约为( )。

    A. 6.67%   B. 6.38%   C. 7.14%   D. 6%

二、多项选择题

1. 在存货允许缺货的情况下,导致经济批量增加的因素有( )。

    A. 存货年需求量增加   B. 一次订货成本增加

    C. 单位缺货成本增加   D. 单位缺货成本降低

2. 企业在制定或选择信用标准时应考虑的因素有( )。

    A. 同行业竞争对手的情况   B. 企业承担违约风险的能力

    C. 企业承担流动性风险的能力   D. 客户的资信程度

3. 应收账款日常管理的主要内容包括( )。

    A. 应收账款追踪分析   B. 应收账款账龄分析

    C. 应收账款收现率分析   D. 应收账款坏账准备制度

4. 企业为应付紧急情况所持有的现金余额主要取决的因素包括( )。

    A. 企业临时举债能力的强弱   B. 企业愿意承担风险的程度

    C. 企业对现金流量预测的可靠程度 D. 企业的经营规模

5. 与应收账款机会成本有关的因素是( )。

    A. 应收账款平均余额   B. 变动成本率

    C. 销售成本率   D. 资金成本率

三、判断题

1. 流动资产、流动负债,以及二者之间的关系可以较好地反映企业的偿债能力。( )

2. 现金持有量过多,它所提供的流动性边际效益便会随之上升,从而使企业的收益水平提高。( )

3. 应收账款的功能指其在生产经营中的作用,主要包括两方面的功能:一是增加销售;二是减少存货。( )

4. 在应收账款管理中,信用政策必须明确地规定信用标准、信用条件和折扣条件。( )

5. 存货管理的目标,就是要尽力降低存货成本。　　　　　　　　　　　　（　）

四、简答题

1. 什么是企业的营运资本? 如何计算?

2. 营运资本管理的原则是什么?

3. 现金管理的成本包括几项内容? 哪些属于最佳现金持有量(存货模式)决策的相关成本?

4. 存货管理的成本包括哪些内容? 哪些属于经济采购批量决策的相关成本?

5. 什么是 ABC 分类管理法? 说明其分类标准和管理方法。

第6章

项目投资管理

学习目标

- 掌握现金流量的计算方法。
- 理解项目投资评价指标的含义。
- 了解项目投资的概念、程序。

技能要求

学会应用相关投资评价指标帮助企业进行项目投资决策。

华为公司为改变产品结构,开拓新的市场领域,拟开发新产品,为此,需利用自有资金购买价值110万元的一条新生产线,该生产线的建设期间为1年,可使用期限为10年,期满时有残值收入10万元;另需购买一项专利权价值10万元,专利权的摊销期限为10年,在建设期末时投入;同时,建设期末投入流动资金5万元开始生产。投资者要求的报酬率是10%。投产后,每年预计外购原材料20万元,支付工资15万元,其他费用5万元,每年预计营业收入80万元。企业适用的所得税税率为25%,该项目是否值得投资?

当前该项目投资领域的平均利润率为10%,而你的投资项目预计利润率为5%,虽然也有利润的存在,你会投资吗?

思考:

(1) 如果你是投资人,你会采取怎样的决策程序与决策方法?

(2) 决策中你会考虑哪些因素?其核心因素又是什么?

6.1 项目投资概述

6.1.1 项目投资的概念

项目投资是一种以特定项目为对象,直接与新建项目或更新改造项目有关的长期投资行为。企业投资项目主要分为以新增生产能力为目的的新建项目和以恢复或改善生产能力为目的的更新改造项目两大类。

一般来说,项目投资具有以下特点。

1. 回收时间较长

项目投资决策一经做出,便会在较长时间内影响企业。一般的项目投资都需要几年、十几年甚至几十年才能收回。因此,项目投资对企业的命运有着决定性的影响。这就要求企业在进行项目投资前必须进行认真的可行性研究。

2. 变现能力较差

项目投资一旦完成,其实物形态往往是厂房、机器设备等固定资产。这些资产不易改变用途,出售困难,变现能力差;想改变用途的话,要付出较大代价。因此,项目投资具有不可逆转性。

3. 风险较大

投资项目交付使用后的收益情况,受内部、外部各种因素的制约,这些因素之间的相互关系也是错综复杂的。因此,在投资中无法对未来各因素的发展变化做出完全准确的预测,导致投资风险较大。

4. 资金占用数量相对稳定

项目投资一经完成,在资金占用数量上便保持相对稳定,不像流动资产投资那样经常变动。这是因为,在相关业务量范围内,实际投资项目营运能力的增加,并不需要立即增加项目投资,通过挖掘潜力、提高效率可以使现有投资项目完成增加的业务量。而实际投资项目营运能力的下降,也不可能使已投入的资金减少。

5. 投资数额多

项目投资一般都需要较多的资金,对企业的现金流量和财务状况有很大的影响。企业必须合理安排资金预算,适时筹措资金,尽可能减轻企业的财务压力。

6. 投资的次数相对较少

与流动资产的投资相比,项目投资一般较少发生,特别是大规模的项目投资,一般要几年,甚至几十年才发生一次。

6.1.2 项目投资管理的程序

项目投资决策的程序一般包括以下几个步骤。

1. 投资项目的提出

企业大规模的战略性投资项目由企业的高层领导提出,其方案一般由生产、技术、市场、财务等各方面专家组成的专门小组拟订;而战术性投资项目是由基层或中层人员提出,其方案由主管部门组织人员拟订。

2. 投资项目的评价

投资项目的评价主要涉及这样几项工作:一是把提出的投资项目进行分类,为分析评价做好准备;二是计算有关项目的预计收入和成本,预测投资项目的现金流量;三是运用各种投资评价指标,把各项投资按可行性的顺序进行排队;四是写出评价报告,递呈上级批准。

3. 投资项目的决策

投资项目经过评价后,应送有权批准者审批。投资额较小的项目,有时中层经理就有决策权;投资额较大的项目一般由总经理决策;投资额特别大的项目要由董事会甚至股东大会投票表决。决策结果一般可分为 3 种:一是采纳建议,批准项目;二是拒绝建议,否定项目;三是责令重新调查研究。

4. 投资项目的实施

决定对某项目进行投资后,要积极筹措资金,实施投资。在项目投资实施过程中,要对工程进度、工程质量和成本开支严格加以控制,以保证投资项目保质、保量地如期完成。

5. 投资项目的再评价

投资项目实施过程中,要继续严密注视作为决策依据的信息是否可靠、情况是否变化,如遇重大变化,应对原方案重新审议;必要时,应终止投资。投资项目完成后,最好继续观察评价若干年,检查原预测是否准确、原决策是否正确,以便改进以后预测、决策的程序和方法。

6.2 项目投资现金流量分析

6.2.1 现金流量的概念

所谓现金流量,在项目投资决策中是指一个项目引起的企业现金支出和现金收入增加的数量。企业在进行项目投资的时候,都需要用特定的指标对项目投资的可行性进行分析,而这些指标的计算,都以项目的现金流量为基础。因此,现金流量是评价投资方案是否可行时必须事先计算的一个基础性数据。

6.2.2 现金流量的内容

现金流量包括现金流出量、现金流入量和现金净流量 3 项具体内容。

1. 现金流出量

一个项目的现金流出量是指该项目引起的企业现金支出的增加额。例如,企业如果购置一条生产线,通常会引起以下现金流出。

① 购置生产线的价款。购置生产线的价款,企业有可能分几次支出,也可能一次性支出。

② 企业垫支的流动资金。由于购置了新的生产线,导致企业生产能力扩大,引起对流动资产需求的增加。企业需要追加的流动资金,应列入该项目的现金流出量,这些资金只有在营业终结或出售该生产线时才能收回。

2. 现金流入量

一个项目的现金流入量是指该项目所引起的企业现金收入的增加额。例如,企业如果购置一条生产线,通常会引起以下几种现金流入。

① 营业现金流入。购置生产线扩大了企业的生产能力,使企业销售收入增加。扣除有关的付现成本增量后的余额是该生产线引起的一项现金流入,其计算公式如下。

$$营业现金流入 = 销售收入 - 付现成本 \qquad (6-1)$$

付现成本在这里是指需要每年支付现金的成本。成本中不需要每年支付现金的部分称为非付现成本,主要是折旧费。因此,付现成本可以用成本减折旧来估计,其计算公式如下。

$$付现成本 = 成本 - 折旧 \qquad (6-2)$$

如果从每年现金流动的结果来看,增加的现金流入来自两部分:一部分是利润造成的货币增值;另一部分是以货币形式收回的折旧,其计算公式如下。

$$
\begin{aligned}
营业现金流入 &= 销售收入 - 付现成本 \\
&= 销售收入 - (成本 - 折旧) \\
&= 利润 + 折旧 \qquad (6-3)
\end{aligned}
$$

② 该生产线出售(报废)时的残值收入。资产出售或报废时的残值收入,是由于当初购置该生产线引起的,应当作为投资项目的一项现金流入。

③ 收回的流动资金。该生产线出售(报废)时,企业可以相应增加流动资金,收回的资金可以用于别处,因此应将其作为该项目的一项现金流入。

3. 现金净流量

现金净流量是指一定期间现金流入量和现金流出量的差额。流入量大于流出量时,净流量为正值;反之,净流量为负值。

6.2.3 现金流量的计算

为了正确地评价投资项目的优劣,必须正确地计算现金流量。

例 6-1 某公司准备购入设备扩充生产能力,现有 A、B 两个方案可以选择。其中,A 方案需要投资 10 000 元,使用寿命为 5 年,采用直线法计提折旧,5 年后设备无残值。5 年中,每年的销售收入为 6 000 元,每年的付现成本为 2 000 元。B 方案需要投资 12 000 元,在第一年垫支营运资金 3 000 元,采用直线法计提折旧,使用寿命也是 5 年,5 年后有残值收入 2 000 元。5 年中,每年的销售收入为 8 000 元,付现成本第一年为 3 000 元,此后,随着设备陈旧,将逐年增加维修费 400 元,假设所得税税率为 25%。计算该企业的现金流量。

计算步骤如下。

① 计算两个方案每年的折旧额。

A 方案每年的折旧额 =10 000÷5=2 000(元)

B 方案每年的折旧额 =(12 000-2 000)÷5=2 000(元)

② 计算两个方案的营业现金流量,如表 6.1 和表 6.2 所示。

表6.1　A 方案的营业现金流量

时间 项目	1	2	3	4	5
销售收入	6 000	6 000	6 000	6 000	6 000
付现成本	2 000	2 000	2 000	2 000	2 000
折旧	2 000	2 000	2 000	2 000	2 000
税前净利	2 000	2 000	2 000	2 000	2 000
所得税	500	500	500	500	500
税后净利	1 500	1 500	1 500	1 500	1 500
营业现金流量	3 500	3 500	3 500	3 500	3 500

表6.2　B 方案的营业现金流量

时间 项目	1	2	3	4	5
销售收入	8 000	8 000	8 000	8 000	8 000
付现成本	3 000	3 400	3 800	4 200	4 600
折旧	2 000	2 000	2 000	2 000	2 000
税前净利	3 000	2 600	2 200	1 800	1 400
所得税	750	650	550	450	350
税后净利	2 250	1 950	1 650	1 350	1 050
营业现金流量	4 250	3 950	3 650	3 350	3 050

③ 计算两个方案的现金流量,如表 6.3 所示。

表6.3 投资项目现金流量

A 方案	0	1	2	3	4	5
固定资产投资	−10 000					
营业现金流量		3 500	3 500	3 500	3 500	3 500
现金流量合计	−10 000	3 500	3 500	3 500	3 500	3 500
B 方案	0	1	2	3	4	5
固定资产投资	−12 000					
营运资金垫支	−3 000					
营业现金流量		4 250	3 950	3 650	3 350	3 050
固定资产残值						2 000
营运资金回收						3 000
现金流量合计	−15 000	4 250	3 950	3 650	3 350	8 050

思考

利润与现金流量

利润是按照权责发生制确定的,而现金净流量是根据收付实现制确定的,两者既有联系,又有区别。

利润与现金流量的差异主要表现在以下几个方面。

① 购置固定资产时付出大量现金却不计入成本。

② 将固定资产的价值以折旧形式逐期计入成本时,却不需要付出现金。

③ 计算利润时不考虑垫支的流动资金的数量和回收的时间。

④ 只要销售行为确定,就计算为当期的销售收入,尽管其中有一部分当期没有收到现金。

⑤ 项目寿命终了时,以现金的形式收回的固定资产和垫支的流动资产在计算利润时也得不到反映。

在投资决策中,研究的重点是现金流量,而把利润的研究放在次要地位,其原因如下。

① 采用现金流量有利于科学地考虑时间价值因素。科学的投资决策必须认真考虑资金的时间价值,这就要求在决策时一定要弄清每笔预期收入款项和支出款项的具体时间。因此,在衡量方案优劣时,应根据各投资项目寿命周期内各年的现金流量,按照资金成本,结合资金的时间价值来确定。而利润的计算,并不考虑资金的时间价值。

② 采用现金流量能使投资决策更加符合客观实际。在长期投资决策中,应用现金流量能更科学、更客观地评价投资方案的优劣,而利润则明显地存在不科学、不客观的成分。这主要是利润的计算没有一个统一的标准,在一定程度上要受到存货估价、费用摊派和折旧计提的不同方法的影响。因而,净利的计算比现金流量的计算有更大的主观随意性,作为决策的主要依据不太可靠。此外,利润反映的是某一会计账目中的应计现金流量,而不是实际的现金流量。如果以未实际收到的现金收入作为收益,则具有较大风险,容易高估投资项目的经济效益,存在不科学、不合理的成分。

6.3 项目投资评价一般方法

项目投资评价使用的指标分为两类:一类是非贴现指标,即没有考虑时间价值因素的指标,主要包括回收期、会计收益率等;另一类是贴现指标,即考虑了时间价值因素的指标,主要包括净现值、内含报酬率、现值指数等。根据分析评价指标的类别,项目投资评价分析的方法也被分为非贴现的分析评价方法和贴现的分析评价方法两种。

例 6-2 某公司目前有 A、B 两个投资方案,A 方案的初始投资额为 42 000 元,B 方案的初始投资额为 45 000 元。两个方案的营业现金净流量如表 6.4 所示。在时间轴上表示,如图 6.1 所示。

表 6.4 A 方案、B 方案现金流量

	方案 A	方案 B
初始投资	42 000	45 000
年度	营业现金净流量	
1	14 000	28 000
2	14 000	12 000
3	14 000	10 000
4	14 000	10 000
5	14 000	10 000
平均值	14 000	14 000

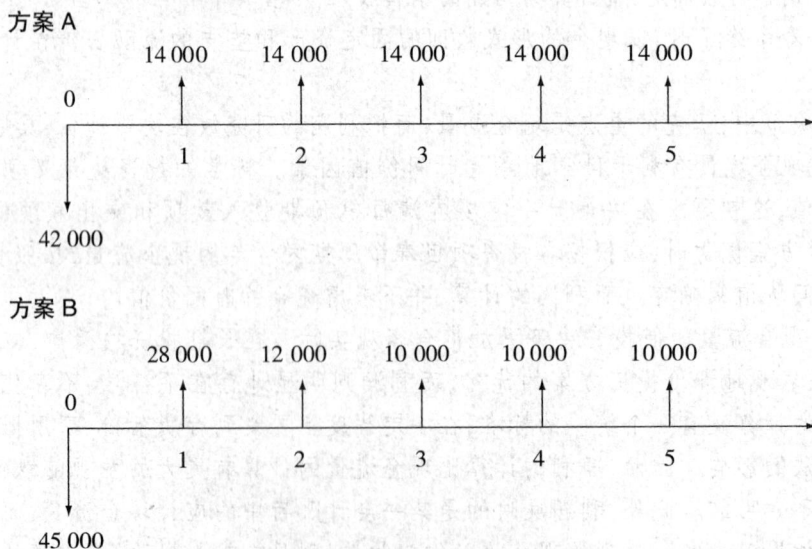

方案 A

```
        14 000   14 000   14 000   14 000   14 000
0          ↑        ↑        ↑        ↑        ↑
   ┌───────┼────────┼────────┼────────┼────────┼──────→
   │       1        2        3        4        5
   ↓
42 000
```

方案 B

```
        28 000   12 000   10 000   10 000   10 000
0          ↑        ↑        ↑        ↑        ↑
   ┌───────┼────────┼────────┼────────┼────────┼──────→
   │       1        2        3        4        5
   ↓
45 000
```

图 6.1 现金流量分析

6.3.1 投资回收期法

回收期是指收回全部投资额所需要的时间。投资回收期越短,投资效益越好,方案为佳;反之,方案为差。

在原始投资一次支出、每年现金净流入量相等时,其计算公式如下。

$$回收期 = 原始投资额 ÷ 每年现金净流入量 \qquad (6-4)$$

承例6-2,方案A即属于这种情况。

回收期(A)=42 000÷14 000=3(年)

方案B中,每年营业现金净流量不等,应先计算各年尚未回收的投资额,如表6.5所示。

表6.5 B方案每年营业现金净流量分析

原始投资	45 000	
年度	营业现金净流量	年末尚未回收的投资额
1	28 000	17 000
2	12 000	5 000
3	10 000	0
4	10 000	0
5	10 000	0

回收期(B)=2+5 000÷10 000=2.5(年)

显然,方案B的回收期较方案A短,B方案为优。

使用回收期法作为投资决策标准时,如果备选方案的回收期大于可接受的最长回收期,那么,应当放弃该方案;反之,可以接受该方案。

回收期法计算简便,并且容易为决策人所正确理解。它的缺点在于不仅忽视了资金的时间价值,而且没有考虑回收期以后的收益。事实上,有战略意义的长期投资,往往早期收益较低,而中后期收益较高。回收期法优先考虑急功近利的项目,可能导致放弃长期成功的方案的做法。

6.3.2 会计收益率法

会计收益率法是非贴现的项目投资分析评价方法之一。该方法通过计算会计收益率,并将结果和要求与投资回报做比较,从而对项目投资做出评价。其计算公式如下。

$$会计收益率 = 年平均净收益 ÷ 平均投资额 × 100\% \qquad (6-5)$$

以例6-2的方案进行计算。假设A、B方案均以直线法提折旧,期末无残值。则两个方案的会计收益率的计算分别如表6.6、表6.7所示。

表6.6 方案A的会计收益率的计算

年 度	1	2	3	4	5
营业现金流量	14 000	14 000	14 000	14 000	14 000
折旧	8 400	8 400	8 400	8 400	8 400
税后净收益	5 600	5 600	5 600	5 600	5 600
年平均净收益	5 600				
平均投资额	21 000				
会计收益率	26. 22%				

说明：① 方案 A 的年折旧额=42 000÷5＝8 400(元)

② 方案 A 初始投资额为 42 000 元,项目终了时账面额度为 0,因此,平均投资额=
(42 000 +0)÷2 =21 000(元)

③ 会计收益率=5 600÷21 000×100%＝26.22%

表6.7 方案B的会计收益率的计算

年 度	1	2	3	4	5
营业现金流量	28 000	12 000	10 000	10 000	10 000
折旧	9 000	9 000	9 000	9 000	9 000
税后净收益	19 000	3 000	1 000	1 000	1 000
年平均净收益	(19 000 + 3 000 + 1 000 + 1 000 + 1 000)÷5 = 5 000				
平均投资额	22 500				
会计收益率	22. 22%				

说明：① 方案 B 的年折旧额=45 000÷5 =9 000(元)

② 方案 B 初始投资额为 45 000 元,项目终了时账面额度为 0,因此,平均投资额=
(45 000 +0)÷2 =22 500(元)

③ 会计收益率=5 000÷22 500×100%＝22.22%

使用会计收益率作为投资决策标准时,如果备选方案的会计收益率高于要求的投资回报率,那么,应当接受该方案;反之,应该放弃该方案。

这种方法计算简便,应用范围很广。在计算年平均净收益时,将投资期限内每一期期末的净收益直接相加,忽略了资金的时间价值,因此,有时会导致做出错误的决策。

6.3.3 净现值法

所谓净现值,是指特定方案未来现金流入的现值与未来现金流出的现值之间的差额。净现值法的基本原理是:将某投资项目投产后的现金流量按照预定的投资报酬率折算到该项目开始建设的当年,以确定折现后的现金流入和现金流出的数值,然后相减。如果现金流入的现值大于现金流出的现值,净现值为正值,表明投资不仅能获得符合预定报酬的期望利益,而且还可以得到以正值差额表示的现值利益,这在经济上是有利的;反之,则表明投资回收水平低于预定报酬率,投资者在经济上是不合算的。

净现值的计算公式如下。

$$NPV = \sum_{t=1}^{n} \frac{A_t}{(1+i)^t} - A_0 \qquad (6-6)$$

式中,NPV——净现值;A_t——第 t 年的现金流入量;i——预定的投资报酬率;n——期间数;A_0——原始投资(现金流出量)。

计算方案的净现值时,一般分这样几步:首先,计算方案每年的营业现金净流量,然后将每年的营业现金净流量折算成现值。如果每年的营业现金净流量相等,则按年金现值系数折成现值;如果每年的营业现金净流量不相等,则先按复利现值系数对每年的营业现金净流量折现,然后加以合计。最后,汇总各年的净现金流量现值,求出投资方案的净现值。

以例 6-2 的方案来进行分析。假设公司预定的投资报酬率为 10%,则方案 A、方案 B 的净现值计算如表 6.8 所示。

表 6.8　方案 A、方案 B 的净现值计算

方案 A			
年营业现金净流量	14 000		
×年金现值系数	3.791		
营业现金净流量现值	53 074		
－初始投资	42 000		
净现值	11 074		

方案 B			
年　　度	现金净流量	复利现值系数	现值
1	28 000	0.909	25 452
2	12 000	0.826	9 912
3	10 000	0.751	7 510
4	10 000	0.683	6 830
5	10 000	0.621	6 210
营业现金净流量现值	55 914		
－初始投资	45 000		
净现值	10 914		

根据净现值来进行投资决策时,应依据的标准为:当只有一个备选方案时,如果净现值大于 0,则采纳;反之,则放弃。如果存在两个或两个以上的方案备选,应选择净现值最大的一个。

计算结果表明,A、B 两个方案净现值都大于 0,两个方案都可以采纳。如果二者只能选其一,那么应当选择方案 A,因为 A 方案的净现值高于 B 方案的净现值。

净现值法考虑了资金的时间价值,考虑了各种投资方案的净收益,是一种较好的投资决策方法。但它的缺点也很明显。首先,净现值是一个绝对数,不能直接反映投资方案的实际收益水平,当各个项目投资额不等时,仅用净现值法不能确定投资项目的优劣。其次,净现金流量的测算和预期投资报酬率的确定比较困难,而其正确性对计算净现值有重要影响。最后,净现值法计算过程烦琐,较难理解和掌握。

6.3.4 内含报酬率法

内含报酬率法是根据方案本身内含报酬率来评价方案优劣的一种方法。所谓内含报酬率,是指能够使未来现金流入量现值等于未来现金流出量现值的贴现率,或者说,是使投资方案净现值为0的贴现率。其计算公式如下。

$$NPV = 0$$

$$\sum_{t=1}^{n} \frac{A_t}{(1+i)^t} = A_0 \tag{6-7}$$

如果方案每年的营业现金净流量相同,内含报酬率可以这样进行计算:

首先,计算年金现值系数,内含报酬率要求净现值为0,即:

$A_t \times$ 年金现值系数 $(P/A,i,n) = A_0$

年金现值系数 $(P/A,i,n) = A_0 \div A_t$

然后,查年金现值系数表,在同一期数内查出最接近的两个临界系数和临界贴现率,用内插法求出该投资方案的内含报酬率。

如果方案每年的营业现金净流量不相同,内含报酬率的计算则要用逐步测试法。首先估计一个贴现率,用它来计算方案的净现值。如果净现值大于0,说明方案本身的报酬率超过估计的贴现率,应提高贴现率后进一步测试;如果净现值小于0,说明方案本身的报酬率低于估计的贴现率,应降低贴现率后进一步测试。经过多次测试,寻找出使净现值接近于0的贴现率,即为方案本身的内含报酬率。

例6-2中,方案A各期营业现金净流量相等,符合年金形式。内含报酬率可以直接利用年金现值系数表来确定,不需要进行逐步测试。

设现金流入的现值与原始投资相等:

每年现金流入量 × 年金现值系数 $(P/A,i,n)$ = 原始投资

$14\,000 \times (P/A,i,5) = 42\,000(元)$

$(P/A,i,5) = 42\,000 \div 14\,000 = 3.000$

查阅年金现值系数表,寻找 $n=5$ 时,系数 3.000 对应的贴现率。查表知,与 3.000 最接近的现值系数是 3.058 和 2.991,对应的利率分别为 19% 和 20%。用内插法确定方案A的内含报酬率为 19.86%。

$$内含报酬率(A) = 19\% + (3.058 - 3.000) \div (3.058 - 2.991) \times (20\% - 19\%)$$
$$= 19\% + 0.86\%$$
$$= 19.86\%$$

在前面的计算中,投资报酬率为 10% 时,方案 B 的净现值大于 0。因此,应提高贴现率进一步测试。分别以贴现率为 19%、21%、22% 进行测算,结果如表 6.9 所示。

表6.9 插值法测算内含报酬率

年 度	现金净流量	测试(19%)		测试(21%)		测试(22%)	
		现值系数	现 值	现值系数	现 值	现值系数	现 值
0	−45 000	1.000	−45 000	1.000	−45 000	1.000	−45 000
1	28 000	0.840	23 520	0.826	23 128	0.820	22 960
2	12 000	0.706	8 472	0.683	8 196	0.672	8 064
3	10 000	0.593	5 930	0.564	5 640	0.551	5 510
4	10 000	0.499	4 990	0.467	4 670	0.451	4 510
5	10 000	0.419	4 190	0.386	3 860	0.370	3 700
净现值			2 102		494		−256

经过以上测算,发现贴现率为 21% 时,净现值大于 0;贴现率为 22% 时,净现值小于 0,说明方案 B 的内含报酬率在 21%~22%。用内插法计算,方案 B 的内含报酬率为 21.66%。

内含报酬率(B)=21%+(494−0)÷[494−(−256)]×(22%−21%)

     =21.66%

运用内含报酬率法进行投资决策,主要是确定一个合适的资金成本。如果内含报酬率大于资金成本,则方案可行;如果内含报酬率小于资金成本,则方案不可行。如果多个方案的内含报酬率均大于资金成本,则选择内含报酬率最高的方案。

从计算结果看,假设公司资金成本为 10%,则 A、B 两个方案均可选择。但方案 B 的内含报酬率高于方案 A,应优先考虑方案 B。

内含报酬率法考虑了资金的时间价值,反映了投资项目的真实报酬率,概念也易于理解。但该方法计算过程比较复杂,特别是每年营业现金净流量不等的投资项目,一般要经过多次测算才能算出。

6.3.5 现值指数法

这种方法以现值指数作为评价方案的指标。所谓现值指数,是未来现金流入现值与现金流出现值的比率。现值指数的计算公式如下。

$$PVI = \left[\sum_{t=1}^{n} \frac{A_t}{(1+i)^t} \right] \div A_0 \qquad (6-8)$$

式中,PVI——净现值指数;A_t——第 t 年的现金流入量;i——预定的投资报酬率;n——期间数;A_0——原始投资(现金流出量)。

例 6−2 中,根据表 6.8 的数据,A、B 两个方案的现值指数计算如下。

现值指数(A)=53 074÷42 000=1.26

现值指数(B)=55 914÷45 000=1.24

根据现值指数来进行投资决策时,标准是:当只有一个备选方案时,如果现值指数大于1,则采纳;反之,则放弃。如果存在两个或两个以上的方案备选,应选择现值指数最大的一个。

计算结果表明,A、B两个方案现值指数都大于1,两个方案都可以采纳。如果二者只能选其一,那么应当选择方案A,因为方案A的现值指数高于方案B。

使用现值指数法进行长期投资决策,既考虑了资金的时间价值,又能真实地反映投资方案的获利水平,有利于在原始投资额不同的方案之间进行对比。

6.4 项目投资评价方法的应用

6.4.1 固定资产更新决策

固定资产更新是对技术上或经济上不宜继续使用的旧资产用新的资产更换,或者用先进的技术对原有设备进行局部改造。如果不考虑经济后果,旧设备总是可以通过维修来延长使用寿命,因此更新决策实际上是继续使用旧设备与购置新设备的选择。

更新决策不同于新建项目的投资决策。一般说来,设备更新不改变企业的生产能力,不增加产品的产销量,不增加企业的现金总流入。更新设备的现金流量主要是购置设备的现金流出。只有现金流出,没有现金流入,就给计算净现值和内含报酬率带来困难。

为了解决这个问题,一种方法是分别计算新旧设备的每年现金流入与流出差额的净现值,选择净现值较大的一个;另一种方法是使用差额分析法,根据新旧设备的每年支出和收入差额,计算净现值。

例 6-3 某公司有一旧设备,使用该设备每年可获收入 1 000 000 元,每年的付现成本为 475 000 元。该设备购于 3 年前,原始成本为 1 500 000 元,使用年限为 5 年。如果现在出售,可获 850 000 元。公司考虑购入新设备,购置成本为 1 000 000 元。使用新设备每年可获收入 1 000 000 元,每年的付现成本为 368 500 元。新设备使用年限为 2 年。新旧设备均用直线法计提折旧,期末残值为 0。假设公司的资金成本为 12%,所得税税率为 30%。问:公司是否应购入新设备?

方法一:首先,计算两种方案每年的营业现金净流量,如表 6.10、表 6.11 所示。

表 6.10 原有设备的营业现金净流量　　　元

项　目	第1年	第2年
销售收入	1 000 000	1 000 000
−付现成本	475 000	475 000
−年折旧额	300 000	300 000
税前净利	225 000	225 000

（续表）

项 目	第1年	第2年
－所得税(30%)	67 500	67 500
税后净利	157 500	157 500
营业现金净流量	457 500	457 500

表6.11 新设备的营业现金净流量 元

项 目	第0年	第1年	第2年
购入成本	1 000 000		
旧设备出售收入	850 000		
销售收入		1 000 000	1 000 000
－付现成本		368 500	368 500
－年折旧额		500 000	500 000
税前净利		131 500	131 500
－所得税(30%)		39 450	39 450
税后净利		92 050	92 050
营业现金净流量	150 000	592 050	592 050

旧设备年折旧额＝1 500 000÷5＝300 000(元)

新设备年折旧额＝1 000 000÷2＝500 000(元)

其次,计算两种方案的净现值。

采用旧设备方案的净现值＝457 500×(P/A,12%,2)

$$=457\ 500×1.690$$

$$=773\ 175(元)$$

采用新设备方案的净现值＝－150 000＋592 050×(P/A,12%,2)

$$=-150\ 000+592\ 050×1.690$$

$$=-150\ 000+1\ 000\ 565$$

$$=850\ 565(元)$$

通过计算,固定资产更新后,可增加净现值77 390元。因此,公司应当购入新设备,进行固定资产更新。

方法二:首先,计算两种方案营业现金净流量差额,如表6.12所示。

表6.12 两方案营业现金净流量差额 元

项 目	新设备	旧设备	差 额	增量现金流
销售收入	1 000 000	1 000 000	0	0
－付现成本	368 500	475 000	106 500	74 550
－年折旧额	500 000	300 000	200 000	60 000
营业现金净流量				134 550

其次,计算更新后的净现值增量。

使用新设备增加的净现值=$-1\,000\,000+850\,000+134\,550\times(P/A,12\%,2)$

$=-1\,000\,000+850\,000+134\,550\times1.690$

$=-1\,000\,000+850\,000+227\,390$

$=77390(元)$

计算结果和使用方法一计算出的结果相同,更新决策可行。

6.4.2 资本限量决策

企业资金是有限的,无法投资于所有可以获利的项目。在资金有限的情况下,投资哪些项目既能符合对资金的要求,又能使企业获得最大的利益,就需要对所有可供选择的项目采用一定的方法,进行有效组合。

1. 净现值法

首先,计算所有项目的净现值;然后,将净现值大于等于0的项目进行组合,计算出各种组合的净现值总额;最后,选择净现值总额最大的组合项目作为资本限量条件下的最佳投资项目。

2. 现值指数法

首先计算所有项目的现值指数;然后,将现值指数大于等于1的项目,根据资本限量进行组合,计算各种组合的加权平均现值指数;最后,选择现值指数最大的一组作为最佳投资项目。

例6-4 某公司资本限量为10 000元,目前有A、B、C、D、E五个项目可供选择,对应的初始投资和项目的净现值如表6.13所示。

表6.13 项目初始投资和净现值数据   元

项 目	初始投资	净现值
A	10 000	2 600
B	4 000	2 000
C	6 000	1 800
D	5 000	900
E	5 000	500

方法一:净现值法。

在资本限量的范围内,所有可能的投资组合净现值如表6.14所示。

表 6.14　投资组合净现值数据　　　　　　　　元

项目组合	总投资额	净现值合计	排　序
A	10 000	2 600	3
B + C	10 000	3 800	1
D + E	10 000	1 400	5
B + D	9 000	2 900	2
B + E	9 000	2 500	4

根据计算结果,应选择 B + C 组合,因为该方案净现值总额最高。

方法二: 现值指数法。

首先,计算出每个单一项目的现值指数。

现值指数(A)= 12 600 ÷ 10 000 = 1.26

现值指数(B)= 6 000 ÷ 4 000 = 1.50

现值指数(C)= 7 800 ÷ 6 000 = 1.30

现值指数(D)= 5 900 ÷ 5 000 = 1.18

现值指数(E)= 5 500 ÷ 5 000 = 1.10

然后,计算各种可能的投资组合的加权平均现值指数。各项目现值指数的权重用它们各自初始投资占总投资额的比重来衡量,多余的资金其现值指数设定为 1.0。

现值指数(B + C)= 4 000 ÷ 10 000 × 1.50 + 6 000 ÷ 10 000 × 1.30
　　　　　　　= 0.60 + 0.78
　　　　　　　= 1.38

现值指数(D + E)= 5 000 ÷ 10 000 × 1.18 + 5 000 ÷ 10 000 × 1.10
　　　　　　　= 0.59 + 0.55
　　　　　　　= 1.14

现值指数(B + D)= 4 000 ÷ 10 000 × 1.50 + 5 000 ÷ 10 000 × 1.18 + 1 000 ÷
　　　　　　　　10 000 × 1.0
　　　　　　　= 0.60 + 0.59 + 0.10
　　　　　　　= 1.29

现值指数(B + E)= 4 000 ÷ 10 000 × 1.50 + 5 000 ÷ 10 000 × 1.10 + 1 000 ÷
　　　　　　　　10 000 × 1.0
　　　　　　　= 0.60 + 0.55 + 0.10
　　　　　　　= 1.25

各项目组合的加权平均现值指数及排序情况如表 6.15 所示。

表6.15　项目组合加权平均现值指数　　元

项目组合	加权平均现值指数	排　　序
A	1.26	3
B + C	1.38	1
D + E	1.14	5
B + D	1.29	2
B + E	1.25	4

根据计算结果,应选择 B + C 项目组合,因为它的加权平均现值指数最高。

本章小结

1. 首先介绍了项目投资的概念。项目投资是一种以特定项目为对象,直接与新建项目或更新改造项目有关的长期投资行为。

2. 重点分析了与项目投资决策有关的现金流量,它是进行项目投资分析的基础。投资评价决策的指标主要有两大类。一类是非贴现指标,包括投资回收期、会计收益率;另一类是贴现指标,包括净现值、内含报酬率、现值指数法。

3. 介绍了项目投资评价方法的应用,主要介绍了固定资产更新决策和资本限量决策。

本章习题

一、单项选择题

在线测试

1. 在存在所得税的情况下,以"利润 + 折旧"估计经营期净现金流量时,"利润"是指(　　)。

    A. 利润总额   B. 净利润

    C. 营业利润   D. 息税前利润

2. 投资项目评价指标中不受建设期长短、投资回收时间先后及现金流量大小影响的评价指标是(　　)。

    A. 投资回收期   B. 投资利润率

    C. 净现值率   D. 内部收益率

3. 不会对投资项目内部收益率指标产生影响的因素是(　　)。

    A. 原始投资   B. 现金流量

    C. 项目计算期   D. 设定折现率

4. 某企业拟进行一项固定资产投资项目决策,设定折现率为12%,有 4 个方案可供选择。其中甲方案的项目计算期为 10 年,净现值为 1 000 万元,$(A/P,12\%,10)=0.177$;乙方案的净现值率为 -15%;丙方案的项目计算期为 11 年,其年等额净回收额为 150 万元;丁方案的内部收益率为 10%。最优的投资方案是(　　)。

    A. 甲方案   B. 乙方案   C. 丙方案   D. 丁方案

5. 已知某投资项目按 14% 折现率计算的净现值大于 0,按 16% 折现率计算的净现值小于 0,则该项目的内部收益率肯定( )。

  A. 大于 14%,小于 16%   B. 小于 14%

  C. 等于 15%   D. 大于 16%

二、多项选择题

1. 采用净现值法评价投资项目的可行性时,所采用的折现率通常有( )。

  A. 投资项目的资金成本率   B. 投资的机会成本率

  C. 行业平均资金收益率   D. 投资项目的内部收益率

2. 完整的工业投资项目的现金流入主要包括( )。

  A. 营业收入   B. 回收固定资产变现净值

  C. 固定资产折旧   D. 回收流动资金

3. 投资项目的现金流出量有( )。

  A. 付现成本 B. 销售费用 C. 管理费用 D. 折旧费

4. 投资决策评价方法中,考虑了资金时间价值因素的有( )。

  A. 净现值法 B. 现值指数法 C. 内含报酬率法 D. 投资回收期法

5. 确定一个投资方案可行的必要条件是( )。

  A. 内含报酬率大于企业资金成本 B. 净现值大于 0

  C. 现值指数大于 1   D. 回收期小于 1 年

三、判断题

1. 资金成本是投资人对投入资金所要求的最低收益率,也可作为判断投资项目是否可行的取舍标准。( )

2. 在进行单一的独立投资方案的财务可行性评价时,使用回收期指标和净现值指标,会得到完全相同的评价结论。( )

3. 对于投资项目而言,在项目建设期只有现金流出,没有现金流入;而在项目经营期只有现金流入,没有现金流出。( )

4. 如果方案 A 的内含报酬率高于方案 B 的内含报酬率,则方案 A 的净现值也一定大于方案 B 的净现值。( )

5. 在不考虑时间价值的前提下,投资回收期越短,投资获利能力越强。( )

四、计算分析题

1. 某企业拟建造一项生产设备,预计建设期为 1 年,所需原始投资 200 万元于建设起点一次性投入。该设备预计使用寿命为 5 年,使用期满报废清理时无残值;该设备折旧方法采用直线法。该设备投产后每年增加净利润 60 万元。假设适用的行业基准折现率为 10%。

要求:

(1) 计算项目计算期每年净现金流量。

(2) 计算项目净现值,并评价其财务可行性。

[附:利率为10%,期限为1的年金现值系数$(P/A,10\%,1)=0.9091$;利率为10%,期限为5的年金现值系数$(P/A,10\%,5)=3.7908$;利率为10%,期限为6的年金现值系数$(P/A,10\%,6)=4.3553$;利率为10%,期限为1的复利现值系数$(P/F,10\%,1)=0.9091$]

2. 已知宏达公司拟于2018年年初用自有资金购置设备一台,需一次性投资100万元。经测算,该设备使用寿命为5年,税法亦允许按5年计提折旧;设备投入运营后每年可新增利润20万元。假定该设备按直线法折旧,预计的净残值率为5%。已知$(P/A,10\%,5)=3.7908$,$(P/F,10\%,5)=0.6209$。不考虑建设安装期和公司所得税。

要求:

(1) 计算使用期内各年净现金流量。

(2) 计算该设备的静态投资回收期。

(3) 计算该投资项目的投资利润率(ROI)。

(4) 如果以10%作为折现率,计算其净现值。

第 7 章

证券投资

学习目标

- 了解证券投资的含义。
- 了解债券投资的目的、风险、优缺点。
- 了解股票投资的有关概念、目的、优缺点。
- 了解证券投资组合的目的、风险与收益。
- 掌握债券、股票的估价方法。

技能目标

学会应用债券、股票的估价模型正确地估算其价值,并做出投资决策。

案例导入

  2013 年 10 月 14 日,诺贝尔经济学奖由三位美国经济学家:尤金·法玛(Eugene F·Fama)、拉尔斯·彼得·汉森(Lars Peter Hansen)和罗伯特·希勒(Robert Shiller)分享总额 800 万瑞典克朗(约合 753 万人民币元)奖金。官方称这是为了表彰他们在资产价格的实证分析上做出的贡献,特别是在金融危机期间资产价值观察分析方面的独特成就。

  法玛被认为是"现代金融之父",主要研究领域是投资组合管理和资产定价。其研究理论享誉经济学界和投资学界。法玛著有两本专著,并发表过 100 多篇学术文章,包括《有效市场假说》《证券溢价》《盈利、投资和平均回报》等。

  金融市场著名的"有效市场假说"就是由法玛在 1970 年首次提出的。1992 年,法玛与肯尼思·弗伦奇共同提出了"法码－弗伦奇三因子模型",对资本资产定价模型进行了改进。模型基于对美国股市历史回报率的实证研究,解释了股票市场的平均回报率受哪些风险溢价因素的影响。

  法玛最主要的贡献是提出了著名的"有效市场假说"(Efficient Market Hypothesis,EMH)。该假说认为,相关的信息如果不受扭曲且在证券价格中得到充分反映,市场就是有效的。有效市场假说的一个最主要的推论就是,任何战胜市场的企图都是徒劳的,因为股票的价格已经充分反映了所有可能的信息,包括所有公开的公共信息和未公开的私人信息,在股票价格对信息的迅速反应下,不可能存在任何高出正常收益的机会。

  汉森的主要贡献是研究出一种统计方法,适用于检测资产定价的合理性。除了在专业的计量经济学方面享有盛名外,他也是一位卓越的宏观经济学家,他的重点研究课题是金融和实体经济的关系。在2008年全球金融危机爆发之后,他逐渐将学术兴趣转向对"系统性风险"评估及其在金融危机中作用的研究。

希勒的主要研究方向是:设计新的经济体制与市场以进行大规模的风险管理和减少收入不均;指数调整和通货膨胀,社会安全,资产评估(包括金融资产和不动产),资产价格的时间序列特性和市场心理等。他以对"资产价格的实证分析"获得2013年诺贝尔经济学奖。希勒认为,市场有时未必有效,投资者的情绪甚至外在气候等因素都能对投资行为产生影响。在美国,乃至其他各国股票市场,都经常出现市场估值水平在几年里先是上涨200%而后又下跌70%的巨幅波动现象。这种现象很难用市场有效假说理论解释,因为很难理解为什么投资者会对同一资产的估值,在这么短的时间里,给出如此不同的判断。

瑞典皇家科学院在颁奖理由中陈述道:"(人们)几乎没有办法去预测几天或几周后的股票与债券市场,但很有可能预见到这些价格在更长时间,如未来3~5年中的走向。这个令人惊讶且看似矛盾的发现,奠定了如今对资产价值的认知的基础——它在一定程度上依赖波动的风险和对待风险的态度,又一定程度上受行为偏差和市场摩擦的影响。"

思考:债券或股票的价格由什么来决定。

7.1 债券投资

证券是指票面载有一定金额,代表财产所有权或债权,可以有偿转让的凭证。将资金用于购买股票、债券等金融资产,被称为证券投资。根据证券投资对象的不同,将证券投资分为债券投资、股票投资和证券投资组合3类。

7.1.1 债券投资的目的

债券投资是指企业将资金投向各种各样的债券,如政府债券、金融债券和企业债券。

政府债券投资是指企业投资于政府债券的行为。政府债券是指中央政府或地方政府为集资而发行的证券,包括公债、国库券等。政府债券与其他债券相比,最大的特点是交易费用少、收益固定、利息免交所得税、信誉高、风险小。

金融债券投资是指投资者投资于金融债券的行为。金融债券是指银行或其他金融机构为筹措资金而向投资者发行的借债凭证。金融债券利率一般略高于同期定期储蓄存款利率,在金融机构的营业点以公开出售的方式发行。

企业债券投资是指企业投资于其他企业债券的行为。企业债券是指企业为了筹措资金而向投资者出具的、承诺在一定时期还本付息的债务凭证。

从投资风险和收益的角度来看,政府债券的风险很小,金融债券次之,企业债券的风险较大,但具体风险程度主要视企业的规模、财务状况和其他情况而定;其收益则刚好相反。

企业进行短期债券投资主要是为了配合企业对资金的需求,调节现金余额,使现金余额达到合理水平。当企业现金余额太多时,便投资于债券,使现金余额降低;反之,则出售原来投资的债券,收回现金,使现金余额提高。企业进行长期债券投资主要是为了获得稳定的收益。

7.1.2 债券投资的风险

债券投资风险是指投资者在债券投资过程中遭受损失或达不到预期收益的可能性。债券投资的风险主要来自于以下几个方面。

① 违约风险。违约风险是指债券发行人无法按期支付利息或偿还本金的风险。一般而言,政府发行的债券违约风险较小,金融机构发行的债券风险次之,企业发行的债券风险较大。

② 利息率风险。利息率风险是指由于利息率的变动引起债券价格波动而使投资者遭受损失的风险。债券的价格随利息率变动而变动。一般而言,银行利率下降,债券价格上升;银行利率上升,债券价格下降。因此,即使没有违约风险的国库券,也会有利息率风险。债券到期时间越长,利息率风险越大。

③ 购买力风险。购买力风险是指由于通货膨胀而使债券到期或出售时所获得的货币资金的购买力降低的风险。在通货膨胀时期,购买力风险对投资者有重要影响。一般而言,预期报酬率会上升的资产,其购买力风险会低于报酬率固定的资产。例如,房地产、普通股等投资受通货膨胀的影响较小,而收益长期固定的债券受其影响较大。

④ 流动性风险。流动性风险是指在投资者想出售债券获取现金时债券不能立即出售的风险。如果能在短期内按市价大量出售的资产,其流动性风险较小;反之,如果一种资产不能在短期内按市价大量出售,则流动性风险较大。例如,购买国库券,几乎可以立即出售,流动性风险较小;如果购买小公司的债券,想立即出售,就比较困难,因而流动性风险较大。

⑤ 期限性风险。期限性风险是指债券期限长而给投资者带来的风险。一项投资,到期日越长,投资者遭受的不确定性因素就越多,承担的风险越大。例如,同一家企业发行的10年期债券要比1年期债券的风险大,这就是债券的期限性风险。

7.1.3 债券投资的收益评价

企业决定是否购买一种债券,要评价其收益和风险。企业的目标是高收益、低风险,一般地,不考虑资金时间价值的各种计算收益的方法,不能作为投资决策的依据。

评价债券收益水平的指标是债券价值和到期收益率。

1. 债券价值的计算

债券作为一种投资,现金流出是其购买价格,现金流入是利息和归还的本金,或者出售时得到的现金。债券未来现金流入的现值,称为债券的价值或债券的内在价值。只有债券的价值大于购买价格时,才值得购买。债券价值是债券投资决策时使用的主要指标之一。

(1)债券估价通用模型

典型的债券是固定利率,每年计算并支付利息,到期归还本金。按照这种模式,债券价值计算的基本公式如下。

$$V = I \cdot \sum_{t=1}^{n} \frac{1}{(1+i)^t} + M \cdot \frac{1}{(1+i)^n} \qquad (7-1)$$
$$= I \cdot (P/A, i, n) + M \cdot (P/F, i, n)$$

式中，V——债券价值；I——每年的利息；M——到期的本金；i——贴现率，一般采用当时的市场利率或投资人要求的最低报酬率；n——债券到期年数。

例 7-1 假设某公司发行债券，面值为 1 000 元，票面利率等于市场利率，为 10%，期限为 4 年，请估算债券的价格。

$V = I \cdot (P/A, i, n) + M \cdot (P/F, i, n)$
$= 1\,000 \times 10\% \times (P/A, 10\%, 4) + 1\,000 \times (P/F, 10\%, 4)$
$= 100 \times 3.170 + 1\,000 \times 0.683$
$= 317.00 + 683.00$
$= 1\,000.00（元）$

估算结果显示，该债券价值与面值相等。

估算债券价值的过程可用图 7.1 表示。

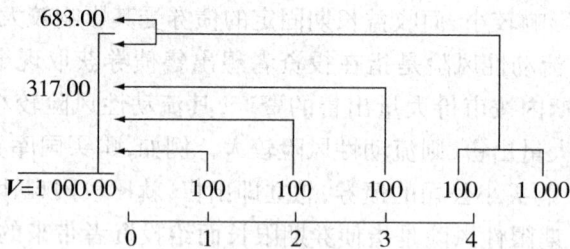

图 7.1 按期付息到期还本债券现金流分析

（2）一次还本付息且不计复利的债券估价模型

我国发行的很多债券属于一次还本付息且不计复利的债券，其价值计算公式如下。

$$V = n \cdot I \cdot (P/F, i, n) + M \cdot (P/F, i, n) \qquad (7-2)$$

例 7-2 假设某公司发行债券，面值为 1 000 元，票面利率等于市场利率，为 10%，期限为 4 年，不计复利，到期后，一次还本付息。请估算债券的价格。

$V = n \cdot I \cdot (P/F, i, n) + M \cdot (P/F, i, n)$
$= 4 \times 1\,000 \times 10\% \times (P/F, 10\%, 4) + 1\,000 \times (P/F, 10\%, 4)$
$= 4 \times 100 \times 0.683 + 1\,000 \times 0.683$
$= 956.2（元）$

估算债券价值的过程可用图 7.2 表示。

683.00

273.20

$V = 956.20$

400　1 000

0　1　2　3　4

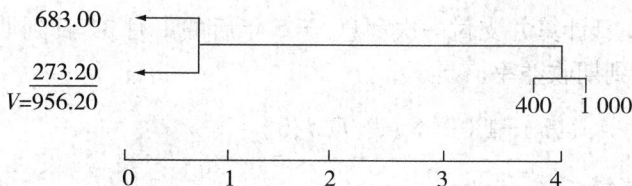

图 7.2　一次还本付息债券现金流分析

2. 折现发行时债券的估价模型

有些债券以折现方式发行,没有票面利率,到期按面值偿还。这些债券价值的计算公式如下。

$$V = M \cdot (P/F, i, n) \tag{7-3}$$

例 7-3　假设某公司发行债券,面值为 1000 元,票面利率等于市场利率,为 10%,期限为 4 年。以折现方式发行,期内不计利息,到期按面值偿还。请估算债券的价格。

$V = M \cdot (P/F, i, n)$
$= 1\,000 \times (P/F, 10\%, 4)$
$= 1\,000 \times 0.683$
$= 683(元)$

估算债券价值的过程可用图 7.3 表示。

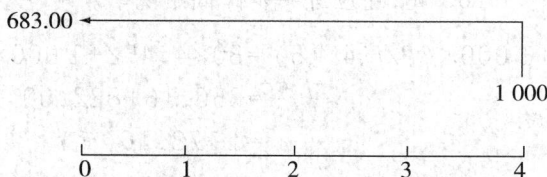

683.00

1 000

0　1　2　3　4

图 7.3　贴现发行债券现金流分析

3. 债券到期收益率的计算

债券的到期收益率是指购进债券后,一直持有该债券至到期日可获取的收益率。这个收益率是指按复利计算的收益率,是使未来现金流入现值等于债券买入价格的贴现率。

计算到期收益率的方法是求解含有贴现率的方程,其计算公式如下。

$$现金流出 = 现金流入$$
$$购进价格 = 每年利息 \times 年金现值系数 + 面值 \times 复利现值系数$$
$$V = I \cdot (P/A, i, n) + M \cdot (P/F, i, n) \tag{7-4}$$

式中,V——债券的价格;I——每年的利息;M——面值;i——贴现率;n——债券到期年数。

例 7-4　甲公司 2018 年 2 月 1 日平价购买一张面额为 1 000 元的债券,其票面利率为8%,每年2月1日计算并支付一次利息,于5年后的1月31日到期。该公司持有该债券至到期日,计算其到期收益率。

$$1\,000=80\times(P/A,i,5)+1\,000\times(P/F,i,5)$$

解该方程要用试误法。

用 $i=8\%$ 试算:

$$80\times(P/A,8\%,5)+1\,000\times(P/F,8\%,5)=80\times3.993+1\,000\times0.681$$
$$=319.44+681.00$$
$$=1\,000.44(元)$$

可见,平价发行的每年付一次息的债券,其到期收益率等于票面利率。

如果债券的价格高于面值,则情况将发生变化。例如,买价是1 105元,则:

$$1\,105=80\times(P/A,i,5)+1\,000\times(P/F,i,5)$$

通过前面的试算已知, $i=8\%$ 时,等式右边为1 000元,小于1 105元。由此可以判断出,现在的收益率应小于8%。

降低贴现率,用 $i=6\%$ 试算:

$$80\times(P/A,6\%,5)+1\,000\times(P/F,6\%,5)=80\times4.212+1\,000\times0.747$$
$$=336.96+747.00$$
$$=1\,083.96(元)$$

由于贴现结果仍小于1 105元,还应进一步降低贴现率。用 $i=4\%$ 试算:

$$80\times(P/A,4\%,5)+1\,000\times(P/F,4\%,5)=80\times4.452+1\,000\times0.822$$
$$=356.16+822.00$$
$$=1\,178.16(元)$$

贴现结果高于1 105元。由此可以判断,收益率高于4%。

用插补法计算近似值:

$$R=4\%+\frac{(1\,178.16-1\,105)}{(1\,178.16-1\,083.96)}\times(6\%-4\%)$$
$$=5.55\%$$

试误法比较麻烦,可用下面的简便算法求得近似结果:

$$R=\frac{I+\dfrac{M-P}{N}}{\dfrac{M+P}{2}}\times100\% \tag{7-5}$$

式中,I——每年的利息;M——到期归还的本金;P——买价;N——年数。

式中的分母是平均的资金占用,分子是每年平均收益。将数据代入:

$$R = \frac{80 + \dfrac{1\,000 - 1\,105}{5}}{\dfrac{1\,000 + 1\,105}{2}} \times 100\%$$

$$= 5.6\%$$

从此例可以看出,如果买价和面值不等,则收益率和票面利率不同。

如果该债券不是定期付息,而是到期时一次还本付息或用其他方式付息,那么,即使平价发行,到期收益率也可能与票面利率不同。

例 7-5　甲公司 2018 年 2 月 1 日平价购买一张面额为 1 000 元的债券,其票面利率为 8%,按单利计息,5 年后的 1 月 31 日到期,一次还本付息。该公司持有该债券至到期日,计算其到期收益率。

$$1\,000 = 1\,000 \times (1 + 5 \times 8\%) \times (P/F, i, 5)$$

$$(P/F, i, 5) = \frac{1\,000}{1\,400} = 0.714$$

查复利现值表,5 年期的现值系数等于 0.714 时,$i = 7\%$。

到期收益率是指导选购债券的标准。它可以反映债券投资的按复利计算的真实收益率。如果高于投资人要求的报酬率,则应买进该债券,否则就放弃。其结论和计算债券的真实价值相同。

7.1.4　债券投资的优缺点

1. 债券投资的优点

① 本金安全性高。与股票相比,债券投资风险比较小。其中,政府发行的债券因有政府财力做后盾,其本金的安全性非常高,通常被视为无风险债券。企业债券的持有者拥有优先索偿权,当发行债券的企业破产时,债券投资者优先于股东分得企业资产,因此,本金损失的可能性较小。

② 收入稳定性强。债券票面一般都标有固定利息率,债券的发行人有按时支付利息的法定义务。因此,在正常情况下,债券投资者都能获得较稳定的收入。

③ 市场流动性好。许多债券都具有较好的流动性,政府及大企业发行的债券一般都可在金融市场上迅速出售,流动性很好。

2. 债券投资的缺点

① 购买力风险较大。债券的面值和利息率在发行时就已确定,如果投资期间的通货膨胀率比较高,则本金和利息的购买力将不同程度地受到侵蚀。在通货膨胀率非常高时,投资者虽然名义上有收益,但实际上却有损失。

② 没有经营管理权。投资于债券只是获得收益的一种手段,无权对债券发行单位施以

影响和控制。

7.2 股票投资

7.2.1 股票投资的有关概念

1. 股票的定义

股票是股份公司发给股东的所有权凭证,是股东借以取得股利的一种有价证券。股票持有者即为该公司的股东,对该公司的财产有要求权。

股票可以按不同的方法和标准分类:按股东所享有的权力,可分为普通股和优先股;按票面是否标明持有者姓名,分为记名股票和无记名股票;按股票票面是否记明入股金额,分为有面值股票和无面值股票;按能否向股份公司赎回自己的财产,分为可赎回股票和不可赎回股票。按照我国现行的《公司法》,目前各公司发行的都是不可赎回的、记名的、有面值的普通股票,只有少量公司在过去按当时的规定发行过优先股票。因此,这里只讨论普通股的投资问题。

2. 股票的价值

购入股票可在预期的未来获得现金流入。股票的未来现金流入包括两部分:每期预期股利和出售时得到的价格收入。

股票的价值是指其预期的未来现金流入的现值。有时为了和股票的市价相区别,把股票的预期未来现金流入的现值称为股票的内在价值。它是股票的真实价值,也叫理论价值。

3. 股票价格

股票本身是没有价值的,仅是一种凭证。它之所以有价格,可以买卖,是因为它能给持有人定期带来收益。一般地,公司第一次发行时,要规定发行总额和每股金额,一旦股票发行后上市买卖,股票价格就与原来的面值分离。这时的价格主要由预期股利和当时的市场利率决定,即股利的资本化价值决定了股票价格。此外,股票价格还受整个经济环境变化和投资者心理等复杂因素的影响。

股票的价格会随着经济形势和公司的经营状况而升降,总的、长期的趋势是上升。

4. 股利

股利是股息和红利的总称。股利是公司从其税后利润中分配给股东的,是公司对股东投资的一种报酬。股利是股东所有权在分配上的体现。股份公司的分配问题主要是股利分配。

5. 股利的预期报酬率

评价股票价值使用的报酬率是预期的、未来的报酬率,而不是过去的实际报酬率。股票的预期报酬率包括两部分:预期股利收益率和预期资本利得收益率。股票的预期报酬率的计算公式如下。

$$股票的预期报酬率 = 预期股利收益率 + 预期资本利得收益率 \qquad (7-6)$$

例 7-6 小王以 P_0 的价格购入甲公司股票。第一年,他获得的股利分红为 D_1。在第一年年末,小王打算以 P_1 的价格将股票出售。问:该股票预期报酬率是多少?

第一年预期股利收益率＝第一年预期股利÷股票价格

$$= D_1 \div P_0$$

第一年预期资本利得收益率＝买卖差价÷股票购入价格

$$= (P_1 - P_0) \div P_0$$

股票的预期报酬率为:

$$R = \frac{D_1}{P_0} + \frac{P_1 - P_0}{P_0} = \frac{D_1 + (P_1 - P_0)}{P_0}$$

只有股票的预期报酬率高于投资人要求的最低报酬率,投资人才肯投资。最低报酬率是该投资的机会成本,即用于其他投资机会可获得的报酬率,通常可用市场利率来计量。

在以后的计算中,用 R_s 代表股票最低的或必要的报酬率。

7.2.2 股票投资的目的

企业进行股票投资的目的主要有两种:一是获利,即作为一般的证券投资,获取股利收入及股票买卖差价;二是控股,即利用购买某一企业的大量股票达到控制该企业的目的。在第一种情况下,企业仅将某种股票作为它证券组合的一个组成部分,不应冒险将大量资金投资于某一企业的股票上。而在第二种情况下,企业应集中资金投资于被控企业的股票上,这时企业考虑更多的不应是目前利益——股票投资收益的高低,而应是长远利益——占有多少股权才能达到控制被投资企业的目的。

7.2.3 股票价值的评估

股票评价的主要方法是计算其价值,然后与股票的市价比较,视情况决定买入、卖出或继续持有。

股票带给持有者的现金流入包括两部分:股利收入和出售时的资本利得。股票的内在价值由一系列的股利和将来出售股票时售价的现值所构成。

1. 短期持有、未来准备出售的股票估价模型

在这种情况下,股票估价的计算公式如下。

$$P_0 = \sum_{t=1}^{n} \frac{D_t}{(1+R_s)^t} + \frac{P_n}{(1+R_s)^n} \qquad (7-7)$$

式中,D_t——t 年的股利;R_s—— 贴现率,即必要收益率;t——年份。

2. 长期持有的股票估价通用模型

如果股东永远持有股票,他只获得股利,是一个永续的现金流入。这个现金流入的现值就是股票的价值,其计算公式如下。

$$P_0 = \sum_{t=1}^{\infty} \frac{D_t}{(1+R_s)^t} \qquad (7-8)$$

公式(7-8)是股票评价的一般模式。它在实际应用时,面临的主要问题是如何预计未来每年的股利及如何确定贴现率。

股利的多少取决于每股盈利和股利支付率两个因素。对其估计的方法是历史资料的统计分析,如回归分析、时间序列的趋势分析等。股票评价的基本模型要求无限期地预计历年的股利(D_t),这实际上不可能做到。因此,应用的模型都是各种简化办法,如每年股利相同或固定比率增长等。

贴现率的主要作用是把所有未来不同时间的现金流入折算为现在的价值。折算现值的比率应当是投资者所要求的收益率。投资者要求的收益率如何确定呢? 一种方法是根据股票历史上长期的平均收益率来确定,但是过去的情况不一定符合将来的发展。另一种方法是参照债券的收益率,加上一定的风险报酬率来确定。更常见的一种方法是直接使用市场利率。因为投资者要求的收益率一般不低于市场利率,市场利率是投资于股票的机会成本,所以市场利率可以作为贴现率。

(1) 长期持有、股利稳定不变的股票估价模型

假设未来股利不变,其支付过程是一个永续年金,则股票价值的计算公式如下。

$$P_0 = \frac{D}{R_s} \qquad (7-9)$$

例 7-7 环球公司每年每股固定分配股利 2 元,投资者要求的最低报酬率为 10%,请估算该股票的内在价值。

$$P_0 = \frac{D}{R_s} = \frac{2}{10\%} = 20(元)$$

这表示,该股票每年给投资者带来 2 元的收益,在市场利率为 10% 的条件下,它相当于 20 元资本的收益,所以其价值是 20 元。当然,市场上股票的价格不一定就是 20 元,还要看投资人对风险的态度,可能高于或低于 20 元。

(2) 长期持有、股利固定增长的股票估价模型

企业的股利不应当是固定不变的,而应当是不断成长的。假定一种股票目前每股股利为 D_0,预计今后将按固定比率 g 稳定增长,则第 t 年的股利的计算公式如下。

$$D_t = D_0(1+g)^t \qquad (7-10)$$

将其代入通用模型,则:

$$P_0 = \sum_{t=1}^{n} \frac{D_0(1+g)^t}{(1+R_s)^t} \qquad (7-11)$$

当 g 固定不变时,可简化为:

$$P_0 = \frac{D_0(1+g)}{R_s - g} = \frac{D_1}{R_s - g} \qquad (7-12)$$

例 7-8 环球公司今年分配股利 2 元,股利年增长率稳定为 12%。投资者要求的最低报酬率为 16%,请估算该股票的内在价值。

$$P_0 = \frac{D_0(1+g)}{R_s - g} = \frac{2\times(1+12\%)}{0.16-0.12} = 56 \text{(元)}$$

(3) 长期持有、股利非固定增长的股票估价模型

在现实生活中,有的公司股利是不固定的。例如,在一段时间内高速成长,在另一段时间内正常固定成长或固定不变。在这种情况下,要分段计算才能确定股票的价值。

例 7-9 小王持有大华公司的股票,预计在未来的 3 年时间里,大华公司的股利将以每年 5% 的速度增长,此后增长率下降为 2%,稳定增长。小王要求的投资回报率为 10%。公司当前支付的股利为每股 3 元。计算该股票的内在价值。

首先,计算非固定增长期的股利现值。计算过程如表 7.1 所示。

表 7.1 非固定增长各期股利现值

年 份	第 t 年的股利(D_t)	现值系数(10%)	资金现值(PVD_t)
1	$3 \times 1.05 = 3.15$	0.909	2.863
2	$3.15 \times 1.05 = 3.308$	0.826	2.732
3	$3.308 \times 1.05 = 3.473$	0.751	2.608
	合计(3 年股利的现值)		8.203

其次,计算第三年年底的普通股内在价值:

$$P_3 = \frac{D_4}{R_s - g} = \frac{D_3(1+g)}{R_s - g} = \frac{3.473\times(1+2\%)}{0.10-0.02} = 44.28 \text{(元)}$$

贴现,求现值:

$$PVP_3 = 44.28 \times (P/F, 0.10, 3) = 44.28 \times 0.751 = 33.25 \text{(元)}$$

最后,计算股票目前的内在价值:

$$P_0 = 8.203 + 33.25 = 41.453 \text{(元)}$$

值得注意的是:在这里讨论的预期股价和报酬率,往往和后来的实际发展有很大差别。

因为使用的数据都是预计的,不可能十分准确,而且影响股市价格的某些因素,如未来的利率变化、整个股市兴衰等,在计算时都被忽略了。但是,并不能因此而否定预测和分析的必要性和有用性。要根据股票价值的差别来决策,预测的误差影响绝对值,往往不影响其优先次序。被忽略的不可预见因素通常影响所有股票,而不是个别股票,对选择决策的正确性往往影响较小。

7.2.4 股票投资的优缺点

股票投资是一种最具挑战性的投资,其收益和风险都比较高。

1. 股票投资的优点

① 投资收益高。普通股票的价格虽然变动频繁,但从长期看,优质股票的价格总是上涨的居多,只要选择得当,都能取得优厚的投资收益。

② 购买力风险低。普通股的股利不固定,在通货膨胀率比较高时,由于物价普遍上涨,股份公司盈利普遍增加,股利的支付也随之增加。因此,与固定收益证券相比,普通股能有效地降低购买力风险。

③ 拥有经营控制权。普通股股东属股份公司的所有者,有权监督和控制企业的生产经营情况,因此,欲控制一家企业,最好是收购这家企业的股票。

2. 股票投资的缺点

股票投资的主要缺点是风险大。

① 求偿权居后。普通股对企业资产和盈利的求偿权均居于最后。企业破产时,股东原来的投资可能得不到全额补偿,甚至一无所有。

② 价格不稳定。普通股的价格受众多因素的影响,很不稳定。政治因素、经济因素、投资人心理因素、企业的盈利情况、风险情况等都会影响股票价格,也使得股票投资具有较高的风险。

③ 收入不稳定。普通股股利的多少,视企业经营状况和财务状况而定,其有无、多寡均无法律上的保证,其收入风险也远远高于固定收益证券。

7.3 证券投资组合

7.3.1 证券投资组合的目的

证券投资组合是指在进行证券投资时,不是将所有的资金都投向单一的某种证券,而是有选择地投向一组证券。这种同时投资多种证券的做法就叫证券的投资组合。证券投资组合对分散和降低投资风险具有重要的作用。一些国家的法律规定,银行、保险公司、各类共同基金、信托公司等其他金融机构都必须将其投资分散,以形成多角化的投资组合,达到分散风险的目的。证券投资组合是证券投资的重要武器。它可以帮助投资者捕捉投资机会,降低投资风险。

7.3.2 证券投资组合的风险

证券投资组合的风险可以分为两种性质完全不同的风险:可分散风险和不可分散风险。

1. 可分散风险

可分散风险,又叫非系统性风险或公司特别风险,是指发行证券的公司因经营上的各种原因而导致证券价格下跌从而给投资者造成损失的可能性。例如,某家公司卷入法律纠纷、公司经营不善导致亏损等。该风险的大小只对该公司的证券价格发生影响,因此,也被称为公司特别风险。这种风险可以通过分散投资于多种证券来规避,当其中某些证券价格下跌时,另一些证券价格可能上升,从而将风险抵消。

证券投资组合以后,风险能够被分散的程度,主要取决于不同证券之间的相关程度。相关是指这样一个概念:当两个数列同方向变动时,称这两个数列正相关;反之,则称这两个数列负相关。数列之间的相关程度用相关系数 r 来衡量,它的取值在 $+1 \sim -1$。完全正相关的数列的相关系数为 $+1$;完全负相关的数列的相关系数为 -1。设有 A、B 两个数列,如果它们之间完全正相关,其变动趋势将如图 7.4a 所示;如果它们之间完全负相关,则其变动趋势将如图 7.4b 所示。

图7.4 证券投资组合相关性与投资报酬关系

例 7-10 假设 A、B 两种股票构成一证券投资组合,每种股票在证券组合中各占 50%。如果 A 和 B 完全负相关,组合的风险被抵消,如表7.2 所示;如果 A 和 B 完全正相关,组合的风险不减少也不扩大,如表7.3 所示。

表7.2　负相关股票组合报酬率

年　度	A股票的报酬率	B股票的报酬率	AB组合的报酬率
2014	40%	−10%	15%
2015	−10%	40%	15%
2016	35%	−5%	15%
2017	−5%	35%	15%
2018	15%	15%	15%
平均数	15%	15%	15%
标准离差	22.6%	22.6%	0%

表7.3　正相关股票组合报酬率

年　度	A股票的报酬率	B股票的报酬率	AB组合的报酬率
2014	40%	40%	40%
2015	−10%	−10%	−10%
2016	35%	35%	35%
2017	−5%	−5%	−5%
2018	15%	15%	15%
平均数	15%	15%	15%
标准离差	22.6%	22.6%	22.6%

由表中数据可以看出,当投资组合中单个项目报酬完全负相关时,这些项目的组合可以使其总体风险趋近于0,即可以分散全部的风险。它们之间负相关程度越小,其组合产生的风险分散效应也越小。当投资组合中单个项目预期报酬存在着完全正相关时,这些项目的组合不会产生任何风险分散效应。它们之间正相关程度越小,其组合产生的风险分散效应越大。

现实的证券市场中,两种证券之间从来不可能达到完全的正相关。平均而言,任意抽取两种股票,其相关系数 r 一般在 +0.5 至 +0.7,即部分正相关。在这种情况下,把两种股票组合成证券组合能在不降低投资者期望收益率的条件下,减少投资风险,但不能消除全部风险。不过,只要股票的种类足够多,即可分散掉几乎所有的可分散风险。

2. 不可分散风险

不可分散风险,又称为系统性风险或市场风险,是指由于某些因素给市场上所有的证券都带来经济损失的可能性。例如,宏观经济状况的变化、国家税法的变化、国家财政政策和货币政策的变化、世界能源状况的改变,以及战争等不可抗力的影响都会使证券预期收益率发生变化。这些风险将影响到所有的证券,因此,不能通过证券组合分散掉。

不可分散风险的程度通常用 β 系数来计量。作为整体的证券市场的 β 系数等于1,

如果某种股票的风险情况与整个证券市场的风险情况一致,则这种股票的 β 系数等于1;如果某种股票的风险大于整个证券市场的风险,则这种股票的 β 系数大于1;如果某种股票的风险小于整个证券市场的风险,则这种股票的 β 系数小于1。投资组合的 β 系数是单一证券 β 系数的加权平均数,权数为各种证券在投资组合中所占的比重,其计算公式如下。

$$\beta_p = \sum_{t=1}^{n} X_i \beta_i \qquad (7-13)$$

式中, β_p ——证券组合的 β 系数; X_i ——证券组合中第 i 种股票的比重; β_i ——第 i 种股票的 β 系数; n ——证券组合中股票的数量。

证券投资的总风险可用图 7.5 表示。

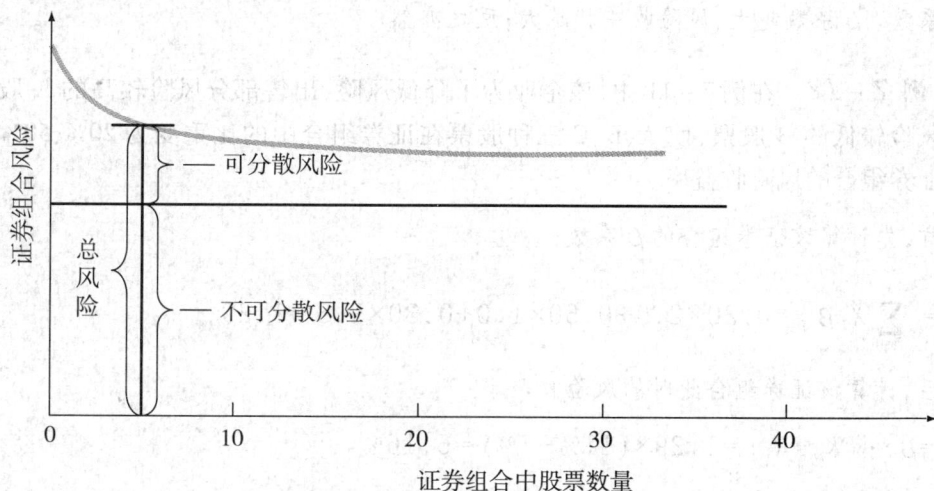

图 7.5　投资组合对风险的影响

7.3.3　证券投资组合的风险收益

投资者进行证券组合投资与进行单项投资一样,都要求对承担的风险进行补偿。股票的风险越大,要求的收益就越高。但是,与单项投资不同,证券组合投资要求补偿的风险只是不可分散风险,而不要求对可分散风险进行补偿。如果有可分散风险的补偿存在,善于科学地进行投资组合的投资者将购买这部分股票,并抬高其价格,其最后的收益率也只反映不可分散的风险。因此,证券组合的风险收益是投资者因承受不可分散风险而要求的、超过资金时间价值的那部分额外收益,其计算公式如下。

$$R_p = \beta_p \cdot (K_m - R_f) \qquad (7-14)$$

式中, R_p ——证券组合的风险收益率; β_p ——证券组合的 β 系数; K_m ——所有股票的平均收益率,简称市场收益率; R_f ——无风险收益率,一般用政府公债的利息率来衡量。

例 7-11　某企业准备投资于由 A、B、C 三种股票构成的投资组合,经测算,它们

的 β 系数分别为 2.0、1.0 和 1.3。A、B、C 三种股票在组合投资中所占的比重分别为 50%、30%、20%。股票市场的平均收益率为 11%,无风险收益率为 7%。计算该证券组合的风险收益率。

首先,计算该证券组合的 β 系数:

$$\beta_p = \sum_{i=1}^{3} X_i \beta_i = 0.50 \times 2.0 + 0.30 \times 1.0 + 0.20 \times 1.3 = 1.56$$

然后,计算该证券组合的风险收益率:

$$R_p = \beta_p \cdot (K_m - R_f) = 1.56 \times (11\% - 7\%) = 6.24\%$$

从以上计算可以看出,在其他因素不变的情况下,风险收益率的大小主要取决于证券组合的 β 系数。β 系数越大,风险收益就越大;反之亦然。

例 7 - 12 在例 7 - 11 中,该企业为了降低风险,出售部分风险较高的 A 股票,购入部分风险较低的 B 股票,使 A、B、C 三种股票在证券组合中的比重变为 20%、50%、30%。计算该证券组合的风险收益率。

同样,先计算该证券组合的 β 系数:

$$\beta_p = \sum_{i=1}^{3} X_i \beta_i = 0.20 \times 2.0 + 0.50 \times 1.0 + 0.30 \times 1.3 = 1.29$$

然后,计算该证券组合此时的风险收益率:

$$R_p = \beta_p \cdot (K_m - R_f) = 1.29 \times (11\% - 7\%) = 5.16\%$$

由此可见,调整各种证券在证券组合中的比重,可改变证券组合的风险及风险收益率。

7.3.4 资本资产定价模型和证券市场线

1. 资本资产定价模型

在财务管理中,有许多模型论述风险与报酬率之间的关系,其中最重要的一个模型就是资本资产定价模型。该模型用公式表示如下。

$$K_i = R_f + \beta_i \cdot (K_m - R_f) \tag{7-15}$$

式中,K_i——第 i 种股票的预期收益率;R_f——无风险收益率;K_m——所有股票的平均收益率,简称市场收益率;β_i——第 i 种股票的 β 系数。

该模型可分为两部分:第一部分是无风险收益率 R_f;第二部分是风险收益率,即 $\beta_i \cdot (K_m - R_f)$。其中,$(K_m - R_f)$ 被称为市场风险收益率,代表投资者如果购入证券市场上所有的证券其所要求的风险补偿。

例 7 - 13　小王计划购入俞华公司的股票,该股票的 β 系数为 1.5。当前股票市场平均收益率为 11%,无风险收益率为 7%。计算该股票的预期收益率。

$$K_i = R_f + \beta_i \cdot (K_m - R_f) = 7\% + 1.5 \times (11\% - 7\%) = 7\% + 6\% = 13\%$$

该股票的预期收益率为 13%。

2. 证券市场线

资本资产定价模型可以用图表示,该图被称为证券市场线。它形象地表明了某种证券或某种证券组合的预期收益率与不可分散风险 β 系数之间的关系。例 7 - 13 的证券市场线如图 7.6 所示。

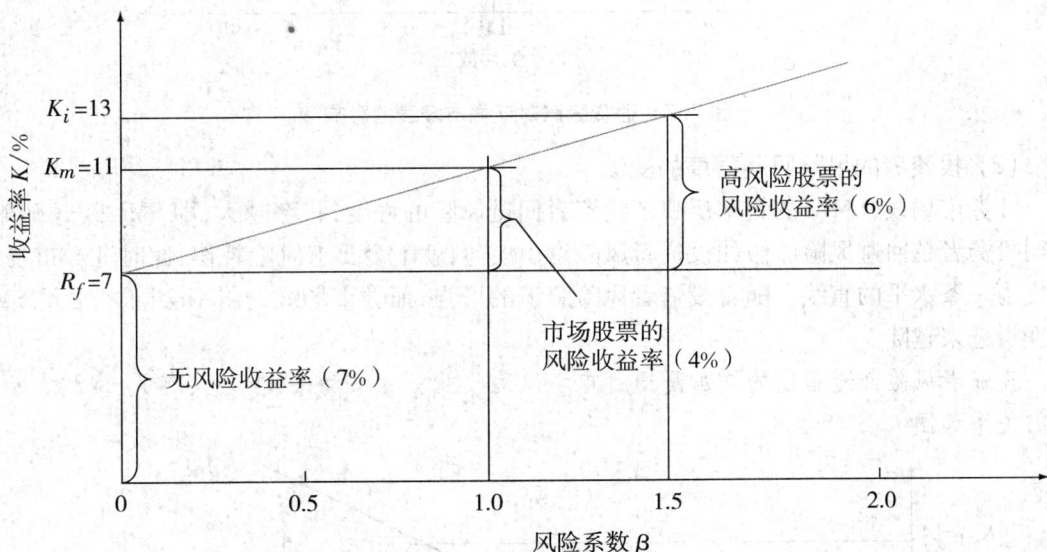

图 7.6　证券收益率与 β 系数的关系

由图 7.6 可以看出,无风险收益率为 7%。随着 β 系数的增大,股票的投资风险也在增大,风险收益率和预期收益率也随之增加。当 $\beta=1$ 时,风险收益率为 4%,这也是市场股票的平均收益率;当 $\beta=1.5$ 时,风险收益率增长为 6%。也就是说,β 系数越大,要求的风险收益率就越高,在无风险收益率不变的情况下,预期收益率也就越高。

引起证券市场线变化的因素主要有两个:通货膨胀率和投资者的风险回避程度。

（1）通货膨胀率的变动

证券预期收益率由无风险收益率和风险收益率两个部分构成。其中,无风险收益率又由以下两个部分构成:无通货膨胀下的实际收益率和预期通货膨胀率。因此,$R_f = K_0 + I_P$。在纯利率既定的情况下,无风险收益率随通货膨胀率的增长而相应增加。

例 7 - 13 通货膨胀率上升引起的证券市场线的变动如图 7.7 所示。

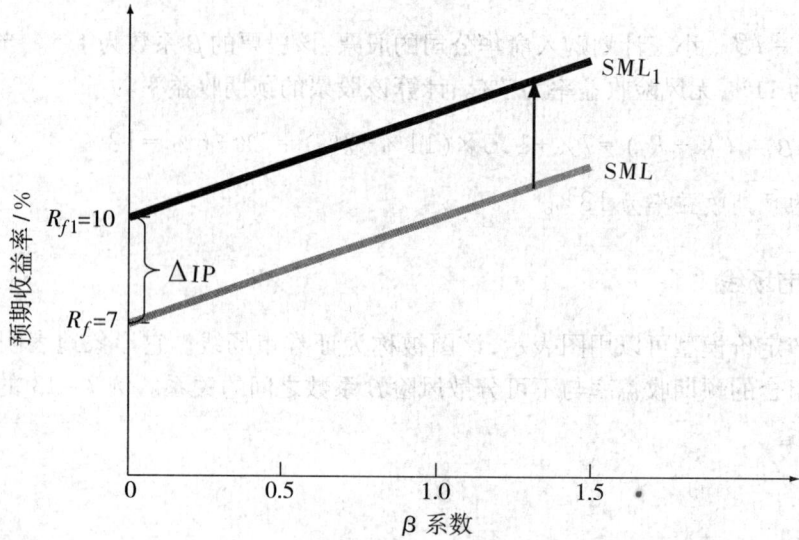

图 7.7　通货膨胀对证券市场线的影响

（2）投资者的风险回避程度的变动

证券市场线（SML）的斜率反映了投资者回避风险的程度,斜率越大,即 SML 线越陡峭,说明投资者越回避风险。假如投资者风险意识淡薄,就不会要求风险补偿,此时证券市场线会变为一条水平的直线。随着投资者风险意识的增强,证券市场线的斜率会随之加大,SML 线变得越来越陡。

投资者风险回避程度的增加是通过市场风险收益率的增加来表示的,例 7 - 13 二者之间的关系如图 7.8 所示。

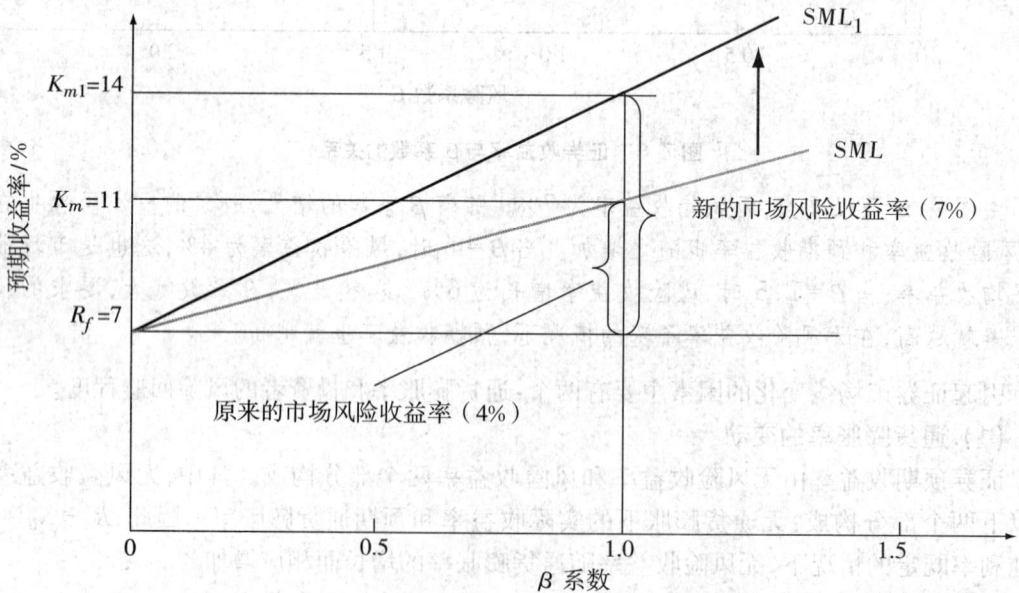

图 7.8　投资者风险回避程度对证券市场线的影响

7.3.5　证券投资组合的策略与方法

1. 证券投资组合的策略

在证券组合理论的发展过程中,形成了不同的组合策略,现简要介绍以下几种。

（1）保守型策略

这种策略认为,最佳证券投资组合策略是要尽量模拟市场现状,将尽可能多的证券包括进来,以便分散掉全部可分散风险,得到与市场所有证券的平均收益相同的收益。这是一种最简单的策略,实际应用时,无须进行特定组合,只要选够足够品种的证券即可。只要证券投资组合的数量达到充分多时,便可分散掉大部分可分散风险。1976 年,美国先锋基金公司创造的指数信托基金便是这一策略的最典型代表。这种基金投资于标准·普尔股票指数中所包含的全部 500 种股票,其投资比例与 500 家企业价值比重相同。这种投资组合有以下好处:能分散掉全部可分散风险;不需要高深的证券投资的专业知识;证券投资的管理费用比较低。但这种投资组合获得的收益不会高于证券市场上所有证券的平均收益。因此,这种策略属于收益不高、风险不大的策略,被称为保守型策略。

（2）冒险型策略

这种策略认为,与市场完全一样的组合不是最佳组合,只要投资组合做得好,就能超越市场,取得远远高于市场平均水平的收益。在这种组合中,一些成长型的股票比较多,而那些低风险、低收益的证券不多。另外,其组合的随意性强,变动频繁。采用这种策略的人都认为,收益就在眼前,何必苦守死等。这种策略收益高、风险大,因此,被称为冒险型策略。

（3）适中型策略

这种策略认为,证券的价格,特别是股票的价格,是由特定企业的经营业绩来决定的。市场上股票价格的一时沉浮并不重要,只要企业经营业绩好,股票一定会升到其本来的价值水平。采用这种策略的人,一般都善于对证券进行分析,如行业分析、企业业绩分析、财务分析等。通过分析,选择高质量的股票和债券,组成投资组合。适中型策略如果做得好,可获得较高收益,而又不会承担太大的风险。但进行这种组合投资的人必须具备丰富的投资经验,拥有进行证券投资的各种专业知识。这种投资策略风险不太大,收益却比较高,所以是一种最常见的投资组合策略。各种金融机构、投资基金和企事业单位在进行证券投资时一般都采用这种策略。

2. 证券投资组合的方法

进行证券投资组合的方法很多,最常见的方法有以下几种。

（1）选择足够数量的证券进行组合

这是一种最简单的证券投资组合方法。采用这种方法时,不是进行有目的的组合,而是随机选择证券,随着证券数量的增加,可分散风险会逐步降低。当数量足够多时,大部分可分散风险都能分散掉。根据投资专家的估计,在美国纽约证券市场上,随机购买 40 种股票,其大多数可分散风险都能分散掉。为了有效地分散风险,每个投资者所拥有的股票的数量最好不少于14种。我国股票种类还不太多,同时投资于10种股票,就能达到分散风险的目的。

(2)把风险大、风险中等、风险小的证券放在一起进行组合

这种组合方法又称为1/3法,是指把全部资金的1/3投资于风险大的证券;1/3投资于风险中等的证券;1/3投资于风险小的证券。一般而言,风险大的证券对经济形势的变化比较敏感,当经济处于繁荣时期,风险大的证券获得高额收益;当经济衰退时,却会遭受巨额损失。相反,风险小的证券对经济形势的变化不十分敏感,一般都能获得稳定收益,而不会遭受损失。因此,这种1/3投资组合法是一种进可攻、退可守的组合法,虽不会获得太高的收益,但也不会承担巨大风险,是一种常见的组合方法。

(3)把投资收益呈负相关的证券放在一起进行组合

一种股票的收益上升而另一种股票的收益下降的两种股票,称为负相关股票。把收益呈负相关的股票组合在一起,能有效地分散风险。例如,某企业同时持有一家汽车制造公司的股票和一家石油公司的股票,当石油价格大幅度上升时,这两种股票便呈负相关。因为油价上涨,石油公司的收益会增加,但油价的上升会影响汽车的销量,使汽车公司的收益降低。只要选择得当,这样的组合对降低风险具有十分重要的意义。

本章小结

本章主要介绍了证券投资的目的、特点,以及债券投资、股票投资的相关知识。

证券是指票面载有一定金额,代表财产所有权或债权,可以有偿转让的凭证。将资金用于购买股票、债券等金融资产,被称为证券投资。根据证券投资对象的不同,将证券投资分为债券投资、股票投资和证券组合投资3类。

债券投资风险较小,收益固定,不参与企业的盈利分配。股票投资风险较大,收益不固定,参与企业管理和盈利分配。本章介绍了债券、股票价值的估算、证券投资组合的风险和收益的计算,以及证券投资组合的策略和方法。

本章习题

一、单项选择题

在线测试

1. 对证券持有人而言,证券发行人无法按期支付债券利息或偿付本金的风险是( )。

    A. 流动性风险   B. 系统风险

    C. 违约风险   D. 购买力风险

2. 如某投资组合收益由完全负相关的两只股票构成,则( )。

    A. 该组合的非系统性风险能完全抵消

    B. 该组合的风险收益为0

    C. 该组合的投资收益大于其中任一股票的收益

    D. 该组合的投资收益标准差大于其中任一股票收益的标准差

3. 能够更好地避免证券投资购买力风险的证券是( )。

　　A. 普通股　　　　　　　　　　　　B. 优先股

　　C. 公司债券　　　　　　　　　　　D. 国库券

4. (　　　)引起的风险,投资者可以通过证券投资组合予以消减。

　　A. 宏观经济状况变化　　　　　　　B. 世界能源状况变化

　　C. 发生经济危机　　　　　　　　　D. 被投资企业出现经营失误

5. 如果某股票的 β 系数等于 1,则下列表述正确的是(　　　)。

　　A. 该股票的市场风险大于整个市场股票的风险

　　B. 该股票的市场风险小于整个市场股票的风险

　　C. 该股票的市场风险等于整个市场股票的风险

　　D. 该股票的市场风险与整个市场股票的风险无关

二、多项选择题

1. 与股票投资相比,债券投资的主要缺点有(　　　　　)。

　　A. 购买力风险大　　　　　　　　　B. 流动性风险大

　　C. 没有经营管理权　　　　　　　　D. 投资收益不稳定

2. 按照资本资产定价模型,确定特定股票必要收益率所考虑的因素有(　　　　)。

　　A. 无风险收益率　　　　　　　　　B. 公司股票的特有风险

　　C. 特定股票的 β 系数　　　　　　D. 所有股票的年均收益率

3. 有关证券投资风险的表述正确的有(　　　　)。

　　A. 证券投资组合的风险有公司特别风险和市场风险两种

　　B. 公司特别风险是不可分散风险

　　C. 股票的市场风险不能通过证券投资组合加以消除

　　D. 当投资组合中股票的种类特别多时,非系统性风险几乎可全部分散掉

4. 与股票投资相比,债券投资的优点有(　　　　)。

　　A. 本金安全性好　　　　　　　　　B. 投资收益率高

　　C. 购买力风险低　　　　　　　　　D. 收入稳定性强

5. 股票投资的收益包括(　　　　)。

　　A. 现价与原价的价差　　　　　　　B. 股利收益

　　C. 利息收益　　　　　　　　　　　D. 出售收入

三、判断题

1. 两种完全正相关的股票组成的证券组合,不能抵消任何风险。　　　　　　　(　　)

2. 债券投资收益率通常不及股票高,但具有较强的稳定性,投资风险较小。　　(　　)

3. 某种股票的面值越大,其内在价值就越大。　　　　　　　　　　　　　　　(　　)

4. 就风险而言,从大到小的排列顺序为:公司证券、金融证券、政府证券。　　(　　)

5. 系统风险可以通过证券投资组合来适当消减。　　　　　　　　　　　　　　(　　)

四、计算分析题

1. 甲企业计划利用一笔长期资金投资购买股票,现有 M 公司股票和 N 公司股票可供选

择,甲企业只准备投资一家公司股票。已知 M 公司股票现行市场价为每股 9 元,上年每股股利为 0.15 元,预计以后每年以 6% 的增长率增长。N 公司股票现行市价为每股 7 元,上年每股股利为 0.60 元,股利分配政策将一贯坚持固定股利政策,甲企业所要求的投资必要报酬率为 8%。

要求:

(1) 利用股票估价模型分别计算 M 公司、N 公司的股票价值。

(2) 代甲企业做出股票投资决策。

2. A 企业于 2018 年 1 月 5 日以每张 1 020 元的价格购买 B 企业发行的利随本清的企业债券。该债券的面值为 1 000 元,期限为 3 年,票面年利率为 10%,不计复利。购买时市场年利率为 8%,不考虑所得税。

要求:

(1) 利用债券估价模型评价 A 企业购买此债券是否合算。

(2) 如果 A 企业于 2019 年 1 月 5 日将该债券以 1 130 元的市价出售,计算该债券的投资收益率。

3. 甲公司持有 A、B、C 三种股票,在由上述股票组成的证券投资组合中,各股票所占的比重分别为 50%、30% 和 20%,其 β 系数分别为 2.0、1.0 和 0.5,市场收益率为 15%,无风险收益率为 10%。

A 股票当前每股市价为 12 元,刚收到上年度派发的每股 1.2 元的现金股利,预计股利以后每年将增长 8%。

要求:

(1) 计算以下指标。

① 甲公司证券组合的 β 系数。

② 甲公司证券组合的风险收益率(R_p)。

③ 甲公司证券组合的必要投资收益率(K)。

④ 投资 A 股票的必要投资收益率。

(2) 利用股票估价模型分析当前出售 A 股票是否对甲公司有利。

第8章
利润分配管理

学习目标
- 了解利润分配的概念。
- 了解利润分配的内容以及利润分配的原则。
- 了解利润分配的一般程序、方式及股利的种类。
- 掌握股利分配政策类型及影响股利分配的因素。

技能要求
- 能够制定并选择企业的股利政策。
- 能够确定企业股利支付的方式。

案例导入

三江公司 2017 年的税后净利润为 6 000 万元,资本结构为:债权资本 40%,股权资本 60%。该资本结构也是 2018 年的目标资本结构。2018 年该公司有一个可行投资项目需要资金 5 000 万元,公司决定从税后利润中拿出资金来解决投资项目资金问题。

思考:

(1)该公司采用的是何种股利政策,该股利政策有何利弊。

(2)简述股利分配政策常用的类型并说明各种分配政策的适用范围。

(3)该公司投资项目资金 5 000 万元应如何筹集。

8.1 利润分配管理概述

利润分配指企业按照国家财经法规和企业章程,对所实现的净利润在国家、企业与投资者之间以及利润分配各项目之间进行分配。

利润分配是企业财务管理的一项重要内容。一方面,利润分配是企业与企业所有者及其他各方之间利益关系的集中表现,涉及国家、企业、投资者、职工等多方面的利益关系。另一方面,利润分配对企业来说,既是分配过程,又是筹资过程。企业利润分配政策与方案会受到企业发展规划及筹资计划的影响,同时也会影响企业的筹资和投资决策,影响到企业长远利益与近期利益、整体利益与局部利益等关系的处理和协调,所以必须慎重对待。

8.1.1 利润分配的基本原则

企业利润分配必须遵守国家财经法规,兼顾国家、投资者和企业各方面的利益,尊重企业的自主权,加强企业的经济责任,使利润分配机制发挥利益激励与约束功能,以及对再生产的调节功能,充分调动各方面的积极性,促使企业经济效益的不断提高和企业的长期发展。利润分配应遵循以下基本原则。

1. 依法分配原则

企业的利润分配必须依法进行,这是正确处理各方面利益关系的关键。在利润分配前,首先要依法及时、足额地缴纳所得税,企业只有在缴纳所得税后才能按规定的程序进行利润分配。为规范企业的利润分配行为,国家制定和颁布了若干法规,如《公司法》《企业财务通则》等。这些法规规定了企业利润分配的基本要求、一般程序和重要比例,企业应严格执行,不得违反。

2. 兼顾各方利益原则

企业的税后利润全部归投资者所有,这既是企业的基本制度,也是企业所有者投资于企业的根本动力之所在。企业的利润离不开全体职工的辛勤劳动,职工作为利润的直接创造者,除了获得工资、奖金等劳动报酬外,还要以适当方式参与净利润的分配,如企业要提取公益金,用于职工集体福利的购建开支;企业还要提取公积金,用于企业后续发展的资金保证。

由此可见,企业进行利润分配时,必须兼顾企业所有者、经营者和职工的利益,调动各方面的积极性。应统筹安排,既要满足维护投资者的合法权益,也要保障职工的切身利益,同时还要考虑企业自身发展的需要。

3. 分配与积累并重原则

企业进行利润分配时,应正确处理长远利益和近期利益的辩证关系,将两者有机地结合起来。既要考虑企业的长远利益,也要考虑职工的近期利益,坚持分配与积累并重。考虑未来发展需要,增加企业后劲,企业除按规定提取法定盈余金外,可适当留存一部分利润作为积累。这部分留存收益虽暂时未予分配,但仍为企业所有者所有。而且,这部分积累不仅为企业扩大再生产筹措了资金,同时也增强了企业抵抗风险的能力,提高了企业经营的安全系数和稳定性,也有利于增加对所有者的回报。

4. 投资与收益对等原则

企业分配利润应当体现"谁投资谁受益"的原则,受益大小与投资比例相适应,即投资与受益对等原则,这是正确处理与投资者关系的关键。投资者因其投资行为而享有收益权,并要求同其投资比例相适应。这就要求企业在向投资者分配利益时,应本着平等一致的原则,按照各方投入资本的多少来分配,决不允许发生任何一方随意多分多占的现象。只有这样,才能从根本上保护投资者的利益,鼓励投资者投资。

例 8-1　新新公司 2018 年与利润分配有关的资料:当年实现税前利润 1 000 万元,所得税税率为 25%;本年利润分配前可抵税亏损累积额为 500 万元;公司法定公益金提取比例为 10%;向投资者分配比例为可向投资者分配利的 100%。

要求:判断该公司利润分配是否符合要求。

分析:新新公司向投资者分配比例为可向投资者分配利润的 100%,违背了企业利润分配的基本原则,即:兼顾各方利益原则;分配与积累并重原则。

8.1.2　利润分配的内容

1. 企业亏损的弥补

企业的营业收入减去营业成本、费用、税金,再减去财务费用、管理费用,加上投资净收益,加上(或减去)营业外收支净额以后,如果计算的结果小于 0,即利润总额为负数,则企业为亏损。出现亏损以后,企业应认真分析原因,采取切实有效的措施,对症下药,尽快扭亏为盈。

企业经营中发生的亏损应当弥补。按我国财务和税务制度的规定,企业年度亏损,可以由下一年度的税前利润弥补;下一年度税前利润尚不足以弥补的,可以由以后年度的利润继续弥补,但用税前利润弥补以前年度亏损的连续期限最多不得超过 5 年。

税前利润未能弥补的亏损,只能由企业税后利润弥补。税后弥补亏损的资金,一是企业的未分配利润,即先用可向股东分红的资金弥补亏损,在累计亏损未得到弥补前,企业是不能、也不应当分配股利的;税后利润弥补亏损的另一资金是公积金,可以用提存的盈余公积金弥补亏损。企业未清算前,注册资本和资本公积金是不能用于弥补亏损的。

2. 盈余公积金

盈余公积金是企业从税后利润中提取的积累资金,是企业用于防范和抵御风险、补充资本的重要资金来源。公积金从性质上属于企业所有者的权益。盈余公积金包括法定盈余公积金和任意盈余公积金两种。任意盈余公积金是企业为了满足经营管理的需要,在计提法定盈余公积金和公益金以后,按照企业章程或股东会议决议提取的公积金,股份有限公司的任意盈余公积金应在支付优先股股利之后提取,其提取比例或金额由股东会议确定。企业提取的公积金主要可以用于以下两个方面。

(1) 用于弥补企业的亏损

企业以前年度的亏损按税法规定不能用税前利润弥补时,可用税后利润弥补,也可用公积金来弥补。在弥补完亏损以后,如果当年利润及以前年度累计未分配利润不够分配股利时,经股东会议决定也可以用公积金向股东支付股利,但其支付金额不得超过股票面值的 6%,并且支付股利后企业法定盈余公积金不能低于企业注册资本的 25%。

(2) 用于增加企业注册资本

企业的公积金经股东大会特别决议通过后,也可以用于增加企业的注册资本,但增加注册资本之后,法定盈余公积金不得低于企业注册资本的25%。

3. 公益金

公益金是企业在税后利润中计提的用于企业职工集体福利的资金。企业的公益金应该在提取法定盈余公积金以后、支付优先股股利以前计提,其提取比例或金额一般按照税后利润扣除弥补以前年度亏损后的5%～10%来提取。

企业公益金的性质也属于所有者权益,但是它不能用于弥补亏损和增加注册资本,而只能用于购置或建造企业职工宿舍、食堂、浴室、医务室等。购置或建造后形成的资产仍为企业所有,职工对这些设备或设施只有使用权而没有所有权,这和从成本或费用中计提的职工福利费是有一定区别的。职工福利费在计提后形成企业的负债,减少企业的净资产,全部职工福利费最终都要用于职工。

4. 向投资者分配利润

企业向投资者分配利润,又称分配红利,是利润分配的主要阶段。企业在弥补亏损、提取盈余公积金和公益金以后才能向投资者分配利润。在通常情况下,企业当年如无利润,就不能进行利润的分配。但如前所述,企业在亏损弥补后仍可以动用一部分公积金分配红利。分配红利的数量应根据企业的盈利状况确定,一般由企业董事会提出方案,股东会议表决通过。股份有限公司发行在外的股票一般包括优先股和普通股,优先股与普通股在分配股利的顺序上是不一样的,优先股先于普通股取得固定股利率的股利。

8.1.3 利润分配的顺序

按照我国《公司法》等法律、法规的规定,企业当年实现的利润总额,应当按照国家的有关规定做相应的调整后,依法缴纳所得税,然后按规定进行分配。

1. 非股份制企业的利润分配程序

① 弥补被没收的财务损失,支付各项税收的滞纳金和罚款。

② 弥补以前年度亏损,该亏损是指超过用所得税前的利润抵补亏损的法定期限后仍未补足的亏损。

③ 提取法定盈余公积金。

④ 提取法定盈余公益金。

⑤ 向投资者分配利润。净利润扣除上述项目后,加上以前年度的未分配利润,即为可供投资者分配的利润。

2. 股份制企业的利润分配程序

股份制企业是商品经济发展到一定阶段的产物。在市场经济体制下,股份制企业是我国建立现代企业制度的一种重要形式。与非股份制企业相比,股份制企业在资金筹集、运行机制、管理方式和利润分配等各方面都具有鲜明的特点,其利润分配程序如下。

① 弥补被没收的财务损失,支付各项税收的滞纳金和罚款。

② 弥补以前年度亏损。该亏损是指超过用所得税前的利润抵补亏损的法定期限后仍未补足的亏损。

③ 提取法定盈余公积金。

④ 提取法定公益金。

⑤ 支付优先股股利。

⑥ 提取任意盈余公积金。

⑦ 支付普通股股利。

股份有限公司利润分配顺序的特点是明确任意盈余公积金的提取顺序,即在分配优先股股利之后,在分配普通股股利之前;向投资者分配利润的顺序是先向优先股股东分配利润,然后向普通股股东分配利润。

8.2　股利分配政策

8.2.1　股利分配政策的影响因素

股利分配政策是指企业管理层对与股利有关的事项所采取的方针策略。影响股利分配政策的因素主要有以下几种。

1. 法律约束因素

为了保护债权人和股东的利益,《公司法》等有关法规对公司的股利分配有一系列的限制。

(1) 资本保全约束

我国法律规定,各种资本公积准备不能转增股本,已实现的资本公积只能转增股本,不能分派现金股利;各种盈余公积主要用于弥补亏损和转增股本,一般情况下,不得用于向投资者分配利润或现金股利。也就是说,公司发放的股利或投资分红不得来源于企业的原始资本(或股本),而只能来源于公司的当期利润或以前各期的留存收益。这样做是为了保全公司的股东权益资本,以维护债权人的利益。资本保全是企业财务管理应遵循的一项重要原则。

(2) 资本积累约束

它要求股份有限公司在分配股利之前,应当按法定的程序先提取各种公积金,其目的是增强企业抵御风险的能力,维护债权人和股东的利益。我国有关法律法规明确规定,股份有限公司应按税后利润扣除弥补以前年度亏损后的 10% 提取法定盈余公积金,并且鼓励企业在分配普通股股利之前提取任意盈余公积金,只有当公积金累计数额已达到注册资本的50% 时,才可不再提取。

(3) 企业利润约束

按照有关规定,只有在企业以前年度的亏损全部弥补完以后,还有剩余利润,才能用于分配股利。在具体的分配政策上,贯彻"无利不分"的原则,即当企业出现年度亏损时,一般不得分配利润,即使出于维护公司形象的考虑,使用以前年度的留存收益分派股利,也必须是先弥补完亏损后进行。

(4)偿债能力约束

偿债能力是指企业按时足额偿付各种到期债务的能力。公司在分派股利时,必须保持充分的偿债能力。公司分配股利不能只看利润表上的净利润的数额,还必须考虑到公司的现金是否充足。只有当公司支付现金股利后不影响公司偿还债务和正常经营时,公司才能发放一定数额的现金股利。

2. 公司自身因素

企业资金的灵活周转是企业生产经营得以正常进行的必要条件。就企业的生产经营需要来讲,也存在一些影响股利分配的因素。

(1)资产流动性

在股利决策中,资产的流动性是应该考虑的一个重要方面。由于股利代表现金流出,企业的现金状况和资产流动性越好,其支付股利的能力就越强。高速成长中的营利性企业,其资产可能缺乏流动性,因为它们的大部分资金投资在固定资产和永久性流动资产上了。这类高速成长的营利性企业,由于其资产的流动性差,其管理者为了保持财务灵活性,一般不愿意为了支付大额股利而危及企业的安全。

(2)举债能力

举债能力涉及两个方面。一方面,企业自身的举债能力会影响到企业股利的分配。不同的企业在资本市场上的举债能力会有一定的差异。举债能力较强的公司,在缺乏资金时,能够较容易地在资本市场上筹集到资金,故可以采取比较宽松的股利政策;如果举债能力较差,就应当采取比较紧缩的股利政策,少发放现金股利,留有较多的公积金。另一方面,债权人对公司股利分配有一定的限制。债权人对外放债时,出于保护自身债权的安全性和收益性,会对债务公司的股利发放和投资分红有所限制。

(3)未来投资机会

企业的未来投资机会也是影响股利分配的一个非常重要的因素。在企业有良好的投资机会时,企业就应当考虑将较大比例的盈利留存下来用于企业再投资,尽量少发放现金股利,这样可以加速企业的发展,增加企业未来的收益。这种股利分配政策往往也易于为股东所接受。相反,在企业没有良好的投资机会时,往往倾向于多发放现金股利。

(4)资金成本

资金成本是企业选择筹资方式的基本依据。留存利润是企业内部筹资的一种重要方式,与发行新股或举借债务相比,具有筹资费用低、隐蔽性好的优点。合理的股利政策实际上是要解决分配与留存的比例关系,以及如何合理、有效地利用留存利润的问题。如果企业一方面大量发放现金股利,另一方面又要通过资本市场筹集较高成本的资金,这无疑是有悖于财务管理的基本原则。因此,在制定股利政策时,应当充分考虑到企业对资金的需求及企业的资金成本等问题。

(5)偿债需要

具有较高债务偿还需要的企业,可以通过举借新债、发行新股筹集偿债需要的资金,也可以用保留盈余偿还债务。如果举借新债的资本成本高或受其他限制而难以进入资本市场时，企业也应当减少现金股利的支付。

3. 股东因素

股利分配政策必须经过股东大会决议通过才能实施，股东对公司股利分配政策具有举足轻重的影响。一般地，影响股利政策的股东因素主要有以下几个方面。

（1）股东的稳定收入

有的股东依赖于公司发放的现金股利维持生活，如一些退休者，他们往往要求公司能够定期地支付稳定的现金股利，反对公司留利过多。还有些股东认为留存利润可能使股票价格上升所带来的收益具有较大的不确定性，还是取得现实的股利比较稳妥，可以规避风险，因此，这些股东也倾向于多分配股利。

（2）担心控制权的稀释

有的大股东持股比例较高，对公司拥有一定的控制权，他们出于对公司控制权可能被稀释的担心，往往倾向于公司少分配现金股利，多留存利润。如果公司发放了大量的现金股利，就可能会造成未来经营资金的紧缺，这样就不得不通过资本市场来筹集资金。如果通过举借新的债务筹集资金，就会增加企业的财务风险；如果通过发行新股筹集资金，虽然公司的老股东有优先认股权，但必须要拿得出一笔数额可观的资金，否则其持股比例就会降低，其对公司的控制权就有被稀释的危险。因此，他们宁愿少分现金股利也不愿看到自己的控制权被稀释，当他们拿不出足够的现金认购新股时，就会对分配现金股利的方案投反对票。

（3）规避所得税

按照税法规定，政府对企业征收企业所得税以后，还要对股东分得的股息、红利征收个人所得税。因此，高收入阶层的股东为了避税往往反对公司发放过多的现金股利；而低收入阶层的股东因个人税负较轻，可能会欢迎公司多分红利。按照我国税法规定，股东从公司分得的股息和红利应按 20% 的比例税率缴纳个人所得税，而对股票交易所得目前还没有开征个人所得税。因而，对股东来说，股票价格上涨获得的收益比分得股息、红利更具吸引力。

4. 其他因素

影响股利政策的其他因素主要包括不属于法律规范的债务合同约束、政府对机构投资者的投资限制，以及因通货膨胀带来的企业对重置实物资产的特殊考虑等。

（1）债务合同约束

企业的债务合同，特别是长期债务合同，往往有限制企业现金股利支付的条款，这使得企业只能采取低股利政策。

（2）机构投资者的投资限制

机构投资者包括养老基金、储蓄银行、信托基金、保险企业和其他一些机构。政府对机构投资者所能进行的投资限制往往与股利，特别是稳定股利的支付有关。某一企业如果想更多地吸引机构投资者，一般采用较高且稳定的股利支付政策。

（3）重置实物资产的考虑

在通货膨胀的情况下，企业固定资产折旧的购买力水平下降，会导致没有足够的资金来源重置固定资产。这时较多的留存盈余就会当作弥补固定资产折旧购买力水平下降的资金来源。因此,在通货膨胀时期,企业股利政策往往偏紧。

8.2.2 股利分配政策的种类

股利分配政策由企业在不违反国家有关法律、法规的前提下,根据本企业具体情况制定。股利分配政策既要保持相对稳定,又要符合公司财务目标和发展目标。在实际工作中,通常有以下几种可供选择。

1. 剩余股利政策

剩余股利政策是指公司在有良好的投资机会时,根据目标资本结构,测算出投资所需的权益资本额,先从盈余中留用,然后将剩余的盈余作为股利来分配。即净利润首先满足公司的资金需求,如果还有剩余,就派发股利;如果没有,则不派发股利。剩余股利政策的理论依据是在完全理想状态下的资本市场中,公司的股利政策与普通股每股市价无关,故股利政策只需随着公司投资、融资方案的制订而自然确定。因此,采用剩余股利政策时,公司要遵循以下4个步骤。

1)设定目标资本结构,在此资本结构下,公司的加权平均资本成本将达到最低水平。

2)确定公司的最佳资本预算,并根据公司的目标资本结构预计资金需求中所需增加的权益资本数额。

3)最大限度地使用留存收益来满足资金需求中所需增加的权益资本数额。

4)留存收益在满足公司权益资本增加需求后,如果还有剩余再用来发放股利。

例 8-2 某公司 2017 年的税后净利润为 600 万元,2018 年年初,公司讨论决定股利分配的数额。目前的资本结构为:债务资本占 40%,权益资本占 60%。该资本结构也是其下一年度的目标资本结构(即最佳资本结构)。假设该公司 2018 年有一个很好的投资项目,需要投资 800 万元,该公司采用剩余股利政策。试问该公司 2017 年度可分配的股利是多少?

分析:

根据公司目标资本结构的要求,需要筹集 480(800×60%)万元的权益资金和 320(800×40%)万元的债务资金来满足投资的需要。这样,公司将净利润的 480 万元作为留存利润,然后,通过举债筹集 320 万元资金,共 800 万元用于该新项目的投资;税后利润600 万元减去留存利润 480 万元,余下 120 万元的净利润可用于分配股利。

从例 8-2 可以看出,该公司通过剩余股利政策保持了企业的最佳资本结构,此时公司的综合资金成本最低。但另一方面,剩余股利政策使得公司的股利支付忽高忽低,给投资者造成公司发展不稳定的感觉。

剩余股利政策的优点是:留存收益优先保证再投资的需要,有助于降低再投资的资金成本,保持最佳的资本结构,实现企业价值的长期最大化。其缺陷是:如果完全遵照执行这一政策,股利发放额就会每年随着投资机会和盈利水平的波动而波动。在盈利水平不变的前提下,股利发放额与投资机会的多少呈反方向变动;而在投资机会维持不变的情况下,股利发放额将与公司盈利呈同方向波动。剩余股利政策不利于投资者安排收入与支出,也不利于公司树立良好的形象,一般适用于公司初创阶段。

2. 固定或稳定增长的股利政策

固定或稳定增长的股利政策是指公司将每年派发的股利额固定在某一特定水平或是在此基础上维持某一固定比率而逐年稳定增长。公司只有在确信未来盈余不会发生逆转时才会宣布实施固定或稳定增长的股利政策。在这一政策下,应首先确定股利分配额,而且该分配额一般不随资金需求的波动而波动。

固定或稳定增长股利政策的优点是:由于股利政策本身的信息含量,稳定的股利向市场传递着公司正常发展的信息,有利于树立公司的良好形象,增强投资者对公司的信心,稳定股票的价格;稳定的股利额有助于投资者安排股利收入和支出,有利于吸引那些打算进行长期投资并对股利有很高依赖性的股东;稳定的股利政策可能会不符合剩余股利理论,但考虑到股票市场会受多种因素的影响(包括股东的心理状态和其他要求),为了将股利维持在稳定的水平上,即使推迟某些投资方案或暂时偏离目标资本结构,也可能比降低股利或股利增长率更为有利。

固定或稳定增长股利政策的缺点是:股利的支付与企业的盈利相脱节,即不论公司营利多少,均要支付固定的或按固定比率增长的股利,这可能会导致企业资金紧缺,财务状况恶化。此外,在企业无利可分的情况下,如果依然实施固定或稳定增长的股利政策,也是违反《公司法》的行为。

因此,采用固定或稳定增长的股利政策,要求公司对未来的盈利和支付能力能做出准确的判断。一般地,公司确定的固定股利额不宜太高,以免陷入无力支付的被动局面。固定或稳定增长的股利政策通常适用于经营比较稳定或正处于成长期的企业,且很难被长期采用。

3. 固定股利支付率政策

固定股利支付率政策是指公司将每年净利润的某一固定百分比作为股利分配给股东。这一百分比通常被称为股利支付率。股利支付率一经确定,一般不得随意变更。在这一股利政策下,只要公司的税后利润一经计算确定,所派发的股利也就相应地确定了。固定股利支付率越高,公司留存的净利润越少。

例8-3 天泽公司 2017 年实现净利润为 980 万元,发放的现金股利为 392 万元,该公司 2018 年实现净利润 1 000 万元,求 2017 年的股利支付率及 2018 年应发放的现金股利。

2017 年的股利支付率为:

$$\frac{392}{980} \times 100\% = 40\%$$

2018 年应发放的现金股利为:

$$1\ 000 \times 40\% = 400(万元)$$

固定股利支付率的优点是:采用固定股利支付率政策,股利与公司盈余紧密配合,体现了"多盈多分、少盈少分、无盈不分"的股利分配原则;由于公司的获利能力在年度间是经常变动的,所以每年的股利也应当随着公司收益的变动而变动。采用这一政策,公司每年按固定的比例从税后利润中支付现金股利,从企业的支付能力的角度看,这是一种稳定的股利政策。

固定股利支付率的缺点是:大多数公司每年的收益很难保持稳定不变,导致年度间的股利额波动较大,由于股利的信号传递作用,波动的股利很容易给投资者带来经营状况不稳定、投资风险较大的不良印象,成为公司的不利因素;容易使公司面临较大的财务压力,因为公司实现的盈利多,并不能代表公司有足够的现金流用来支付较多的股利额;合适的固定股利支付率的确定难度比较大。

由于公司每年面临的投资机会、筹资渠道都不同,而这些都可以影响到公司的股利分配,所以,一成不变地奉行固定股利支付率政策的公司在实际中并不多见。固定股利支付率政策只是比较适用于那些处于稳定发展且财务状况也较稳定的公司。

4. 低正常股利加额外股利政策

低正常股利加额外股利政策是指公司事先设定一个较低的正常股利额,每年除了按正常股利额向股东发放股利外,还在公司盈余较多、资金较为充裕的年份向股东发放额外股利。但是,额外股利并不固定化,不意味着公司永久地提高了股利支付率。

例8-4 华新公司的总股本为1 200万股,确定的固定股利为每股0.2元。由于该公司2018年的经营状况比较理想,每股额外增加0.1元的股利,因此,该公司2018年的每股股利为0.3元。该公司2018年发放的现金股利为:

1 200×0.3=360(万元)

低正常股利加额外股利政策的优点是:赋予公司较大的灵活性,使公司在股利发放上留有余地,并具有较大的财务弹性。公司可根据每年的具体情况,选择不同的股利发放水平,以稳定和提高股价,进而实现公司价值的最大化;使那些依靠股利度日的股东每年至少可以得到虽然较低但比较稳定的股利收入,从而吸引住这部分股东。

低正常股利加额外股利政策的缺点是:由于年份之间公司盈利的波动使得额外股利不断变化,造成分配的股利不同,容易给投资者收益不稳定的感觉;当公司在较长时间持续发放额外股利后,可能会被股东误认为是"正常股利",一旦取消,可能会使股东认为这是公司财务状况恶化的表现,进而导致股价下跌。

相对来说,对那些盈利随着经济周期波动较大的公司或盈利与现金流量很不稳定时,低正常股利加额外股利政策也许是一种不错的选择。

在掌握上述基本股利政策时,要注意以下两个问题。

① 以上所讲的股利政策主要是针对现金股利而言的,在具体运用股利政策时,还往往辅之以其他股利形式,以增强效果。

② 以上所讲的股利政策,除剩余股利政策外,都比较注重股利的信息传播作用,但是,最终决定企业价值的还是企业资产的盈利能力。

8.3　股利发放形式和程序

8.3.1　股利发放形式

股份有限公司发给股东的股利一般有 4 种类型：现金股利、股票股利、财产股利与负债股利。现金股利实际上属于财产股利，因为使用广泛所以将其单列一类。如果公司将其拥有的其他公司的有价证券发给股东，也属于财产股利。负债股利是指公司以增加负债的形式发放股利，如发给股东本公司发行的公司债，以发放公司债代替支付现金。根据我国有关规定，我国只能采用现金股利和股票股利的股利发放形式。

1. 现金股利

现金股利是指企业以现金的方式向股东支付的股利，也称为红利。现金股利是企业最常见的、也是最易被投资者接受的股利支付方式。企业支付现金股利，除了要有累计的未分配利润外，还要有足够的现金。企业一旦向股东宣告发放现金股利，就对股东承担了支付的责任，必须如期履约；否则，不仅会丧失企业信誉，而且会带来不必要的麻烦。

2. 股票股利

股票股利是指公司以增发股票的方式支付给股东股利，即"红利"。对公司来说，发放股票股利并没有现金流出企业，也不会导致公司财产的减少，而是将公司的留存收益转化为股本。发放股票股利会导致增加流通在外的股票数量，同时降低股票的每股价值，但股东的总持有价值不变。它不会改变公司股东权益总额，但会改变股东权益的构成。股票股利将所有者权益中的未分配利润转为股本和资本公积，表现为股本和资本公积增加，未分配利润减少，盈余公积不变或下降。在实务中，市场和投资者普遍认为，公司发放股票股利预示着公司会有较大的发展和成长，这样的信息传递不仅会稳定股票价格，甚至可能会使股票价格上涨。所以，发放股票股利不管是对公司还是对投资者都意义重大。

例 8－5　东方公司在 2018 年全年实现的净利润为 1 000 万元，年末在分配股票股利前的股东权益账户余额如表 8.1 所示。

表 8.1　东方公司股东权益项目表一　　　　　　　　　　　　　　　　万元

权益项目	金　额
股本（面值 1 元）	1 200
资本公积	4 800
盈余公积	600
未分配利润	4 000
合计	10 600

如果公司决议发放10%的股票股利,该公司目前的市价为10元,则发放股票股利后,公司股东权益账户余额如表8.2所示。

表8.2　东方公司股东权益项目表二　　　　　　　　　　　　万元

权益项目	金　额
股本(面值1元)	$1\ 200 + 1\ 200 \times 10\% \times 1 = 1\ 320$
资本公积	$4\ 800 + 1\ 200 \times 10\% \times 9 = 5\ 880$
盈余公积	600
未分配利润	$4\ 000 - 1\ 200 \times 10\% \times 10 = 2\ 800$
合计	10 600

发放股票股利后,增加了流通的普通股股数,使股东持有的股数增加,获得增加原始股的机会。但每位股东所持股票的市场价值总额仍然不变,既不直接增加股东的财富,也不增加企业的资产价值。

3. 现金股利与股票股利的比较

现金股利与股票股利是股份制公司股利分配的基本形式。公司股利政策的选择受到公司投资机会、公司资本结构及内部资金结构的影响。当现金股利的分配增加时,可用于投资的留存收益减少,意味着更多地依赖于外部融资,从而导致公司需要权益资本时,必须增发新股,使加权平均资本成本上升。但现金股利是投资者已实现的投资收益,实实在在地减少了投资者承担的风险,是股东实现投资回报的直接方式。当公司处于高速发展阶段,管理层实行的扩张政策前景乐观时,留存收益作为公司发展的内部储备就必须发挥应有的作用,相应地,现金股利的派发就会减少。但管理层在利用留存收益进行投资决策时,必须考虑投资回报率是否满足股东的要求。当缺乏收益率高于投资者要求回报的投资机会时,现金股利仍是符合投资者利益的。

股票股利作为公司股利支付的一种特殊方式,可以同时发挥对公司和股东的双重作用。对公司的作用体现在:公司无须动用现金而分配股利。公司实行股票股利分配后,从会计核算的角度来看,不影响资产负债或股东权益总额,只影响公司股东权益的内部构成,如扩大了总股本,摊薄了每股收益,引起了股价下跌等。这一方面将吸引更多投资者,另一方面也会引起现有的股票持有者的不安,投资者可能认为公司资金周转不畅而不派发现金股利,从而降低信心。因此,发放股票股利的市场效果有一定的风险性。对股东的作用体现在:股东所持股份增加,而股东个人所持股份的比例不变。总股本的增加使每股收益摊薄,股价下跌。当股价下降的幅度小于股票股利发放的比例,股东仍可以从股票总价值的相对上升中得到实惠。

8.3.2　股利发放程序

股份有限公司分配股利必须遵循法定的程序,一般先由董事会提出分配预案,然后提交股东大会决议通过才能进行分配。股东大会决议通过分配预案后,要向股东宣布发放股利的方案,并确定股权登记日、除息日和股利发放日。这几个日期对分配股利非常重要。

1. 股利宣布日

股利宣布日就是股东大会决议通过并由董事会宣布发放股利的日期。在宣布分配方案的同时,要公布股权登记日、除息日和股利发放日。通常,股份有限公司都应当定期宣布发放股利。我国股份有限公司一般是 1 年发放一次或两次股利,即在年末和年中分配。在西方国家,股利通常是按季度支付。

2. 股权登记日

股权登记日是有权领取本期股利的股东资格登记截止日期。企业规定股权登记日是为了确定股东能否领取股利的日期界限,因为股票是经常流动的,所以确定这个日期是非常必要的。凡是在股权登记日这一天登记在册的股东才有资格领取本期股利;而在这一天之后登记在册的股东,即使是在股利发放日之前买到的股票,也无权领取本次分配的股利。先进的计算机系统为股权登记提供了极大的方便,一般在股权登记日营业结束的当天即可打印出股东名册。

3. 除息日

除息日是指除去股利的日期,即领取股利的权利与股票分开的日期。以前,按照证券业的惯例,一般在股权登记日的前 4 天为除息日。在除息日之前购买的股票,才能领取本次股利;在除息日当天或以后购买的股票,则不能领取本次股利。规定除息日是因为股票的买卖交易之后,需要几天办理股票过户手续的时间,而在除息日之后、股权登记日之前这几天购买的股票,股份有限公司不能及时地得到股票所有权已经转让的通知。除息日对股票的价格有明显的影响,在除息日之前的股票价格中包含了本次股利,在除息日当天或之后的股票价格中不再包含本次股利,所以股价会下降。

4. 股利发放日

股利发放日也称付息日,是将股利正式发放给股东的日期。这一天,企业将股利通过邮寄、汇款等方式支付给股东。计算机交易系统可以通过中央结算登记系统将股利直接打入股东资金账户,由股东向其证券代理商领取股利。

例 8-6　某公司 2018 年 2 月 26 日公布了 2017 年年度报告,并提出了 2017 年年度的利润分配预案:以 2017 年年末的总股数为基数,向全体股东每股派发现金股利 0.2 元。2018 年 3 月 20 日,公司召开 2017 年股东大会,审议并通过了该分配预案。公司董事会于 2018 年 4 月 12 日发布公告:"以 2017 年年末总股数 16 000 000 股为基数,每股发放现金股利 0.2 元(含税);本公司将于 2018 年 5 月 29 日将上述股利支付给已在 2018 年 5 月 12 日登记为本公司股东的人士。"

在本例中,该公司的股利宣告日为 2018 年 4 月 12 日;股权登记日为 2018 年 5 月 12

日;股权发放日为 2018 年 5 月 29 日。

本章小结

利润分配是将企业实现的利润在国家、企业法人和企业所有者之间进行分配的过程。企业的利润分配不仅关系到国家能否足额征收所得税、投资人的合法权益是否得到保护,还关系到企业能否长期、稳定地发展。利润分配的政策性很强,也是一项重要的理财活动。通过对本章的学习,要理解影响利润分配的因素、利润分配的程序、股利分配的不同形式和发放程序。

本章习题

一、单项选择题

1. 剩余股利政策的根本目的是( )。
   A. 调整资金结构
   B. 增加留存收益
   C. 降低企业加权平均成本
   D. 使利润分配与企业盈余紧密结合

   在线测试

2. 各项股利分配政策中以保持股利与利润间的一定比例关系,体现风险投资与风险收益对等关系的是( )。
   A. 剩余股利政策 B. 固定股利或稳定增长股利政策
   C. 固定股利支付率政策 D. 低正常股利加额外股利政策

3. 当法定公积金到注册资本的( )时,可不再提取。
   A. 6%　　　　　　B. 10%　　　　　　C. 25%　　　　　　D. 50%

4. 领取股利的权利与股票相互分离的日期是( )。
   A. 股利宣告日　　B. 股权登记日　　C. 除息日　　　　D. 股利支付日

5. 公司提取法定公益金主要用于( )。
   A. 集体福利设施的支出　　　　　　B. 管理费用的支付
   C. 财务费用的支出　　　　　　　　D. 经营支出

二、多项选择题

1. 股利支付方式有( )。
   A. 现金股利　　　B. 股票股利　　　C. 财产股利　　　D. 负债股利

2. 股利支付程序包括( )。
   A. 股利宣告日　　B. 股利发放日　　C. 股权登记日　　D. 除息日

3. 在其他条件不变的前提下,企业分配现金股利的多少会影响企业的( )。
   A. 净资产总额　　　　　　　　　　B. 外部筹资额
   C. 资本结构　　　　　　　　　　　D. 负债比率的高低

4. 构成企业可供分配利润的项目是( )。
   A. 本年利润　　　　　　　　　　　B. 公益金

    C. 年初未分配利润　　　　　　　　D. 以前年度净利润

5. 影响公司股利政策的因素有(　　　　)。

    A. 公司盈利能力　　　　　　　　　B. 公司债务偿还情况

    C. 公司的现金流量　　　　　　　　D. 公司的投资机会

三、判断题

1. 采用固定股利或稳定增长股利政策主要是为了保持理想的资金结构,使企业的综合资金成本最低。　　　　　　　　　　　　　　　　　　　　　　　　　　　(　)

2. 一般而言,如果企业缺乏良好的投资机会,可适当增加分红数额。　　　(　)

3. 公司发放股票股利将使公司股本减少。　　　　　　　　　　　　　　(　)

4. 企业发生的年度经营亏损,依法用以后年度实现的利润弥补。连续 5 年不足以弥补的,用税后利润弥补,或者经企业董事会或经理办公会审议后,依次用企业盈余公积、资本公积弥补。　　　　　　　　　　　　　　　　　　　　　　　　　　(　)

5. 一些企业在考虑投资分红时,常将借款作为第一选择的筹资渠道。　　(　)

四、简答题

1. 什么是股利政策? 影响股利政策的因素有哪些?

2. 企业股利政策有哪些类型? 各有何优缺点?

3. 简述股份制企业利润分配的程序。

4. 企业主要的股利种类有哪些?

五、计算题

华新公司 2017 年提取了公积金、公益金后的税后净利润为 600 万元,分配现金股利 240 万元。2018 年提取了公积金、公益金后的税后净利润为 400 万元。2018 年没有计划投资项目。试计算:

(1) 固定股利政策下,该公司 2018 年应分配的现金股利。

(2) 固定股利支付率政策下,该公司 2018 年应分配的现金股利。

第 9 章

财务预算

学习目标

- 掌握财务预算的具体构成内容。
- 掌握弹性预算、零基预算和滚动预算等具体方法的特征及操作技巧。
- 理解财务预算编制程序和方法。
- 了解财务预算的概念和作用,了解固定预算、增量预算和定期预算的含义及内容。

技能要求

- 掌握各种业务预算和财务预算的编制。
- 熟悉预算编制的各种方法、预算的执行与考核。

案例导入

　　王先生经营的某私营公司,从事医疗服务。公司的经营情况很好,办公条件也不错。然而,王先生最近却收到税务局的通知,要他缴纳过去 6 个月的个人所得税。另外,该私营公司在支付能力方面也存在困难,它欠一家供应商的货款超过了 100 000 元,但现在连利息也无法支付。在过去的 5 年里,这类困难反复出现过。

　　过去,王先生在依靠抵押自己的私人住宅或办公大楼的情况下借款解决类似的问题。目前办公大楼上的权益足以解决以上的问题。他已经与当地的一家银行签下了再筹资协议,这使他有足够的钱来支付滞纳的税款及相关的罚款和利息。

　　然而,王先生这一次下定决心要彻底解决财务上的困难。最近一次的贷款已经耗尽了他的全部私人财产,如再有困难,就无法支撑下去。他采取的第一项措施就是辞掉公司的会计,理由是他未能恰当管理公司的财务资源,公司出现这样的财务困难他应负主要责任。然后,他打电话给当地的一家会计师事务所,请求帮助诊断一下反复出现的财务困难。

　　经过注册会计师对合计记录的检查发现,该私营公司目前的财务困难是由于缺乏适当的计划与控制而造成的,王先生对许多支出的决策都过于任意和武断,而能否负担得起则很少考虑到。因此,其支出水平经常超出业务能力。为了满足额外的支出,出纳员被迫推延那些基本的营业费用(如个人所得税、办公用品费用等)的支付。例如,在购买设备方面,过去的 5 年里,该公司购买了一辆小货车、一台录像机、一台冰箱和一套微机系统。有些是现金购买,有些是分期付款。对于一个医疗服务公司来说,很多都是不必要的。这些原因对王先生个人和公司的财务状况都产生了负面影响。最后,会计师事务所在出具的建议书中,建议王先生实施正式的预算制度。

思考:王先生应如何来实施正式的预算制度,他怎样才能编制好财务预算呢?

预算与预测有密切的关系。预算是在科学的生产经营预测与决策基础上,用价值和实物等各种形态反映企业未来一定时期内的生产经营及财务成果等的一系列计划和规划。预测是对未来不可知因素、变量,以及结果的不确定性建立在科学基础上的主观判断。预测是基础,而预算则是根据预测结果提出的对策性方案。应该说,预算是针对预测结果而采用的一种预先的风险补救及防御系统。市场经济越发达,市场竞争越激烈,市场风险越高,也就越离不开预算及预算管理。可以说,风险无处不在、无时不有,因此,预算及其管理也应无处不在、无时不有。随着市场经济的发展、企业管理水平的不断提高,财务预算在企业管理中的作用也与日俱增。

9.1　财务预算概述

9.1.1　财务预算的概念

财务预算是一系列专门反映企业未来一定预算期内预计财务状况和经营成果,以及现金收支等价值指标的各种预算的总称,具体包括现金预算、预计利润表、预计资产负债表和预计现金流量表等内容。

财务预算是反映某一方面财务活动的预算,如反映现金收支活动的现金预算;反映销售收入的销售预算;反映成本、费用支出的生产费用预算(又包括直接材料预算、直接人工预算、制造费用预算)、期间费用预算;反映资本支出活动的资本预算等。

综合预算是反映财务活动总体情况的预算,如反映财务状况的预计资产负债表、预计财务状况变动表,反映财务成果的预计损益表。

上述各种预算间存在这些关系:销售预算是各种预算的编制起点,它构成生产费用预算、期间费用预算、现金预算和资本预算的编制基础;现金预算是销售预算、生产费用预算、期间费用预算和资本预算中有关现金收支的汇总;预算损益表要根据销售预算、生产费用预算、期间费用预算、现金预算编制;预计资产负债表要根据期初资产负债表和销售、生产费用、资本等预算编制;预计财务状况表则主要根据预计资产负债表和预计损益表编制。

9.1.2　财务预算的特征与作用

1. 财务预算的特征

"凡事预则立,不预则废。"预算是企业在预测、决策的基础上,以数量和金额的形式反映企业一定时期内经营、投资、财务等活动的具体计划,是为实现企业目标而对各种资源和企业活动的详细财务安排。

预算具有两个特征：一是编制预算的目的是促成企业以最经济有效的方式实现预定目标，因此，预算必须与企业的战略或目标保持一致；二是预算作为一种数量化的详细计划，是对未来活动的细致、周密安排，是未来经营活动的依据，数量化和可执行性是预算最主要的特征。因此，预算是一种可以据以执行和控制经济活动的、最为具体的计划，是对目标的具体化，是将企业活动导向预定目标的有力工具。

2. 财务预算的作用

（1）各部门工作奋斗的目标

预算是目标的具体化，不仅能够帮助人们更好地明确整个企业的奋斗目标，而且能够使人们清楚地了解自己部门的任务。编制预算是为了贯彻目标管理的原则，指导和控制业务的执行。总之，预算能够使管理人员未雨绸缪，并养成在具体行动之前，凡事预先计划的良好习惯。

（2）各部门工作协调的工具

财务预算把整个企业各方面的工作严密地组织起来，而且把企业内部有关协作单位的配合关系也纳入统一的计划之中，使企业内部上下左右协调起来，环环相扣，达到平衡。这样也就更能发挥预算的控制作用。例如，在以销定产的经营方针下，生产预算应当以销售预算为前提；而现金收支预算必须以供、产、销过程中的现金流量为依据。

（3）各部门工作控制的标准

预算工作不能只限于编制，还应该包括预算的执行。在生产经营过程中，把实际情况与预算加以比较揭示出来的差异，一方面可以考核各部门或有关人员的工作成绩；另一方面也可以用来检查预算编制的质量。有些实际工作和预算之间存在差异，并不能反映实际工作的好坏，而是预算本身的问题。掌握这些情况，有利于下期预算编制工作的改进。

（4）各部门工作考核的依据

预算作为企业财务活动的行为标准，使各项活动的实际执行有章可循。预算标准可以作为各部门责任考核的依据，经过分解落实的预算规划目标能与部门、责任人的业绩考评结合起来，成为奖勤罚懒、评估优劣的准绳。

（5）财务预算有利于回避财务风险

财务预算着眼于公司资金的运用，同时可以指导公司的筹资策略，合理安排公司的财务结构。在公司的各种资产中，如果流动性资产过多，流动性虽相对较好，但也会影响其盈利能力。公司财务结构中，短期负债的资本成本较低，但相应的财务风险较大。企业的财务预算就是要处理好资产的盈利性和流动性、财务结构的成本和风险的关系。财务预算的核心是企业的现金预算。现金预算通过对现金持有量的安排，可以使企业保持较高的盈利水平，同时保持一定的流动性，并根据企业资产的运用水平决定负债的种类结构和期限结构。

现金预算的具体作用体现在：解释企业的现金从何而来，用到哪些地方；企业在未来何时需要现金，如何筹集用于到期支付的现金；如何通过现金预算避免不合理的现金支出；如何抑制现金流量的滥用。

一般而言，公司如果能确切知道未来的销售量、应收账款回收情况和生产情况，就可以将付款到期日与企业未来的现金流量对应起来,这时企业不必持有多余的流动资产,也不必进行不是绝对必要的长期融资。否则,企业就必须保持较大的安全边际,增加流动资产的水平(尤其是现金和有价证券),同时延长融资的到期安排。需要强调的是,财务预算必须是主动的,不是消极应付。在进行财务预算的时候,要考虑公司的业务情况来安排企业资金的使用,并在风险和收益之间做出选择,同时结合企业的实际情况来安排企业的财务结构。例如,公司如果没有近期到期的负债,盈利状况、现金流动状况较好,这时可以适当提高公司的负债比率。这样,一方面可以降低企业的财务成本,另一方面可以利用财务杠杆的效用,提高净资产收益率。如果公司即将到期的负债较多,则要特别注意现金流动情况,在编制现金预算时,减少一些可以延迟的支出,加强应收账款的回收,推迟大的固定资产开支,必要时还要考虑其他资产的变卖。

9.1.3　财务预算的分类

企业预算可以按不同标准进行分类。

1. 根据预算内容的不同,企业预算可以分为业务预算、专门决策预算、财务预算

① 业务预算。业务预算,即经营预算,是指与企业日常经营活动直接相关的经营业务的各种预算。它主要包括销售预算、生产预算、材料采购预算、直接材料消耗预算、直接人工预算、制造费用预算、产品生产成本预算、经营费用和管理费用预算等。

② 专门决策预算。专门决策预算是指企业不经常发生的、一次性的重要决策预算。专门决策预算直接反映相关决策的结果,是实际中选方案的进一步规划。如资本支出预算,其编制依据可以追溯到决策之前搜集到的有关资料,只不过预算比决策估算更细致、更精确一些。例如,企业对一切固定资产购置都必须在事先做好可能性分析的基础上来编制预算,具体反映在投资额需要多少、何时进行投资、资金从何筹得、投资期限多长、何时可以投产,以及未来每年的现金流量多少等。

③ 财务预算。财务预算是指企业在计划期内反映有关预计现金收支、财务状况和经营成果的预算。财务预算作为全面预算体系的最后环节,从价值方面概括地反映企业经营决策预算与业务预算的结果。也就是说,业务预算和专门决策预算中的资料都可以用货币金额反映在财务预算内。这样一来,财务预算就成了各项经营业务预算和专门决策预算的整体计划,故也称为总预算,其他预算则相应地称为辅助预算或分预算。显然,财务预算在全面预算中占有举足轻重的地位。

2. 从预算指标覆盖的时间长短划分,企业预算分为长期预算和短期预算

通常将预算期在1年以内(含1年)的预算称为短期预算;预算期在1年以上的预算则称为长期预算。预算的编制时间可以因预算的内容和实际需要而定,可以是1周、1月、1季、1年或若干年等。在预算的编制过程中,往往应结合各项预算的特点,将长期预算和短期预算结合使用。一般情况下,企业的业务预算和财务预算多为1年期的短期预算,年内再按季或月细分,而且预算期间往往与会计期间保持一致。

9.1.4　预算工作的组织

预算工作的组织包括决策层、管理层、执行层和考核层,具体如下。

企业董事会或类似机构应当对企业预算的管理工作负总责。企业董事会或经理办公会可以根据情况设立预算委员会或指定财务管理部门负责预算管理事宜,并对企业法定代表人负责。

预算委员会或财务管理部门主要拟定预算的目标、政策,制定预算管理的具体措施和办法,审议、平衡预算方案,组织下达预算,协调解决预算编制和执行中的问题,组织审计、考核预算的执行情况,督促企业完成预算目标。

企业财务管理部门具体负责企业预算的跟踪管理,监督预算的执行情况,分析预算与实际执行的差异及原因,提出改进管理的意见与建议。

企业内部生产、投资、物资、人力资源、市场营销等职能部门具体负责本部门业务所涉及的预算编制、执行、分析等工作,并配合预算委员会或财务管理部门做好企业总预算的综合平衡、协调、分析、控制与考核等工作;其主要负责人参与企业预算委员会的工作,并对本部门预算执行结果承担责任。

企业所属基层单位是企业预算的基本单位,在企业财务管理部门的指导下,负责本单位现金流量、经营成果和各项成本费用预算的编制、控制、分析工作,接受企业的检查、考核;其主要负责人对本单位财务预算的执行结果承担责任。

9.2　财务预算的编制方法与程序

9.2.1　预算的编制方法

预算可以根据不同的项目,分别采用固定预算、弹性预算、增量预算、零基预算、定期预算和滚动预算等方法进行编制。

1. 固定预算与弹性预算

(1) 固定预算

固定预算,又称静态预算,是把企业预算期的业务量固定在某一预计水平上,并以此为基础来确定其他项目预计数的预算方法。也就是说,预算期内编制财务预算所依据的成本费用和利润信息都只是在一个预定的业务量水平的基础上确定的。显然,以未来固定不变的业务水平所编制的预算赖以存在的前提条件,必须是预计业务量与实际业务量相一致(或相差很小)。但是,在实际工作中,当预计业务量与实际业务量相去甚远时,必然导致有关成本费用及利润的实际水平与预算水平因基础不同而失去可比性,不利于开展控制与考核。

（2）弹性预算

弹性预算的关键在于把所有的成本按其性态划分为变动成本与固定成本两大部分。在编制预算时,变动成本随业务量的变动而予以增减,固定成本则在相关的业务量范围内稳定不变。它是分别按一系列可能达到的预计业务量水平编制的,能适应企业在预算期内任何生产经营水平的预算。由于这种预算是随着业务量的变动做机动调整,适用面广,具有弹性,故称为弹性预算或变动预算。

由于未来业务量的变动会影响到成本费用和利润等许多方面,所以,从理论上讲,弹性预算适用于全面预算中与业务量有关的各种预算。但从实用角度看,主要用于编制制造费用、销售及管理费用等半变动成本(费用)的预算和利润预算。

制造费用与销售及管理费用的弹性预算,其公式如下。

$$成本的弹性预算 = 固定成本预算数 + \sum（单位变动成本预算数 \times 预计业务量）（9-1）$$

但二者略有区别:制造费用的弹性预算是按照生产业务量(生产量、机器工作小时等)来编制;销售及管理费用的弹性预算是按照销售业务量(销售量、销售收入)来编制。

成本的弹性预算编制出来以后,就可以编制利润的弹性预算。它是以预算的各种销售收入为出发点,按照成本的性态,扣减相应的成本,从而反映企业预算期内各种业务量水平上应该获得的利润指标。

例9-1 A公司第一车间,生产能力为20 000机器工作小时,按生产能力80%、90%、100%、110%编制2018年9月份该车间制造费用弹性预算,如表9.1所示。

部门:第一车间　　　　　　　表9.1　弹性预算
预算期:2018年9月份　　　　　　　　　　　　　　　20 000机器工作小时

费用项目	变动费用率/(元/小时)	生产能力(机器工作小时)			
		80%	90%	100%	110%
		16 000	18 000	20 000	22 000
变动费用					
间接材料	0.5	8 000	9 000	10 000	11 000
间接人工	1.5	24 000	27 000	30 000	33 000
维修费用	2	32 000	36 000	40 000	44 000
电力	0.45	7 200	8 100	9 000	9 900
水费	0.3	4 800	5 400	6 000	6 600
电话费	0.25	4 000	4 500	5 000	5 500
小计	5	80 000	90 000	100 000	110 000
固定费用					
间接人工		4 000	4 000	4 000	4 500
维修费用		5 000	5 000	5 000	5 500

（续表）

费用项目	变动费用率 /（元/小时）	生产能力（机器工作小时）			
		80%	90%	100%	110%
		16 000	18 000	20 000	22 000
电 话 费		1 000	1 000	1 000	1 000
折旧		10 000	10 000	10 000	14 000
小计		20 000	20 000	20 000	25 000
合计		100 000	110 000	120 000	135 000
小时费用率		6.25	6.11	6	6.14

从表9.1可知，当生产能力超过100%达到110%时，固定费用中的有些费用项目将发生变化，间接人工费用、维修费用各增加500元，折旧费用增加4 000元。这说明，固定成本超过一定的业务量范围，成本总额也会发生变化，并不是一成不变的。

从弹性预算中也可以看到，当生产能力达到100%时，小时费用率最低为6元。它说明企业充分利用生产能力且产品销路没有问题时，应向这个目标努力，从而使成本降低，利润增加。

假定该企业9月份的实际生产能力达到90%，有了弹性预算，就可以据以与实际成本进行比较，衡量其业绩，并分析其差异。

实际成本与预算成本的比较，可通过编制弹性预算执行报告（见表9.2）来进行。

表9.2　弹性预算执行报告

部门：第一车间　　　　　　　　　　　　　　　正常生产能力（100%）20 000机器工作小时
预算期：2018年9月份　　　　　　　　　　　　实际生产能力（90%）18 000机器工作小时

费用项目	预　算	实　际	差　异
间接材料	9 000	9 500	500
间接人工	31 000	30 000	− 1 000
维修费用	41 000	39 000	− 2 000
电力	8 100	8 500	400
水费	5 400	6 000	600
电话费	5 500	5 600	100
折旧费	10 000	10 000	0
合计	110 000	108 600	− 1 400

例9-2　A公司2018年9月份利润弹性预算如表9.3所示。

预算期:2018 年 9 月份　　　　　　　表 9.3　利润弹性预算　　　　　　　　　　　元

销售收入百分比	90%	100%	110%
销售收入	810 000	900 000	990 000
变动生产成本	330 750	367 500	404 250
变动销管费用	115 830	128 700	141 570
边际贡献	363 420	403 800	444 180
固定制造费用	250 000	250 000	250 000
固定销管费用	83 000	83 000	83 000
利润	30 420	70 800	111 180

从表 9.3 中可知,利润的弹性预算是以成本的弹性预算为编制基础的。现假定实际销售收入为 900 000 元,为了考核利润预算完成情况,评价工作成绩,还须编制利润弹性预算执行报告,如表 9.4 所示。

预算期:2018 年 9 月份　　　　　　表 9.4　利润弹性预算执行报告　　　　　　　元

项　　目	预　算	实　际	差　异
销售收入	900 000	900 000	0
变动生产成本	367 500	372 300	4 800
变动销管费用	128 700	123 600	-5 100
边际贡献	403 800	404 100	300
固定制造费用	250 000	248 000	-2 000
固定销管费用	83 000	83 000	0
利润	70 800	73 100	2 300

弹性预算的优点在于:一方面能够适应不同经营活动情况的变化,扩大了预算的适用范围,更好地发挥预算的控制作用;另一方面能够对预算的实际执行情况进行评价与考核,使预算能真正起到为企业经营活动服务的作用。

2. 增量预算与零基预算

(1) 增量预算

增量预算是指在基期成本费用水平的基础上,结合预算期业务量水平及有关影响成本因素的未来变动情况,通过调整有关原有成本费用项目而编制预算的方法。这种预算方法比较简单,但它是以过去的水平为基础,实际上就是承认过去是合理的,无须改进,因此,往往不加分析地保留或接受原有成本项目;或者按主观臆断平均削减;或者只增不减——这样容易造成预算的不足;或者是安于现状——造成预算不合理的开支。

(2) 零基预算

零基预算,或称零底预算,是指在编制预算时,对于所有的预算支出均以 0 为基础,不考虑其以往情况如何,从实际需要与可能出发,研究分析各项预算费用开支是否必要合理,进行综合平衡,从而确定预算费用。这种预算不以历史为基础,而是以 0 为出发点,一切推倒重来,零基预算即因此而得名。

零基预算编制的程序是:首先,根据企业在预算期内的总体目标,对每一项业务说明其性质、目的,以 0 为基础,详细提出各项业务所需要的开支或费用;其次,按"成本与效益分析"的方法比较分析每一项预算费用是否必要、能否避免,以及它所产生的效益,以便区别对待;再次,对不可避免的费用项目优先分配资金,对可延缓成本则根据可动用资金情况,按轻重缓急,以及每项项目所需经费的多少分成等级,逐项下达费用预算。

零基预算的优点是:不受现有条条框框限制,对一切费用都以 0 为出发点,这样不仅能压缩资金开支,而且能切实做到把有限的资金用在最需要的地方,从而调动各部门人员的积极性和创造性,量力而行,合理使用资金,提高效益。其缺点是:由于一切支出均以 0 为起点进行分析、研究,势必带来繁重的工作量,有时甚至得不偿失,难以突出重点。为了弥补零基预算这一缺点,企业不是每年都按零基预算法来编制预算,而是每隔若干年进行一次零基预算,以后几年内略做适当调整,这样既减轻了预算编制的工作量,又能适当控制费用。

3. 定期预算与滚动预算

(1) 定期预算

定期预算就是以会计年度为单位编制的各类预算,这种预算有三大缺点。

① 盲目性。因为定期预算多在其执行年度开始前两、三个月进行,难以预测预算期后期情况,特别是在多变的市场下,许多数据资料只能估计,因而具有盲目性。

② 不变性。预算执行过程中,许多无法预测的因素会妨碍预算的指导功能,甚至使之失去作用,而预算在实施过程中又往往不能进行调整。

③ 间断性。预算的连续性差,定期预算只考虑 1 个会计年度的经营活动,即使年中修订的预算也只是针对剩余的预算期,对下一个会计年度则很少考虑,从而形成人为的预算间断。

(2) 滚动预算

滚动预算,又称永续预算,主要特点是:不将预算期与会计年度挂钩,而始终保持运行 12 个月,每过去 1 个月,就根据新的情况进行调整和修订后几个月的预算,并在原预算基础上增补下一个月的预算,从而逐期向后滚动,连续不断地以预算形式规划未来经营活动。这种预算要求 1 年中头几个月的预算要详细完整,后几个月可以略粗一些。随着时间的推移,原来较粗的预算逐渐由粗变细,后面随之又补充新的较粗的预算,以此不断滚动。某企业 2019 年1 月份和 2 月份滚动预算的编制方式如图 9.1 所示。

2018 年预算(一)											
1 月	2 月	3 月	4 月	5 月	6 月	7 月	8 月	9 月	10 月	11 月	12 月

预算调整和修订因素		
预算与实际差异分析	客观条件变化	经营方针调整

2018 年预算(二)											2019 年
2 月	3 月	4 月	5 月	6 月	7 月	8 月	9 月	10 月	11 月	12 月	1 月

图9.1 滚动预算编制方式

滚动预算可以保持预算的连续性和完整性。企业的生产经营活动是连续不断的,因此,企业的预算也应该全面地反映这一连续不断的过程,使预算方法与生产经营过程相适应。同时,企业的生产经营活动是复杂的,而滚动预算便于随时修订预算,确保企业经营管理工作秩序的稳定性,充分发挥预算的指导与控制作用。滚动预算能克服传统定期预算的盲目性、不变性和间断性,从这个意义上说,编制预算已不再仅仅是每年年末才开展的工作,而是与日常管理密切结合的一项措施。当然,滚动预算采用按月滚动的方法,预算编制工作比较繁重,因此,也可以采用按季度滚动的方法来编制预算。

9.2.2 预算的编制程序

企业编制预算一般应按照"上下结合、分级编制、逐级汇总"的程序进行。

① 下达目标。企业董事会或经理办公会根据企业发展战略和预算期经济形势的初步预测,在决策的基础上,提出下一年度企业预算目标,包括销售或营业目标、成本费用目标、利润目标和现金流量目标,并确定预算编制的政策,由预算委员会下达至各预算执行单位。

② 编制上报。各预算执行单位按照企业预算委员会下达的预算目标和政策,结合自身特点,以及预测的执行条件,提出详细的预算方案,上报企业财务管理部门。

③ 审查平衡。企业财务管理部门对各预算执行单位上报的财务预算方案进行审查、汇总,提出综合平衡的建议。在审查、平衡过程中,预算委员会应当进行充分协调,对发现的问题提出初步调整意见,并反馈给有关预算执行单位予以修正。

④ 审议批准。企业财务管理部门在有关预算的执行单位修正调整的基础上,编制出企业预算方案,报财务预算委员会讨论。对于不符合企业发展战略或预算目标的事项,企业预算委员会应当责成有关预算执行单位做进一步的修订、调整。在讨论、调整的基础上,企业财务管理部门正式编制企业年度预算草案,提交董事会或经理办公会审议批准。

⑤ 下达执行。企业财务管理部门对董事会或经理办公会审议批准的年度总预算,一般在次年3月底以前分解成一系列的指标体系,由预算委员会逐级下达至各预算执行单位执行。

9.3　现金预算与预计财务报表的编制

9.3.1　现金预算的编制

现金预算,又称现金收支预算,是反映预算期企业全部现金收入和全部现金支出的预算。完整的现金预算,一般包括现金收入、现金支出、现金收支差额、资金的筹集与运用4个组成部分。

现金收入主要指经营业务活动的现金收入,主要来自于现金余额和产品销售的现金收入。现金支出除了涉及有关直接材料、直接人工、制造费用和销售及管理费用、缴纳税金、股利分配等方面的经营性现金支出外,还包括购买设备等资本性支出。现金收支差额反映了现金收入合计与现金支出合计之间的差额。差额为正,说明现金有多余,可用于偿还过去向银行取得的借款,或者用于购买短期证券;差额为负,说明现金不足,要向银行取得新的借款。资金的筹集和运用主要反映了预算期内向银行借款、还款、支付利息,以及进行短期投资、投资收回等内容。

现金预算实际上是其他预算有关现金收支部分的汇总,以及收支差额平衡措施的具体计划。它的编制要以其他各项预算为基础,或者说其他预算在编制时要为现金预算做好数据准备。

现分别介绍各项预算的编制,以及如何为现金预算的编制提供数据、编制依据。

1. 销售预算

销售预算是整个预算的编制起点,其他预算的编制都以销售预算为基础。它根据预算期现销收入与回收赊销货款的可能情况反映现金收入,以便为编制现金收支预算提供信息。

例9-3　假定辉映有限公司生产和销售甲产品,根据2018年各季度的销售量及售价的有关资料编制销售预算表,如表9.5所示。

表9.5　辉映有限公司销售预算

2019 年度　　　　　　　　　　　　　　　　　　　　　　　　　　　元

项　目	第一季度	第二季度	第三季度	第四季度	合　计
预计销售量/件	5 000	7 500	10 000	9 000	31 500
预计单位售价/(元/件)	20	20	20	20	20
销售收入/元	100 000	150 000	200 000	180 000	630 000

在实际工作中,产品销售往往不是现购现销的,即产生了很大数额的应收账款,所以,销售预算中通常还包括预计现金收入的计算,其是为编制现金预算提供必要的资料。

假设例9-3中,每季度销售收入在本季收到现金60%,其余赊销在下季度收账。辉映有限公司 2019 年度预计现金收入如表 9.6 所示。

表 9.6　辉映有限公司预计现金收入

2019 年度　　　　　　　　　　　　　　　　　　　　元

项　目	本期发生额	现 金 收 入			
		第一季度	第二季度	第三季度	第四季度
期初数	31 000	31 000			
第一季度	100 000	60 000	40 000		
第二季度	150 000		90 000	60 000	
第三季度	200 000			120 000	80 000
第四季度	180 000				108 000
期末数	72 000				
合计	589 000	91 000	130 000	180 000	188 000

2. 生产预算

　　生产预算是根据销售预算编制的。通常,企业的生产和销售不能做到"同步量",生产数量除了满足销售数量外,还需要设置一定的存货,以保证能在发生意外需求时按时供货,并可均衡生产,节省赶工的额外开支。预计生产量的计算公式如下。

$$预计生产量 = 预计销售量 + 预计期末存货量 - 预计期初存货量 \qquad (9-2)$$

　　例 9-4　假设例 9-3 中,辉映有限公司希望能在每季末保持相当于下季度销售量 10% 的期末存货,上年年末产品的期末存货为 500 件,单位成本为 8 元,共计 4 000 元。预计下年第一季度销售量为 10 000 件,则辉映有限公司 2019 年生产预算如表 9.7 所示。

表 9.7　辉映有限公司生产预算

2019 年度　　　　　　　　　　　　　　　　　　　　件

项　目	第一季度	第二季度	第三季度	第四季度	全年合计
预计销售量	5 000	7 500	10 000	9 000	31 500
加:期末存货	750	1 000	900	1 000	1 000
合计	5 750	8 500	10 900	10 000	32 500
减:期初存货	500	750	1 000	900	500
预计生产量	5 250	7 750	9 900	9 100	32 000

3. 直接材料预算

　　在生产预算的基础上,可以编制直接材料预算,但同时还要考虑期初、期末原材料存货的水平。直接材料生产上的需要量同预计采购量之间的关系可按以下公式计算。

$$预计采购量=生产需要量+期末库存量-期初库存量 \qquad (9-3)$$

期末库存量一般是按照下期生产需要量的一定百分比来计算的。

$$生产需要量=预计生产量×单位产品材料耗用量 \qquad (9-4)$$

例9-5 沿用例9-4的资料,假设甲产品只耗用一种材料,辉映有限公司期望每季末材料库存量分别为2 100千克、3 100千克、3 960千克和3 640千克。上年年末库存材料为1 500千克。

辉映有限公司2019年度直接材料预算如表9.8所示。

表9.8 辉映有限公司直接材料预算

2019 年度

项　目	第一季度	第二季度	第三季度	第四季度	全年合计
预计生产量/件	5 250	7 750	9 900	9 100	32 000
单位产品材料用量/(千克/件)	2	2	2	2	2
生产需用量/千克	10 500	15 500	19 800	18 200	64 000
加:预计期末存量	2 100	3 100	3 960	3 640	3 640
合计	12 600	18 600	23 760	21 840	67 640
减:预计期初存量	1 500	2 100	3 100	3 960	1 500
预计采购量	11 100	16 500	20 660	17 880	66 140
单价/(元/千克)	2.5	2.5	2.5	2.5	2.5
预计采购金额/元	27 750	41 250	51 650	44 700	165 350

材料的采购与产品的销售有相类似处,即货款也不是马上用现金全部支付的,这样就可能存在一部分应付款项,所以,对于材料采购,还须编制现金支出预算,目的是便于编制现金预算。

假设本例材料采购的货款有50%在本季度内付清,另外50%在下季度付清,辉映有限公司2019年度预计现金支出如表9.9所示。

表9.9 辉映有限公司预计现金支出

2019 年度　　　　　　　　　　　　　　　　　　　　　　　　元

项　目	本期发生额	现金支出			
		第一季度	第二季度	第三季度	第四季度
期初数	11 000	11 000			
第一季度	27 750	13 875	13 875		
第二季度	41 250		20 625	20 625	
第三季度	51 650			25 825	25 825
第四季度	44 700				22 350
期末数	(22 350)				
合计	154 000	24 875	34 500	46 450	48 175

4. 直接人工预算

直接人工预算也是以生产预算为基础编制的,其主要内容有预计生产量、单位产品工时、人工总工时、每小时人工成本和人工总成本。直接人工预算也能为编制现金预算提供资料。

例9-6 辉映有限公司2019年直接人工预算如表9.10所示。

表9.10 辉映有限公司直接人工预算

2019年度

项　　目	第一季度	第二季度	第三季度	第四季度	全年合计
预计生产量/件	5 250	7 750	9 900	9 100	32 000
单位产品工时/小时	0.2	0.2	0.2	0.2	0.2
人工总工时/小时	1 050	1 550	1 980	1 820	6 400
每小时人工成本/元	10	10	10	10	10
人工总成本/元	10 500	15 500	19 800	18 200	64 000

5. 制造费用预算

制造费用预算是指除了直接材料和直接人工预算以外的其他一切生产成本的预算。制造费用按其成本性态可分为变动制造费用和固定制造费用两部分。变动制造费用以生产预算为基础编制,即根据预计生产量和预计的变动制造费用分配率来计算;固定制造费用是期间成本直接列入损益作为当期利润的一个扣减项目,与本期的生产量无关,一般可以按照零基预算的编制方法编制。

例9-7 辉映有限公司2019年制造费用预算如表9.11所示。

表9.11 辉映有限公司制造费用预算

2019年度　　　　　　　　　　　　　　　　　　　　　元

项　　目	每小时费用分配率/(元/小时)	第一季度	第二季度	第三季度	第四季度	全年合计
预计人工总工时/小时		1 050	1 550	1 980	1 820	6 400
变动制造费用						
间接材料	1	1 050	1 550	1 980	1 820	6 400
间接人工	0.6	630	930	1 188	1 092	3 840
修理费	0.4	420	620	792	728	2 560
水电费	0.5	525	775	990	910	3 200
小计	2.5	2 625	3 875	4 950	4 550	16 000
固定制造费用						

（续表）

项 目	每小时费用分配率/(元/小时)	第一季度	第二季度	第三季度	第四季度	全年合计
修理费		3 000	3 000	3 000	3 000	12 000
水电费		1 000	1 000	1 000	1 000	4 000
管理人员工资		2 000	2 000	2 000	2 000	8 000
折旧		5 000	5 000	5 000	5 000	20 000
保险费		1 000	1 000	1 000	1 000	4 000
小计		12 000	12 000	12 000	12 000	48 000
合计		14 625	15 875	16 950	16 550	64 000
减:折旧		5 000	5 000	5 000	5 000	20 000
现金支出费用		9 625	10 875	11 950	11 550	44 000

在制造费用预算中,除了折旧费以外都需支付现金。为了便于编制现金预算,需要预计现金支出,将制造费用预算额扣除折旧费后,调整为"现金支出的费用"。

6. 产品生产成本预算

为了计算产品的销售成本,必须先确定产品的生产总成本和单位成本。产品生产成本预算是生产预算、直接材料预算、直接人工预算、制造费用预算的汇总。

例 9-8 辉映有限公司2019年度产品生产成本预算如表9.12所示。

表9.12 辉映有限公司产品生产成本预算

2019年度

成本项目	全年生产量32 000件			
	单耗/(千克/件)或(小时/件)	单价/(元/千克)或(元/小时)	单位成本/(元/件)	总成本/元
直接材料	2	2.5	5	160 000
直接人工	0.2	10	2	64 000
变动制造费用	0.2	2.5	0.5	16 000
合计			7.5	240 000
产成品存货	**数量/件**	**单位成本/(元/件)**	**总成本/元**	
年初存货	500	8	4 000	
年末存货	1 000	7.5	7 500	
本年销售	31 500		236 500	

由于期初存货的单位成本为8元,而本年生产产品的单位成本为7.5元,二者不一致,所以,存货流转采用先进先出法。

7. 销售及管理费用预算

销售及管理费用预算是指为实现产品销售和维持一般管理业务所发生的各项费用支出而编制的一种业务预算。它是以销售预算为基础,按照成本的性态分为变动销售及管理费用和固定销售及管理费用。其编制方法与制造费用预算相同。

例 9-9　辉映有限公司 2019 年度销售及管理费用预算如表 9.13 所示。

表 9.13　辉映有限公司销售及管理费用预算

2019 年度　　　　　　　　　　　　　　　　　　　　　　　　　　　　　　　　　　　　　元

项　　目	变动费用率 (按销售收入)	第一季度	第二季度	第三季度	第四季度	全年合计
预计销售收入		100 000	150 000	200 000	180 000	630 000
变动销管费用						
销售佣金	1%	1 000	1 500	2 000	1 800	6 300
运输费	1.60%	1 600	2 400	3 200	2 880	10 080
广告费	5%	5 000	7 500	10 000	9 000	31 500
小计	7.60%	7 600	11 400	15 200	13 680	47 880
固定销管费用						
薪金		5 000	5 000	5 000	5 000	20 000
办公用品		4 500	4 500	4 500	4 500	18 000
杂项		3 500	3 500	3 500	3 500	14 000
小计		13 000	13 000	13 000	13 000	52 000
合计		20 600	24 400	28 200	26 680	99 880

8. 现金预算

现金预算的编制是以各项日常业务预算和特种决策预算为基础来反映各预算的收入款项和支出款项。其目的在于资金不足时如何筹措资金、资金多余时怎样运用资金,并且提供现金收支的控制限额,以便发挥现金管理的作用。

例 9-10　沿用例 9-3 至例 9-9 所编制的各种预算提供的资料,并假设辉映有限公司每季度末应保持现金余额 10 000 元,如果资金不足或多余,可以 2 000 元为单位进行借入或偿还,借款年利率为 8%,于每季初借入、每季末偿还,借款利息在偿还本金时一起支付。同时,在 2019 年度辉映有限公司准备投资 100 000 元购入设备,于第二季度与第三季度分别支付价款的 50%;每季度预缴所得税 20 000 元;预算在第三季度发放现金股利 30 000 元;第四季度购买国库券 10 000 元。

依据上述资料编制辉映有限公司 2019 年度现金预算表,如表 9.14 所示。

表9.14 辉映有限公司现金预算

2019 年度　　　　　　　　　　　　　　　　　　　　　　　　　　　　　　　　　元

项　目	第一季度	第二季度	第三季度	第四季度	全年合计
期初现金余额	8 000	13 400	10 125	11 725	8 000
加:销货现金收入	91 000	130 000	180 000	188 000	589 000
可供使用现金	99 000	143 400	190 125	199 725	597 000
减:现金支出					
直接材料	24 875	34 500	46 450	48 175	154 000
直接人工	10 500	15 500	19 800	18 200	64 000
制造费用	9 625	10 875	11 950	11 550	44 000
销售及管理费用	20 600	24 400	28 200	26 680	99 880
预交所得税	20 000	20 000	20 000	20 000	80 000
购买国库券				10 000	10 000
发放股利			30 000		30 000
购买设备		50 000	50 000		100 000
支出合计	85 600	155 275	206 400	134 605	581 880
现金收支差额	13 400	(11 875)	(16 275)	65 120	15 120
向银行借款		22 000	28 000		50 000
归还银行借款				50 000	50 000
借款利息(年利率8%)				2 440	2 440
期末现金余额	13 400	10 125	11 725	12 680	12 680

9.3.2　预计财务报表的编制

预计的财务报表是财务管理的重要工具,包括预计损益表、预计资产负债表和预计现金流量表。

1. 预计损益表

例 9-11　根据前述的各种预算,辉映有限公司 2019 年度的预计损益如表 9.15 所示。

表9.15　辉映有限公司预计损益表

2019 年度　　　　　　　　　　　　　　　　　　元

项　目	第一季度	第二季度	第三季度	第四季度	全年合计
销售收入	100 000	150 000	200 000	180 000	630 000
减：变动生产成本	37 750 *	56 250	75 000	67 500	236 500
变动销管费用	7 600	11 400	15 200	13 680	47 880
边际贡献	54 650	82 350	109 800	98 820	345 620
减：固定制造费用	12 000	12 000	12 000	12 000	48 000
固定销管费用	13 000	13 000	13 000	13 000	52 000
利息支出	0	0	0	2 440	2 440
税前利润	29 650	57 350	84 800	71 380	243 180
减：所得税（40%）	11 860	22 940	33 920	28 552	97 272
税后利润	17 790	34 410	50 880	42 828	145 908

＊ 变动生产成本（第一季度）＝ $500 \times 8 + 4\ 500 \times 7.5 = 37\ 750$（元）

2. 预计资产负债表

预计资产负债表是以货币单位反映预算期末财务状况的总括性预算，是以期初资产负债表为基础，根据销售、生产、资本等预算的有关数据加以调整编制的。

例 9 - 12　辉映有限公司 2019 年度的预计资产负债如表 9.16 所示。

表9.16　辉映有限公司预计资产负债

2019 年度　　　　　　　　　　　　　　　　　　元

资　产	期初数	期末数	负债和权益	期初数	期末数
流动资产			流动负债		
现金	8 000	12 680	应付账款	11 000	22 350
应收账款	31 000	72 000	应付所得税		17 272③
原材料	3 750	9 100			
产成品	4 000	7 500	流动负债合计	11 000	39 622
短期投资		10 000	长期负债		
流动资产合计	46 750	111 280	长期借款	40 000	40 000
固定资产原值	270 000	370 000①	股东权益		
减：累计折旧	32 250	52 250②	普通股		200 000
固定资产净值	237 750	317 750	留存收益	200 000	149 408④
				33 500	
资产总计	284 500	429 030	负债和权益总计	284 500	429 030

① = 270 000 + 100 000(见表 9.14)

② = 32 250 + 20 000(见表 9.11)

③ = 97 272 − 80 000(见表 9.14、表 9.15)

④ = 33 500 + 145 908 − 30 000(见表 9.14、表 9.15)

3. 预计现金流量表

现金流量表以现金的流入和流出来反映企业一定时期内的经营活动、投资活动和筹资活动的动态情况。该表能说明企业在一定期间内现金流入和流出的原因、偿债能力和支付股利的能力,能够为企业管理部门控制财务收支和提高经济效益提供有用的信息。

现金流量表的编制方法有直接法与间接法两种,下面以直接法编制现金流量表。

例 9 - 13 辉映有限公司 2019 年度预计现金流量如表 9.17 所示。

表 9.17 辉映有限公司预计现金流量

2019 年度 元

项　目	金　额	备　注
一、经营活动产生的现金流量		
销售商品、提供劳务收到的现金	589 000	见表 9.6
收到的其他与经营活动有关的现金		
现金流入小计	589 000	
购买商品、接受劳务支付现金	198 000	见表 9.9、表 9.11
支付给职工以及为职工支付的现金	64 000	见表 9.10
支付的其他与经营活动有关的现金	99 880	见表 9.13
支付预交的所得税	80 000	见表 9.14
现金流出小计	441 880	
经营活动产生的现金流量净额	147 120	
二、投资活动产生的现金流量		
收回投资所收到的现金		
收回的其他与投资活动有关的现金		
现金流入小计	0	
购建固定资产、无形资产和其他长期资产支付的现金	100 000	见表 9.14
支付的其他与投资活动有关的现金	10 000	
现金流出小计	110 000	
投资活动产生的现金流量净额	− 110 000	
三、筹资活动产生的现金流量		
吸收权益性投资所收到的现金		
发行债券所支付的现金		

（续表）

项　目	金　额	备　注
借款所收到的现金	50 000	见表9.14
收到的其他与筹资活动有关的现金		
现金流入小计	50 000	
偿还债务所支付的现金	50 000	见表9.14
分配股利或利润所支付的现金	30 000	见表9.14
偿还利息所支付的现金	2 440	见表9.14
支付的其他与筹资活动有关的现金		
现金流出小计	82 440	
筹资活动产生的现金流量净额	− 32 440	
现金流量净增加额	4 680	

本章小结

1. 财务预算是一系列专门反映企业未来一定预算期内，预计财务状况和经营成果，以及现金收支等价值指标的各种预算总称。它包括现金预算、预计利润表、预计资产负债表和预计现金流量表。

财务预算的作用包括引导和控制经济活动，使企业经营达到预期目标；实现企业内部各个部门之间的协调；作为各目标业绩考核的标准；有利于规避财务风险。

2. 固定预算和弹性预算的特点：固定预算是针对某一特定业务量编制的；弹性预算是针对一系列可能达到的预计业务量水平编制的。

3. 增量预算和零基预算的特点：增量预算是以基期成本费用水平为基础；零基预算是一切从 0 开始。

4. 定期预算和滚动预算的特点：定期预算一般以会计年度为单位定期编制；滚动预算的要点在于不将预算期与会计年度挂钩，而是始终保持在 12 个月。

5. 现金预算的内容包括现金收入、现金支出、现金收支差额和资金的筹集及应用。现金预算实际上是销售预算、生产预算、直接材料预算、直接人工预算、制造费用预算、产品生产成本预算、销售及管理费用预算等预算中有关现金收支部分的汇总。现金预算的编制要以其他各项预算为基础。

6. 预计财务报表的编制包括预计利润表的编制、预计资产负债表的编制和预计现金流量表的编制。

本章习题

一、单项选择题

1. 企业的直接材料、直接人工和制造费用预算是根据（　　）直接确定的。

A. 销售预算　　　　　　　　　　　　　B. 成本预算

C. 现金预算　　　　　　　　　　　　　D. 生产预算

2. 预计人工总成本 = (　　　) × (单位产品工时 × 每工时工资率)。

A. 预计销售量　　　　　　　　　　　　B. 预计生产量

C. 预计工时量　　　　　　　　　　　　D. 预计材料消耗量

3. 全面预算体系的各种预算,是以企业决策确定的经营目标为出发点,根据以销定产的原则,按照先(　　　)后(　　　)的顺序编制。

A. 经营预算　　财务预算　　　　　　　B. 财务预算　　　经营预算

C. 经营预算　　现金预算　　　　　　　D. 现金预算　　　财务预算

4. 需按成本性态分析的方法将企业划分为固定成本和变动成本的预算编制方法是(　　　)。

A. 固定预算　　　　B. 零基预算　　　　C. 滚动预算　　　　D. 弹性预算

5. 零基预算在编制时,对于所有的预算费用支出均以(　　　)为基础。

A. 可能需要　　　　B. 0　　　　　C. 现有费用支出　　　D. 基期费用支出

二、多项选择题

1. 预算的编制方法主要有(　　　　　)。

A. 弹性预算　　　　B. 零基预算　　　　C. 全面预算　　　　D. 滚动预算

2. 在实际工作中,弹性预算主要适用于编制与业务量有关的各种预算,因而主要用于编制(　　　　　)等。

A. 直接材料预算　　　　　　　　　　　B. 直接人工预算

C. 制造费用预算　　　　　　　　　　　D. 销售管理费用预算

3. 现金预算的组成部分包括(　　　　　)。

A. 现金收入　　　　　　　　　　　　　B. 现金收支差额

C. 现金支出　　　　　　　　　　　　　D. 资金筹集与运用

4. 财务预算包括(　　　　　)。

A. 现金预算　　　　　　　　　　　　　B. 业务预算

C. 预计损益表　　　　　　　　　　　　D. 预计资产负债表

5. 为编制现金预算提供依据的预算有(　　　　　)。

A. 销售预算　　　　B. 预计现金流量表　　　C. 成本预算　　　D. 资本支出预算

三、判断题

1. 在编制制造费用预算时,应将固定资产折旧费剔除。　　　　　　　　　　(　　)

2. 财务预算是关于企业在未来一定期间内财务状况和经营成果,以及现金收支等价值指标的各种预算的总称。　　　　　　　　　　　　　　　　　　　　　　(　　)

3. 在编制零基预算时,应以企业现有的费用水平为基础。　　　　　　　　　(　　)

4. 能够克服固定预算缺点的预算方法是滚动预算。　　　　　　　　　　　　(　　)

5. 销售管理费用预算是根据生产预算来编制的。　　　　　　　　　　　　　(　　)

四、技能训练

1. 某企业生产 A 产品,年生产能力为 20 000 件,每件产品工时定额为 2 小时,2019 年制造费用如下表所示。

某企业 2019 年制造费用

项　目	每小时变动费用率/元	全年预算固定成本/元	全年实际费用/元
间接材料	0.50	10 000	28 800
间接人工	0.25	2 000	10 700
电力	0.10	1 000	5 000
修理费	0.15	3 000	7 400
折旧		8 000	8 000
其他		2 000	1 800
合计	1.00	26 000	61 700

如果产量达到正常生产能力的 120%,则固定成本中的间接材料将增加 2%,修理费用增加 10%,折旧增加 5%。

要求:

(1) 根据上述资料,按正常生产能力的 70%、90%、100%、120% 分别编制制造费用弹性预算。

(2) 编制弹性预算执行报告。

2. 将下表现金预算中的空缺数据按其内在联系填补齐全。假设期末现金最低余额为 4 000 元,银行借款起点为 1 000,贷款利率每年为 6%,还本时付息,于每季初借入、每季末偿还。

现金预算

2019 年度　　　　　　　　　　　　　　　　　　　　　　　元

项　目	第一季度	第二季度	第三季度	第四季度	全年合计
期初余额	4 000	(6)	(12)	4 486	(25)
加:现金收入	(1)	16 300	17 850	(17)	65 900
可供使用现金合计	16 800	(7)	22 620	(18)	(26)
减:现金支出					
采购材料	4 675	4 470	(13)	4 990	(27)
人工成本	6 780	7 380	7 980	(19)	30 660
费用	(2)	2 713	2 794	2 869	(28)
支付股息	1 000	—	—	—	(29)

（续表）

项　目	第一季度	第二季度	第三季度	第四季度	全年合计
购买设备	—	500	1 500	—	(30)
现金支出合计	(3)	15 063	(14)	(20)	(31)
现金收支差额	1 713	(8)	5 606	(21)	(32)
银行借款	(4)	—	—	—	3 000
偿还借款	—	(9)	1 000	(22)	(33)
利息	—	(10)	(15)	(23)	(34)
期末余额	(5)	(11)	(16)	(24)	(35)

3. 某企业第三季度销售预算如下表所示。

销售预算　　　　　　　　　　　　　　　　　　　　　　　元

项　目	预计销售金额	预期现金收入		
		7 月份	8 月份	9 月份
期初应收账款	52 500	(1)	(2)	
7 月份销售收入	100 000	(3)	(4)	(5)
8 月份销售收入	150 000		(6)	(7)
9 月份销售收入	170 000			(8)
期末应收账款	(9)			
合计	(10)	(11)	(12)	(13)

该企业销售货款当月可收回55%,次月收回30%,第三个月收回余额。期初应收账款为52 500元,其中5月份销售的应收账款为12 000元,6月份销售的应收账款为40 500元。

要求:

(1) 计算5月份与6月份的销售收入。

(2) 计算第三季度的预期现金收入,填入上表各栏中。

(3) 计算第三季度末应收账款。

第 *10* 章

财务分析

学习目标

- 理解财务分析的意义与方法。
- 掌握财务指标分析的内容,重点是企业的偿债能力、营运能力、盈利能力和发展能力分析。
- 了解沃尔比重分析法,掌握杜邦财务分析法。

技能要求

- 能够运用杜邦财务分析法评价企业业绩。
- 能够计算并运用相关财务指标评价企业的财务状况和经营成果。

案例
导入

黄河公司资产负债表

编制单位:黄河公司 　　　　　2018 年 12 月 31 日 　　　　　元

资产	年初数	期末数	负债和所有者权益	年初数	期末数
货币资金	120 000	130 000	短期借款	120 000	100 000
应收账款	290 000	414 000	应付账款	263 000	320 000
其他应收款	70 000	50 000	其他应付款	43 560	109 000
存货	350 000	330 000	流动负债合计	426 560	529 000
预收账款	3 560	4 000	长期借款	150 000	120 000
流动资产合计	833 560	928 000	负债合计	576 560	649 000
固定资产	293 000	231 000	实收资本	500 000	500 000
无形资产			资本公积		
其他长期资产			未分配利润	50 000	10 000
			股东权益合计	550 000	510 000
资产合计	1 126 560	1 159 000	负债和所有者权益合计	1 126 560	1 159 000

　　黄河有限公司成立于 2008 年,是一家以钢铁业为主,兼营采矿、机械、电子、服务等多种行业的钢铁企业。公司生产的螺纹钢、高速线材等产品有较好的社会声誉,产品销路较好。黄河有限公司 2018 年度的资产负债表如上表所示。2018 年利润表显

示,当年营业收入为 1 500 000 元,营业成本为 1 200 000 元。

思考:分析黄河公司的偿债能力、营运能力和发展能力。

10.1 财务分析概述

10.1.1 财务分析的概念与内容

1. 财务分析的概念

财务分析是以企业财务报告及其他相关资料为主要依据,对企业的财务状况和经营成果进行评价和剖析,以反映企业在运营过程中的利弊得失和发展趋势,从而为改进企业财务管理工作和优化经济决策提供重要的财务信息。

财务分析是评价财务状况、衡量经营业绩的重要依据,是挖掘潜力、改进工作、实现理财目标的重要手段,是合理实施投资决策的重要步骤。

2. 财务分析的内容

一般地,财务报告的使用者主要有企业所有者、债权人、经营者、职工及政府机构和企业潜在的投资者。不同主体出于不同的利益考虑,对财务分析信息有着各自不同的要求,因此财务分析的内容也有所不同。

(1) 企业的所有者

企业的所有者作为投资人,不直接参与企业的经营管理,但关心其资本的保值和增值情况,希望通过财务分析评估投资收益与风险程度,以便做出是增加投资还是保持原有投资额、是放弃投资机会还是转让股权等投资决策。因此,企业所有者较为重视企业盈利能力指标。

(2) 企业的经营者

企业的经营者希望通过财务分析,发现经营、理财上的问题,调整经营方针与投资策略,不断提高管理水平。因此,企业经营者必须对企业经营理财的各个方面,包括营运能力、偿债能力、盈利能力,以及发展能力的全部信息予以详尽的了解和掌握。

(3) 企业的债权人

企业债权人包括向企业提供信贷资金的银行、企业债券持有者等。企业债权人因不能参与企业剩余收益分享,首先关注的是其投资的安全性,因此更重视企业偿债能力指标。

(4) 政府

政府兼具多重身份,既是宏观经济管理者,又是国有企业的所有者和重要的市场参与者,其身份不同则关心的侧重也有所不同。从财税角度,需要对经营过程、经营成果进行核查来验证税金是否应缴尽缴、及时足额;从所有者角度,则需要了解并监督涉及国有资产的企业是否实现了国有资产的保值、增值等。

（5）中介机构

注册会计师通过财务分析可以确定审计的重点，有利于客观、公正地提供审计报告。其他咨询机构可以根据提供服务的需要进行财务分析，提供信息使用者所需要的财务信息。

10.1.2　财务分析的方法

1. 比较分析法

比较分析法，也称对比分析法，是通过两个或两个以上相关指标进行对比确定数量差异的一种方法，用以说明两个事物的联系与差距。比较分析法是财务分析最常用的一种方法。

（1）实际指标与计划指标对比

实际指标与计划指标的对比可以说明企业业绩的计划完成情况和程度，分析实际与计划的差异，为进一步的财务分析提供依据。但在进行此项比较的过程中，应注意计划本身的先进性与可行性。

（2）同一指标纵向对比

同一指标的纵向对比是同一指标在不同时间上的对比，一般是本期实际与历史指标进行对比（上期或历史先例）。通过比较，可以观察企业经营状况、财务活动的发展趋势，有助于规划未来，及时发现萌芽状态的新生事物与薄弱环节。

（3）同一指标横向对比

同一指标的横向对比是同一指标在不同条件下的对比，一般是将本企业与同类型、同行业相比，用以发现差距、吸收先进，促使指标朝先进方向发展。

运用比较分析法要特别注意指标的可比性与指标差异的确定。指标可比性是指要求指标间口径相同，包括指标内容、计算方法、评价标准、时间单位等方面的一致性，以及业务经营规模和业务范围的基本一致性。指标差异的确定是指差异如果是绝对数，则采用两个指标相减的差额来表示；如果是相对数，则应用两个指标相除，以取其两者之比率来表示。

2. 比率分析法

比率分析法是通过计算经济指标的比率，来确定经济活动变动程度的分析方法。比率是相对数，采用这种方法，可把分析对比的数值变成相对数，计算出各种比率指标，然后进行比较，从确定的比率差异中发现问题。

（1）构成比率

构成比率，又称结构比率，用以计算某项经济指标的各个组成部分占总体的比重，反映部分与总体的关系。固定资产占总资产的比重、负债占总权益的比重等，都属于构成比率指标。利用构成比率指标，可以考虑总体中某个部分的形成和安排是否合理，以便协调各项财务活动。

（2）效率比率

效率比率用以计算某项经济活动中所费与所得的比例，反映投入与产出的关系，如成本费用与销售收入的比率、资金占用额与利润的比率等。利用效率比率指标，可以进行得失比较，考虑经营成果，评价经济效益的水平。

(3) 相关比率

相关比率用以计算在部分与总体关系、投入产出关系之外具有相关关系指标的比率,反映有关经济活动的联系,如资产总额与负债总额的比率、流动资产与流动负债的比率、负债与权益的比率等。利用相关比率指标,可以考虑业务安排得是否合理,以保障生产经营活动能够顺畅运行。相关比率指标在财务分析中的应用十分广泛。

3. 趋势分析法

趋势分析法又称水平分析法,是通过对比两期或连续数期财务报告中的相同指标,确定其增减变动的方向、数额和幅度,来说明企业财务状况和经营成果的变动趋势的一种方法。采用这种方法,可以分析引起变化的主要原因、变动的性质,并预测企业未来的发展前景。

(1) 定基动态比率

它是以某一时期的数值为固定数计算其动态比率,其计算公式如下。

$$定基动态比率 = \frac{分析期数值}{固定基期数值} \tag{10-1}$$

即将连续数年(一般3年以上)的财务报表以第一年或选择某一年份作为基期,计算每期各项指标对基期同一项目的趋势百分比,借以表示其在各期间的上、下变动趋势,从而判断企业经营成果和财务状况。

(2) 环比动态比率

它是以每一分析期的前一期数值为基期数值而计算出来的动态比率,其计算公式如下。

$$环比动态比率 = \frac{分析期数值}{分析期的前一期数值} \tag{10-2}$$

4. 因素分析法

因素分析法是依据分析指标和影响因素的关系,从数量上确定各因素对指标的影响程度。因素分析法有连环替代法和差额分析法两种。

(1) 连环替代法

连环替代法是用来确定几个相互联系的因素对分析对象的影响程度的一种分析方法。采用这种方法的出发点在于,当有若干因素对分析对象发生影响时,假定其他因素都无变化,顺序确定每一个因素单独变化所产生的影响。

(2) 差额分析法

差额分析法是连环替代法的一种简化形式。它是利用各个因素的实际数与基准数或目标值之间的差额,来计算各个因素对总指标变动的影响程度。

10.2 财务指标分析

总结和评价企业财务状况与经营成果的分析指标包括偿债能力指标、营运能力指标、盈利能力指标和发展能力指标。通常情况下,主要分析的是偿债能力、营运能力和盈利能力。

后面举例用到的东方公司的资产负债表和利润表如表 10.1、表 10.2 所示。

表 10.1　资产负债表

编制单位:东方公司　　　　　　　　2018 年 12 月 31 日　　　　　　　　　　　　万元

资　　产	期末余额	年初余额	负债及所有者权益	期末余额	年初余额
流动资产:			流动负债		
货币资金	900	800	短期借款	2 300	2 000
交易性金融资产	500	1 000	应付账款	1 200	1 000
应收账款	1 300	1 200	预收账款	400	300
存货	5 200	4 000	其他应付款	100	100
一年内到期的非流动资产	70	40	流动负债合计	4 000	3 400
其他流动资产	80	60	长期借款	2 500	2 000
流动资产合计	8 050	7 100	所有者权益:		
非流动资产:			实收资本	12 000	12 000
长期股权投资	400	400	盈余公积	1 600	1 600
固定资产	14 000	12 000	未分配利润	2 900	1 000
无形资产	550	500	所有者权益合计	16 500	14 600
资产总计	23 000	20 000	负债及所有者权益总计	23 000	20 000

表 10.2　利　润　表

编制单位:东方公司　　　　　　　　2018 年度　　　　　　　　　　　　　　万元

项　　目	本期金额	上期金额
一、营业收入	21 000	18 600
减:营业成本	12 200	10 700
税金及附加	1 200	1 080
销售费用	1 900	1 620
管理费用	1 000	800
财务费用	300	200
加:投资收益	300	300
二、营业利润	4 700	4 500
加:营业外收入	150	100
减:营业外支出	650	600
三、利润总额	4 200	4 000
减:所得税费用	1 050	1 000
四、净利润	3 150	3 000

10.2.1 偿债能力分析

1. 短期偿债能力分析

衡量企业短期偿债能力的主要指标有流动比率、速动比率和现金比率等。

(1) 流动比率

流动比率是流动资产与流动负债的比率,其计算公式如下。

$$流动比率 = \frac{流动资产}{流动负债} \times 100\% \qquad (10-3)$$

一般情况下,流动比率越高,反映企业短期偿债能力越强,债权人的权益越有保证。但流动比率不是越高越好,一般认为保持在 2:1 是较理想的。过高的流动比率可能是企业滞留在流动资产上的资金过多,未能有效地加以利用,会影响企业的获利能力;而过低的流动比率可能会影响企业的偿债能力。

对流动比率的理解,应注意以下几点。

① 虽然流动比率越高,企业偿还短期债务的流动资产保证程度越强,但这并不等于说企业已有足够的现金或存款用来偿债。原因在于流动资产的质量影响企业真实的偿债能力。例如,流动比率高,也可能是存货积压、应收账款增加且收款期延长以及待处理财产损失增加所致。

② 从短期债权人的角度看,自然希望流动比率越高越好。但从企业经营角度看,过高的流动比率通常意味着企业闲置现金的持有量过多,而这必然造成企业机会成本的增加和获利能力的降低。

③ 流动比率是否合理,不同企业及同一企业不同时期的评价标准是不同的。

④ 应剔除一些虚假因素的影响。例如,企业管理者有可能在该比率不理想时,通过年末突击偿还短期负债、下年初再举借新债等手段粉饰其流动比率的状况。

例 10-1 根据表 10.1 的资料,试算该企业 2018 年年末的流动比率为:

8 050÷4 000=2.013

该企业的流动比率超过一般公认标准,反映了该企业具有较强的短期偿债能力。

(2) 速动比率

速动比率是企业速动资产与流动负债的比率。所谓速动资产,是指流动资产减去变现能力较差且不稳定的存货、一年内到期的非流动资产和其他流动资产等之后的余额。速动比率的计算公式如下。

$$速动比率 = \frac{速动资产}{流动负债} \times 100\% \qquad (10-4)$$

一般情况下,速动比率越高,表明企业偿还流动负债的能力越强。国际上通常认为速动比率为 1:1 时较为恰当。

对速动比率的影响应注意以下两点。

① 速动比率不是越高越好。速动比率高,尽管短期偿债能力较强,但现金、应收账款占用过多,会增加企业的机会成本,影响企业的获利能力。

② 尽管速动比率较之流动比率更能反映出流动负债偿还的安全性和稳定性,但并不能认为速动比率较低的企业的流动负债到期绝对不能偿还。如果存货流转顺畅,变现能力较强,即使速动比率较低,只要流动比率高,企业仍然有望偿还到期的债务本息。

例 10-2　根据表 10.1 的资料,试算该企业 2018 年的速动比率为:

年初速动比率 =(800+1 000+1 200)÷3 400=0.88

年末速动比率 =(900+500+1 300)÷4 000=0.675

该企业 2018 年年末的速动比率比年初有所降低。虽然流动比率超过一般公认标准,但流动资产中存货所占比例过大,导致速动比率未达到一般公认标准,说明该企业实际短期偿债能力并不理想。

(3) 现金比率

现金比率是从现金流量角度反映企业当期偿付短期负债能力的比率,其计算公式如下。

$$现金比率 = \frac{货币资金 + 有价证券}{流动负债} \times 100\% \qquad (10-5)$$

该指标越大,表明企业经营活动产生的现金净流量越多,越能保障企业按期偿还到期债务。但也不是越大越好,该指标过大,则表明企业流动资金利用不充分,获利能力不强。

例 10-3　假定东方公司 2017 年及 2018 年的经营现金净流量分别为 3 100 万元和 4 800 万元,根据表 10.1 的资料,试算该企业的现金比率为:

2017 年现金比率 =(800 +1 000)÷3 400=0.53

2018 年现金比率 =(900 +500)÷4 000=0.35

企业年末现金比率跟年初相比,有所下降。

2. 长期偿债能力分析

长期偿债能力指企业偿还长期债务的能力。企业的长期负债主要有长期借款、应付长期债券、长期应付款等。企业长期偿债能力不仅取决于长期负债在资金总额中所占比重的大小,还取决于企业的经营效益。企业虽可以在短期内举借新债、偿还旧债,但如果没有足够的获利能力,迟早会因无法筹措债务资金而无法周转,从而不能偿还到期债务。因此,企业的长期偿债能力分析应该与企业的盈利状况相结合。反映企业长期偿债能力的指标主要有资产负债率、产权比率和利息保障倍数等。

(1) 资产负债率

资产负债率,又称负债比率,是企业负债总额与资产总额的比率,其计算公式如下。

$$资产负债率 = \frac{负债总额}{资产总额} \times 100\% \qquad (10-6)$$

一般情况下,资产负债率越小,表明企业长期偿债能力越强。如果该指标过小,则表明企业对财务杠杆利用不够。国际上认为资产负债率为60%比较合适。企业应该根据内外环境、行业特点、所处的寿命周期等,确定一个合理的资产负债率水平。

例10-4 根据表10.1的资料,该企业2018年的资产负债率为:

年初资产负债率 = 5 400÷20 000 = 0.27

年末资产负债率 = 6 500÷23 000 = 0.283

该企业2018年年初、年末的资产负债率均不高,说明企业长期偿债能力较强。

(2)产权比率

产权比率是衡量长期偿债能力的指标之一。这个指标是负债总额与股东权益总额的比率,也称为负债比率,其计算公式如下。

$$产权比率 = \frac{负债总额}{股东权益总额} \times 100\% \tag{10-7}$$

一般情况下,产权比率越低,表明企业的长期偿债能力越强,债权人权益的保障程度越高,承担的风险越小,但企业不能充分地发挥负债的财务杠杆效应。

例10-5 根据表10.1的资料,该企业2018年的产权比率为:

年初产权比率 = 5 400÷14 600 = 0.37

年末产权比率 = 6 500÷16 500 = 0.394

该企业2018年年初、年末的产权比率均不高,说明企业长期偿债能力较强,债权人的保证程度较高。

对产权比率的理解应注意以下两点。

① 企业在评价产权比率适度与否时,应从提高获利能力与增强偿债能力两个方面综合进行(在保障偿债安全的前提下,应尽可能提高产权比率)。也就是说,该指标既不能过高(偿债能力低),也不能过低(获利能力低)。

② 产权比率与资产负债率对评价偿债能力的作用基本相同,二者的主要区别是:资产负债率侧重于分析债务偿付安全性的物质保障程度,产权比率则侧重于揭示财务结构的稳健程度(指标过高,反映财务结构不稳健),以及自有资金对偿债风险的承受能力。

(3)利息保障倍数

利息保障倍数,又称已获利息倍数,是指企业生产经营所获得的息税前利润与利息费用的比率,其计算公式如下。

$$利息保障倍数 = \frac{利润总额 + 利息费用}{利息费用} \tag{10-8}$$

公式中的"息税前利润"是指利润表中未扣除利息费用和所得税之前的利润。它可以用"利润总额加利息费用"来预测。

已获利息倍数不仅反映了企业获利能力的大小(在其他因素不变的情况下,该指标越高,表明息税前利润越大,即获利能力越强),而且反映了获利能力对偿还到期债务的保证程度。

一般情况下,已获利息倍数越高,表明企业长期偿债能力越强。国际上通常认为该指标为 3 时较为适当。从长期来看,如果要维持正常的偿债能力,利息保障倍数至少应当大于 1。

例 10-6　根据表 10.2 的资料,假定表中的财务费用全部为利息费用,该企业利息保障倍数为:

2017 年利息保障倍数 =(4 000+200)÷200=21

2018 年利息保障倍数 =(4 200+300)÷300=15

从计算结果来看,企业 2017 年及 2018 年的利息保障倍数都较高,说明其有较强的偿付负债利息的能力。具体情况还需结合企业往年的情况和行业的特点进行判断。

10.2.2　运营能力分析

运营能力指标包括人力资源运营能力指标、生产资料运营能力指标。

1. 人力资源运营能力指标

人力资源运营能力通常采用劳动效率指标来分析(如人均营业收入、人均净产值等),其计算公式如下。

$$劳动效率 = \frac{营业收入或净产值}{平均职工人数} \qquad (10-9)$$

2. 生产资料运营能力指标

资产的周转速度,通常用周转率和周转期来表示。

周转率(周转次数)是企业在一定时期内资产的周转额与平均余额的比率,反映企业资产在一定时期的周转次数。周转次数越多,表明周转速度越快,资产运营能力越强。

周转期(周转天数)是周转次数的倒数与计算期天数的乘积,反映资产周转一次所需要的天数。周转期越短,表明周转速度越快,资产运营能力越强。二者的计算公式如下。

$$周转率(周转次数) = \frac{周转额}{资产平均余额} \qquad (10-10)$$

$$周转期(周转天数) = \frac{计算期天数}{周转次数} = 资产平均余额 \times \frac{计算期天数}{周转额} \qquad (10-11)$$

(1) 应收账款周转情况

分析应收账款周转情况的指标主要有应收账款周转率和应收账款周转天数。

应收账款周转率是企业一定时期赊销收入净额与应收账款平均余额的比率。它反映了企业应收账款的周转速度,其计算公式如下。

$$应收账款周转率 = \frac{赊销收入净额}{应收账款平均余额} \qquad (10-12)$$

$$应收账款平均余额 = \frac{期初应收账款 + 期末应收账款}{2} \qquad (10-13)$$

$$营业收入净额 = 营业收入 - 销售折扣与折让 \qquad (10-14)$$

应收账款周转率反映了企业应收账款变现速度的快慢及管理效率的高低。周转率高,不仅表明收账迅速,账龄较短,资产流动性强,短期偿债能力强,还表明可以减少收账费用和坏账损失,从而相对增加企业流动资产的投资收益。使用该指标需注意公式中的应收账款包括会计核算中"应收账款"和"应收票据"等全部赊销账款在内。如果应收账款余额的波动性较大,应尽可能使用更详尽的计算资料,如按每月的应收账款余额来计算其平均占用额。

应收账款的周转天数是企业一年内应收账款周转一次需要的时间,其计算公式如下。

$$应收账款周转天数 = \frac{360}{应收账款周转率} \qquad (10-15)$$

一般情况下,应收账款周转天数越短,说明企业收账速度越快,赊销货款被他人占用的时间越短,进入下一次再生产活动需要的天数越少。

例 10-7 根据表 10.1、表 10.2 的资料,该企业应收账款周转率及周转天数为:

应收账款平均余额 = (1 200 + 1 300) ÷ 2 = 1 250(元)

2018 年应收账款周转率 = 21 000 ÷ 1 250 = 16.8(次)

2018 年应收账款周转天数 = 360 ÷ 16.8 = 21.4(天)

计算结果应与企业上年度的情况及行业数据比较,进而分析应收账款的周转情况。

(2) 存货周转情况

分析存货周转情况的指标主要有存货周转率和存货周转天数。

存货周转率是企业一定时期的销售成本与平均存货的比率,其计算公式如下。

$$存货周转率 = \frac{销售成本}{平均存货} \qquad (10-16)$$

$$平均存货 = \frac{期初存货余额 + 期末存货余额}{2} \qquad (10-17)$$

如果企业生产经营活动具有很强的季节性,则年度内各季度的销货成本与存货都会有较大幅度的波动。因此,平均存货应该按季度或月份余额来计算,先计算出各月份或各季度的平均存货,然后计算全年的平均存货。

一般地,存货周转率越高越好。存货周转率越高,表明企业销货能力越强,存货占用的资金越少,存货积压的风险越小,企业的变现能力越强。

存货周转速度的快慢,不仅反映出企业采购、储存、生产、销售各环节管理工作状况的好坏,而且对企业的偿债能力及获利能力产生决定性的影响。

存货的周转天数是企业一年内存货周转一次需要的时间,其计算公式如下。

$$存货周转天数 = \frac{360}{存货周转率} \qquad (10-18)$$

一般情况下,周转天数越少,表明企业在采购、储存、生产、销售各环节所占用的时间越短。

例 10-8 根据表10.1、表10.2的资料,该企业存货周转率及周转天数为:

平均存货 =(4 000+5 200)÷2=4 600(元)

2018 年存货周转率=12 200÷4 600=2.65(次)

2018 年存货周转天数 =360÷2.65=135.8(天)

计算结果应与企业上年度及行业数据比较,进而分析存货的周转情况。

(3) 流动资产周转情况

分析流动资产周转情况的指标主要有流动资产周转率和流动资产周转天数。

流动资产周转率是销售收入与流动资产平均余额的比率。它反映的是全部流动资产的利用效率,其计算公式如下。

$$流动资产周转率 = \frac{销售收入}{平均流动资产总额} \qquad (10-19)$$

$$平均流动资产总额 = \frac{期初流动资产总额 + 期末流动资产总额}{2} \qquad (10-20)$$

流动资产周转率反映了流动资产周转的速度。流动资产周转快,就等于相对节约流动资产,等于相对扩大资产投入,增强企业的盈利能力。而延缓周转速度,则需要补充流动资产参与周转,从而造成资金浪费,降低企业的盈利能力。

流动资产周转天数是企业一年内流动资产周转一次需要的时间,其计算公式如下。

$$流动资产周转天数 = \frac{360}{流动资产周转率} \qquad (10-21)$$

一般情况下,周转天数越少,表明企业在采购、储存、生产、销售各环节所占用的时间越短。

例 10-9 根据表10.1、表10.2的资料,该企业流动资产周转率及周转天数为:

平均流动资产 =(7 100+8 050)÷2=7 575(元)

2018 年流动资产周转率=21 000÷7 575=2.77(次)

2018 年流动资产周转天数=360÷2.77=130(天)

计算结果应与企业上年度及行业数据比较,进尔分析流动资产的周转情况。

(4) 固定资产周转情况

分析固定资产周转情况的指标主要有固定资产周转率和固定资产周转天数。

固定资产周转率是指企业销售收入与平均固定资产净值的比率。它反映企业固定资产周转情况,从而成为衡量固定资产利用效率的一项指标,其计算公式如下。

$$固定资产周转率 = \frac{销售收入}{平均固定资产净值} \qquad (10-22)$$

$$平均固定资产净值 = \frac{期初固定资产 + 期末固定资产}{2} \qquad (10-23)$$

固定资产周转率是反映企业固定资产利用效率的指标,该指标越高,表明企业利用固定资产创收的能力越强,固定资产的利用效果就越好,企业的营运能力就越强。如果此比率过低,说明企业的固定资产未得到充分利用,应将闲置的固定资产及时清理。在利用这一指标进行企业自身纵向比较或与其他单位进行横向比较时,应注意折旧方法是否一致,否则指标间就不具有可比性。

固定资产周转天数是企业一年内固定资产周转一次需要的时间,其计算公式如下。

$$固定资产周转天数 = \frac{360}{固定资产周转率} \qquad (10-24)$$

一般情况下,周转天数越少,表明固定资产的利用率越高。

例 10-10 根据表10.1、表10.2的资料,该企业固定资产周转率及周转天数为:

平均固定资产净值 = (12 000+14 000)÷2 = 13 000(元)
2018 年固定资产周转率 = 21 000÷13 000 = 1.62(次)
2018 年固定资产周转天数 = 360÷1.62 = 222.2(天)

计算结果应与企业上年度及行业数据比较,进而分析固定资产的周转情况。

(5) 总资产周转情况
分析固定资产周转情况的指标主要有固定资产周转率和固定资产周转天数。
总资产周转率是指企业销售收入与平均资产总额的比率,其计算公式如下。

$$总资产周转率 = \frac{销售收入}{平均资产总额} \qquad (10-25)$$

$$平均资产总额 = \frac{期初资产总额 + 期末资产总额}{2} \qquad (10-26)$$

总资产周转率反映资产总额的周转速度,它说明企业的总资产在一定时期内周转的次数。该指标越大,说明企业资产的总体营运能力越强;反之,说明企业资产的总体营运能力越差。

总资产周转天数是企业一年内总资产周转一次需要的时间,其计算公式如下。

$$总资产周转天数 = \frac{360}{总资产周转率} \qquad (10-27)$$

例 10-11 根据表10.1、表10.2的资料,该企业总资产周转率及周转天数为:

平均资产总额 = (20 000+23 000)÷2=21 500(元)

2018 年总资产周转率 = 21 000÷21 500=0.977(次)

2018 年总资产周转天数 = 360÷0.977=368.5(天)

计算结果应与企业上年度及行业数据比较,进而分析总资产的周转情况。

10.2.3　盈利能力分析

盈利能力,又称获利能力,是指企业进行生产经营活动获取利润的能力大小。盈利能力是企业赖以生存和发展的基本条件。不论是投资人、债权人,还是企业经理人员,都日益重视和关心企业的盈利能力。

反映企业盈利能力的指标有很多,通常使用的主要有销售净利率、成本费用利润率、盈余现金保障倍数和总资产报酬率等。

1. 销售净利率

销售净利率,也称营业净利率,是一定时期企业净利润与销售收入的比率,其计算公式如下。

$$销售净利率 = \frac{净利润}{销售收入} \times 100\% \tag{10-28}$$

一般情况下,该比率越大,表明盈利能力越强。由于受行业特点影响较大,所以,还应该结合不同行业的具体情况进行分析。

例 10-12　根据表 10.2 的资料,该企业销售净利率为:

2017 年销售净利率 = 3 000÷18 600=16.13%

2018 年销售净利率 = 3 150÷21 000=15%

2018 年销售净利率比 2017 年略有下降,主要在于营业成本及销售费用的增长幅度大于营业收入的增长幅度。应进一步结合行业特点进行分析。

2. 成本费用利润率

成本费用利润率是一定时期的利润与成本费用的比率,其计算公式如下。

$$成本费用利润率 = \frac{利润}{成本费用} \times 100\% \tag{10-29}$$

成本费用 = 营业成本 + 营业税金及附加 + 销售费用 + 财务费用 + 管理费用　(10-30)

其中,利润有不同的层次,可以分为营业利润、利润总额、净利润。

一般情况下,该比率越大,说明企业为取得利润而付出的代价越小,对成本费用控制得越好,盈利能力越强。

例 10-13 根据表 10.2 中的资料,该企业成本费用净利润率为:

2017 年成本费用净利润率 =3 000÷(10 700+1 080+1 620+800+200)=3 000÷14 400 =20.83%

2018 年成本费用净利润率 =3 150÷(12 200+1 200+1 900+1 000+300)=3 150÷16 600 =18.98%

2018 年的成本费用净利润率比 2017 年度有所下降,该企业应当深入检查导致成本费用上升的因素,改进有关工作,以便扭转效益指标下降的状况。

3. 盈余现金保障倍数

盈余现金保障倍数是企业一定时期经营现金净流量与净利润的比率,反映企业当期净利润中现金收益的保障程度,其计算公式如下。

$$盈余现金保障倍数 = \frac{经营现金净流量}{净利润} \qquad (10-31)$$

一般地,当企业当期净利润大于 0 时,盈余现金保障倍数应当大于 1。该指标越大,表明企业经营活动产生的净利润对现金的贡献越大。

例 10-14 假定东方公司 2017 年及 2018 年的经营现金净流量分别为 3 100 万元和 4 800 万元,根据表 10.2 的资料,该公司盈余现金保障倍数为:

2017 年盈余现金保障倍数 =3 100÷3 000=1.03

2018 年盈余现金保障倍数 =4 800÷3 150=1.52

从计算结果可以看出,2018 年的盈余现金保障倍数比 2017 年度有较大提高。这是因为在净利润略有增长(增长 150 万元)的情况下,经营现金净流量有较大幅度的增长(增长 1 700 万元)。这说明该公司收益的流动性有所提高。

4. 总资产报酬率

总资产报酬率,也称总资产收益率,是企业一定时期内的报酬与平均资产总额的比率,其计算公式如下。

$$总资产报酬率 = \frac{息税前利润}{平均资产总额} \times 100\% \qquad (10-32)$$

$$平均资产总额 = \frac{期初资产总额 + 期末资产总额}{2} \qquad (10-33)$$

总资产报酬率主要用来衡量企业利用资产获取利润的能力。它反映了企业资产利用的综合效果。该指标越高,表明资产的利用效益越好,整个企业盈利能力越强,经营管理水平越高。

例 10 - 15 根据表 10.1、表 10.2 的资料,该企业 2018 年的总资产报酬率为:

(4 200+300)÷21 500=20.9%

计算结果应与企业上年度数据进行比较,以便对企业资产的使用情况、增产节约情况做进一步的分析考察。

5. 股东权益报酬率

股东权益报酬率,也称净资产收益率或净值报酬率,是企业一定时期内的净利润与平均股东权益总额的比率,其计算公式如下。

$$股东权益报酬率 = \frac{净利润}{平均股东权益总额} \times 100\% \tag{10-34}$$

$$平均股东权益总额 = \frac{期初股东权益总额 + 期末股东权益总额}{2} \tag{10-35}$$

股东权益报酬率反映了投资者投入企业的自有资本获取净收益的能力,即反映投资与报酬的关系,因而是评价企业资本经营效益的核心指标。

一般认为,企业的股东权益报酬率越高,企业自有资本获取收益的能力越强,运营效益越好。

例 10 - 16 根据表 10.1、表 10.2 的资料,该企业股东权益报酬率为:

平均股东权益总额 = (14 600+16 500)÷2=15 550(元)

2018 年股东权益报酬率 = 3 150÷15 550=20.26%

计算结果应与企业上年度数据进行比较,进而分析企业股东权益报酬率的变化情况。

6. 市价比率

市价比率,即市场价值比率,是指普通股每股市价和公司盈余、每股账面价值的比率。它是前述几个指标的综合反映,管理者可据以了解投资人对公司的评价。

(1) 每股收益

每股收益,也称每股盈余或每股利润,是本年盈余与流通股数的比值,其计算公式如下。

$$每股收益 = \frac{净利润 - 优先股股息}{发行在外的普通股的加权平均数} \tag{10-36}$$

例 10 - 17 根据表 10.1、表 10.2 的资料,假定东方公司在外的普通股平均股数为 3 000 万股,无优先股,则东方公司 2018 年的每股盈余为:

3 150÷3 000=1.05(元)

每股盈余是股份公司发行在外的普通股每股所取得的利润,反映股份公司获利能力的大小。该指标值越高,说明公司的赢利能力越好,每一股份可得的利润越多,股东的投资效益越好;反之,则越差。该指标用于衡量普通股持有者获得报酬的程度。

（2）市盈率

市盈率是指普通股每股市价与每股盈余的比率,其计算公式如下。

$$市盈率 = \frac{普通股每股市价}{普通股每股收益} \qquad (10-37)$$

例 10-18 根据例 10-17,东方公司每股盈余为 1.05 元,假定年末时每股市价为 20 元,则市盈率为:

20÷1.05=19.05

市盈率是反映股份公司获利能力的重要财务比率,是投资者做投资决策的重要参考指标之一。一般地,市盈率高,说明投资者对该公司的发展前景看好,愿意出较高的价格购买该公司的股票,所以一些成长性较好的高科技公司股票市盈率通常要高一些。但是,如果某一种股票的市盈率过高,则也意味着这种股票具有较高的投资风险。

（3）每股股利

每股股利是股份公司本年发放的普通股现金股利总额与流通股数的比率,其计算公式如下。

$$每股股利 = \frac{普通股股利总额}{年末普通股股数} \qquad (10-38)$$

一般情况下,该比率越高,表明投资者获取的投资收益越多。影响每股股利多少的因素,除了获利大小外,还取决于企业的股利发放政策。如果企业为了扩大再生产,多留公积金,则每股股利必然会减少;反之,则会增加。

例 10-19 假定东方公司 2018 年年末的普通股股数为 3 000 万股,无优先股,当年分配股利总额为 2 000 万元,则每股股利为:

2 000÷3 000=0.67(元)

（4）每股净资产

每股净资产也称每股账面价值,是上市公司年末净资产与年末普通股股数的比率,其计算公式如下。

$$每股净资产 = \frac{年末股东权益}{年末普通股总数} \qquad (10-39)$$

每股净资产是股票的账面价格,是用成本计量的,是反映股票投资价值的另一个重要参考指标。一般情况下,该指标越高,表明该上市公司的内在价值越大,投资价值也越大。

例 10-20 根据表 10.1,假定东方公司 2018 年年末的普通股股数为 3 000 万股,则东方公司每股净资产为:

16 500÷3 000=5.5(元)

10.2.4　发展能力分析

分析企业的发展能力主要考察营业收入增长率、资本保值增值率、资本积累率、总资产增长率、净利润增长率、营业收入 3 年平均增长率、资本 3 年平均增长率等指标。

1. 营业收入增长率

营业收入增长率是衡量企业经营状况和市场占有能力、预测企业经营业务拓展趋势的重要指标,其计算公式如下。

$$营业收入增长率 = \frac{本年营业收入总额 - 上年营业收入总额}{上年营业收入总额} \qquad (10-40)$$

如果该指标大于 0,表示企业本年的营业收入有所增加,指标值越高,表明增长速度越快,企业市场前景越好;如果该指标小于 0,则说明产品或服务不适销对路,质次价高,或者是在售后服务等方面存在问题,市场份额萎缩。

例 10-21　根据表 10.2,2018 年东方公司营业收入增长率为:

(21 000-18 600)÷18 600=12.9%

2. 资本保值增值率

资本保值增值率是扣除客观因素后的年末所有者权益总额与年初所有者权益总额的比率,其计算公式如下。

$$资本保值增值率 = \frac{年末所有者权益总额}{年初所有者权益总额} \times 100\% \qquad (10-41)$$

一般认为,该指标越高,表明企业的资本保全状况越好,所有者权益增长越快,债权人的债务越有保障。该指标大于 1,表明投资者投入的资本得以增值;该指标等于 1,表明投资者投入的资本得以保值;该指标小于 1,表明投资者投入的资本减值。

例 10-22　根据表 10.1,东方公司资本保值增值率为:

16 500÷14 600=1.13%

3. 资本积累率

资本积累率,也称所有者权益增长率,是企业某年所有者权益增加额与年初所有者权益的比率,其计算公式如下。

$$资本积累率 = \frac{年末所有者权益 - 年初所有者权益}{年初所有者权益} \times 100\% \qquad (10-42)$$

该指标如果大于 0,则指标值越高,表明企业的资本积累越多,应付风险、持续发展的能力越强;该指标如果为负值,表明企业资本受到侵蚀,所有者利益受到损害,应予充分重视。

例 10-23 根据表 10.1,东方公司 2018 年资本积累率为:

$(16\,500 - 14\,600) \div 14\,600 = 13\%$

4. 总资产增长率

总资产增长率是指某年总资产增长额与年初资产总额的比率,其计算公式如下。

$$总资产增长率 = \frac{年末资产总额 - 年初资产总额}{年初资产总额} \times 100\% \qquad (10-43)$$

该指标越高,表明企业一定时期内资产经营规模扩张的速度越快。但在实际分析时,应注意考虑资产规模扩张的质和量的关系,以及企业的后续发展能力,避免资产盲目扩张。

例 10-24 根据表 10.1,东方公司 2018 年总资产增长率为:

$(23\,000 - 20\,000) \div 20\,000 = 15\%$

5. 净利润增长率

净利润增长率是指某年净利润的增加额与上年净利润的比率,其计算公式如下。

$$净利润增长率 = \frac{本年净利润 - 上年净利润}{上年净利润} \times 100\% \qquad (10-44)$$

该比率越高,说明企业净利润增长能力越强,自我积累的基础越好。

例 10-25 根据表 10.2,东方公司 2018 年净利润增长率为:

$(3\,150 - 3\,000) \div 3\,000 = 5\%$

6. 营业收入 3 年平均增长率

营业收入 3 年平均增长率是表明企业营业收入连续 3 年增长情况的指标,其计算公式如下。

$$营业收入 3 年平均增长率 = \left(1 + \sqrt[3]{\frac{本年营业收入总额}{3 年前的营业收入总额}}\right) \qquad (10-45)$$

一般情况下,该指标越高,表明企业经营业务发展势头越好,市场扩张能力越强。利用该指标,能够反映企业经营业务增长趋势和稳定程度,有效避免营业收入增长率指标的滞后性和企业非正常收入变动对企业发展潜力的错误判断。

7. 资本 3 年平均增长率

资本 3 年平均增长率是表明企业连续 3 年增长情况的定比指标,其计算公式如下。

$$资本 3 年平均增长率 = \left(1 + \sqrt[3]{\frac{年末所有者权益总额}{3 年前的年末所有者权益总额}}\right) \times 100\% \quad (10-46)$$

该指标越高,表明企业所有者权益保障程度越高,企业可以长期使用的资金越充足,抗风险和保持连续发展的能力越强。利用该指标,能够反映企业资本保增值的历史发展状况,以及企业稳步发展的趋势,可以有效避免资本积累率指标在分析时的滞后性。

10.3　综合指标分析

10.3.1　综合指标分析的含义及特点

综合指标分析是将运营能力、偿债能力、获利能力和发展能力指标等诸方面纳入一个有机的整体之中,全面地对企业经营状况、财务状况进行剖析。

一个健全有效的综合财务指标体系必须具备 3 个基本要素。

1. 指标要素齐全适当

财务综合体系所设置的指标必须涵盖企业运营能力、偿债能力和获利能力等诸方面,符合总体考核的要求。

2. 主辅指标功能匹配

主辅指标功能匹配强调两个方面:第一,在确定企业运营能力、偿债能力和获利能力诸方面评价的主要指标和辅助指标的同时,进一步明晰总体结构中各项指标的主辅地位;第二,不同范畴的主要指标所反映的企业经营状况、财务状况和现金流量的不同侧面与不同层次的信息有机统一,应当能够全面揭示企业理财的实际。

3. 满足多方信息需要

财务综合评价指标体系必须能够提供多层次、多角度的信息资料,既能满足企业经营者决策的需要,又能满足投资者、政府等利益相关人进行决策及宏观调控的需要。

10.3.2　综合指标分析方法

综合指标分析的方法有很多,其中应用比较广泛的有杜邦财务分析体系和沃尔比重评分法。

1. 杜邦财务分析体系

杜邦财务分析法是利用各财务指标间的内在关系,对企业综合经营理财及经济效益进行系统分析评价的方法。这种分析方法首先由美国杜邦公司的经理创造出来,故被称为杜邦财务分析法。

（1）杜邦财务分析体系的指标

杜邦财务分析体系主要指标的构成关系如下。

$$净资产收益率=总资产净利率\times权益乘数$$
$$=营业净利率\times总资产周转率\times权益乘数 \tag{10-47}$$

其中：

$$权益乘数=\frac{资产}{所有者权益}=\frac{1}{1-资产负债率} \tag{10-48}$$

① 净资产收益率是杜邦财务分析体系的核心。该体系将其分解为若干财务指标，并通过分析各分解指标的变动对净资产收益率的影响来揭示企业的获利能力及变动原因。财务管理的目标是使所有者财富最大化，净资产收益率反映所有者投入资金的获利能力，反映企业筹资、投资、资产运营等活动的效率。提高净资产收益率是实现财务管理目标的基本保证。

② 营业净利率反映了企业净利润与营业收入的关系。提高营业净利率是提高企业盈利能力的关键。该利率的提高主要有两个途径：一是扩大营业收入；二是降低成本费用。

③ 总资产周转率揭示企业资产总额实现营业收入的综合能力。企业应当联系营业收入来分析企业资产的使用是否合理，资产的内部结构以及影响资产周转率的各具体因素进行分析。

④ 权益乘数反映所有者权益与总资产的关系。权益乘数大，说明企业负债程度较高，能给企业带来较大的财务杠杆利益，但同时也带来了较大的偿债风险。因此，企业既要合理使用全部资产，又要妥善安排资本结构。

（2）杜邦财务分析的评价

通过杜邦财务分析体系自上而下的分析，可以揭示出企业各项财务指标间的结构关系，查明各项主要指标变动的影响因素，从而为决策者优化经营理财状况、改善企业经营提供了思路。提高主权资本净利率的根本在于扩大销售、节约成本、合理投资配置、加速资金周转、优化资本结构、确立风险意识等。

杜邦财务分析法的指标设计也具有一定的局限性，它更偏重于企业所有者的利益角度。该体系认为，在其他因素不变的情况下，资产负债率越高，净资产收益率就越高，这是利用较多负债从而利用财务杠杆作用的结果。但是这一观点没有考虑到财务风险因素，负债越多，财务风险越大，偿债压力越大。因此，在实际应用中还要结合其他指标进行综合分析。

例 10-26 应用杜邦财务分析体系对东方公司进行财务综合分析。

$$净资产收益率=营业净利率\times总资产周转率\times权益乘数$$
$$=15\%\times0.977\times\frac{(23\,000+20\,000)\div2}{(16\,500+14\,600)\div2}=20.26\%$$

由于净资产收益率、营业净利率、总资产周转率都是时期指标，权益乘数是时点指标，为了使这些指标具有可比性，例题中计算权益乘数时资产和所有者权益需采用平均值。

根据有关指标构建的东方公司杜邦财务分析体系如图 10.1 所示。

净资产收益率20.26%

总资产净利率14.65%　　　　　　　　　　　　　权益乘数1.3826

营业净利率15%×总资产周转率0.977　　　　　　1÷（1−资产负债率27.67%）

净利润÷营业收入净额　　营业收入净额÷资产平均余额　　负债总额（平均）÷资产总额（平均）
3 150　　　21 000　　　　21 000　　　21 500　　　5 950　　　　　21 500

营业收入　−　成本费用　+　投资收益　+　营业外收支净额　−　所得税
21 000　　　16 600　　　300　　　　　−500　　　　　1 050

营业成本　+　营业税金及附加　+　销售费用　+　管理费用　+　财务费用
12 200　　　1 200　　　　　1 900　　　1 000　　　300

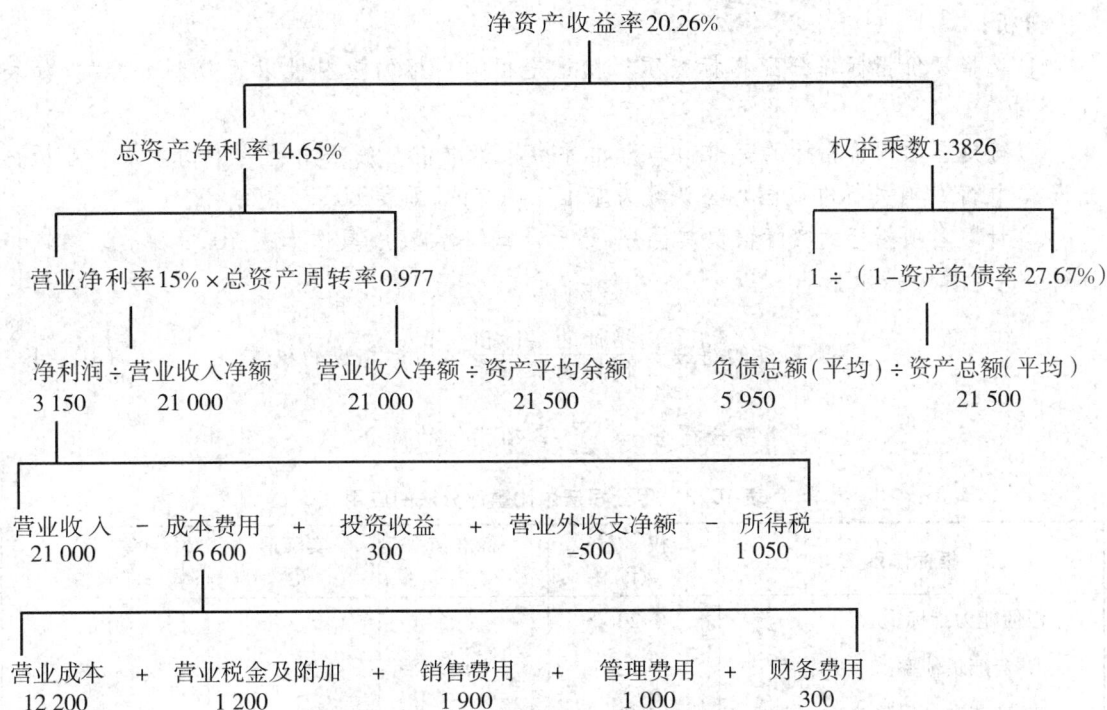

图 10.1　东方公司杜邦财务分析体系示意

2. 沃尔比重评分法

（1）沃尔比重评分法的来源与评价

进行财务分析时，一个主要困难是计算出比率后，无法判断高低。与本企业的历史比较，也只能看出自身的变化，却难以评价其在市场竞争中的优劣。

为了弥补这些缺陷，亚历山大·沃尔在其于 20 世纪初出版的《信用晴雨表研究》和《财务报表比率分析》中提出了信用能力指数概念，将流动比率、产权比率、固定资产比率、存货周转率、应收账款周转率、固定资产周转率、自有资金周转率等 7 项财务比率用线性关系结合起来，并分别给定各自的分数权重，然后通过与标准比率进行比较，确定各项指标的得分及总体指标的累积分数，从而对企业的信用水平做出评价。

原始意义上的沃尔比重分析法存在两个缺陷：所选定的 7 项指标缺乏证明力；当某项指标严重异常时，会对综合评分产生不合逻辑的重大影响。

（2）沃尔比重评分法的改进应用

现代社会与沃尔时代相比已经发生了很大变化。沃尔最初提出的 7 项指标已难以完全适应当今企业的需要。目前在应用这一评分法时，需要将企业偿债能力、运营能力、盈利能力、发展能力的指标纳入以外，还要适当加入一些非财务指标。

沃尔比重评分法是评价企业总体财务状况的一种比较可取的方法，但这一方法的正确性决定于指标的选定、标准值的合理程度、权重的确定等。

例 10−27　应用沃尔比重评分法对东方公司进行财务综合分析。

分析：

① 选择评价指标并分配指标权重。权重是根据指标的重要性以百分制分配的,如表 10.3 中①。

② 确定各项评价指标的标准值与标准系数。标准值一般采用行业平均数或企业历史先进数、国家的有关标准或国际公认数为基准而确定的,如表 10.3 中②。

③ 计算各项指标的实际值及其得分,然后计算综合得分,具体如表 10.3 中④。各项指标得分的计算公式如下。

$$各项指标的得分 = \frac{指标的实际值}{指标的标准值} \times 指标相应的权重 \qquad (10-49)$$

$$综合得分 = \sum 各项指标的得分$$

表 10.3 甲公司沃尔比重评分法的应用

指标体系	权重 ①	标准值 ②	实际值 ③	得分 ④ = ① × ③ ÷ ②
一、偿债能力指标	20			
1. 资产负债率	12	60%	28.3%	5.66
2. 已获利息保障倍数	8	3	15	40
二、营运能力指标	18			
1. 流动资产周转率	9	5	2.77	4.99
2. 总资产周转率	9	2	0.977	4.40
三、盈利能力指标	38			
1. 净资产收益率	25	25%	20.26%	20.26
2. 总资产报酬率	13	16%	20.9%	16.98
四、发展能力指标	24			
1. 营业收入增长率	12	10%	12.9%	15.48
2. 资本积累率	12	15%	13%	10.4
综合得分	100			118.17

④ 形成评价结果。企业的综合得分大于100,则说明财务状况较好;反之,则亦然。在此基础上,得分越多,说明企业的整体财务管理水平越高,理财效果越好。

东方公司的综合得分为 118.17 分,说明整体情况较好。

本章小结

财务分析是以企业财务报告及其他相关资料为主要依据,采用专门方法,系统分析和评价企业的财务状况、经营成果和现金流量的过程。财务分析是评价企业财务状况、衡量经营业绩的重要依据;是挖掘潜力、改进工作、实现理财目标的重要手段;是合理实施投资决策的重要步骤。

财务分析的方法主要包括比较分析法、比率分析法、趋势分析法和因素分析法。

财务分析指标包括偿债能力指标、运营能力指标、盈利能力指标和发展能力指标。

综合指标分析是将运营能力、偿债能力、盈利能力和发展能力指标等诸方面纳入一个有机的整体之中,全面地对企业经营状况、财务状况进行剖析。本章主要介绍了杜邦财务分析体系和沃尔比重评分法,重点掌握杜邦财务分析体系。

本章习题

一、单项选择题

1. 不会影响流动比率的业务是(　　　)。
    A. 用现金购买短期债券　　　　　B. 现金购买固定资产
    C. 用存货进行对外长期投资　　　D. 从银行取得长期借款

2. 可能导致企业资产负债率变化的经济业务是(　　　)。
    A. 收回应收账款　　　　　　　　B. 用现金购买债券
    C. 接受所有者投资转入的固定资产　D. 以固定资产对外投资(按账面价值作价)

3. 说法错误的是(　　　)。
    A. 杜邦财务分析体系的核心指标是净资产收益率
    B. 净资产收益率 = 总资产净利率 × 权益乘数
    C. 净资产收益率 = 营业净利率 × 总资产周转率 × 权益乘数
    D. 权益乘数 = 1 − 资产负债率

4. 必须对企业运营能力、偿债能力、盈利能力及发展能力的全部信息予以详尽了解和掌握的财务分析主体是(　　　)。
    A. 短期投资者　　　　　　　　　B. 企业债权人
    C. 企业经营者　　　　　　　　　D. 税务机关

5. 能够从动态角度反映企业偿债能力的指标是(　　　)。
    A. 现金流动负债比率　　　　　　B. 资产负债率
    C. 流动比率　　　　　　　　　　D. 速动比率

二、多项选择题

1. 可能直接影响企业净资产收益率指标的措施有(　　　　)。
    A. 提高营业净利率　　　　　　　B. 提高资产负债率
    C. 提高总资产周转率　　　　　　D. 提高流动比率

2. 应收账款的周转速度快说明(　　　　)。
    A. 收账迅速　　　　　　　　　　B. 短期偿债能力强
    C. 应收账款占用资金多　　　　　D. 可以减少收账费用

3. 财务报表分析的方法主要有(　　　　)。
    A. 比率分析法　　　　　　　　　B. 量本利分析法
    C. 因素分析法　　　　　　　　　D. 趋势分析法

4. 反映企业偿债能力的指标有(　　　　　)。

　　A. 流动资产周转率　　　　　　B. 速动比率

　　C. 流动比率　　　　　　　　　D. 产权比率

5. 尽管流动比率也能反映现金的流动性,但存在着很大的局限性,其主要原因有(　　　　)。

　　A. 流动资产中存货变现能力差　　B. 存货用成本计价不能反映变现净值

　　C. 存货价值可能被高估　　　　　D. 应收账款变现能力差

三、判断题

1. 权益乘数的高低取决于企业的资金结构:资产负债率越高,权益乘数越高,财务风险越大。　　　　　　　　　　　　　　　　　　　　　　　　　　　　　　　　(　　)

2. 按照西方企业的一般公认标准,企业流动比率保持在 1 倍左右较好。　　(　　)

3. 应收账款周转率计算公式的应收账款中不包括"应收票据"的金额。　　(　　)

4. 如果某种股票的市盈率高,则说明投资于该股票要承担的风险很小。　　(　　)

5. 企业的债权人往往比较关注企业资本的保值和增值状况。　　　　　　　(　　)

四、计算分析题

1. 某企业 2018 年年末产权比率为 80%,流动资产占总资产的 40%。该企业资产负债表中的负债项目如下表所示。

负债项目	金额/元
短期借款	2 000
应付账款	3 000
预收账款	2 500
其他应付款	4 500
一年内到期的长期负债	4 000
流动负债合计	16 000
非流动负债	
长期借款	12 000
应付债券	20 000
非流动负债合计	32 000
负债合计	48 000

要求:

(1) 计算所有者权益总额。

(2) 计算流动资产和流动比率。

(3) 计算资产负债率。

2. 某公司流动资产由速动资产和存货构成,年初存货为 145 万元,年初应收账款为 125 万元,年末流动比率为 3,年末速动比率为 1.5,存货周转率为 4 次,年末流动资产余额为 270万元,一年按 360 天计算。

要求:

（1）计算该公司流动负债年末余额。

（2）计算该公司存货年末余额和年平均余额。

（3）计算该公司本年销货成本。

（4）假定本年赊销净额为 960 万元,应收账款以外的其他速动资产忽略不计,计算该公司应收账款的周转期。

3. 某商业企业 2018 年度赊销收入净额为 2 000 万元,销售成本为 1 600 万元;年初、年末应收账款余额分别为 200 万元和 400 万元;年初、年末存货余额分别为 200 万元和 600 万元;年末速动比率为 1.2,年末现金比率为 0.7。假定该企业流动资产由速动资产和存货组成,速动资产由应收账款和现金类资产组成,一年按 360 天计算。

要求:

（1）计算 2018 年应收账款周转天数。

（2）计算 2018 年存货周转天数。

（3）计算 2018 年年末流动负债余额和速动资产余额。

（4）计算 2018 年年末流动比率。

4. 已知某公司 2018 年会计报表的有关资料如下表所示。

资料金额   万元

资产负债表项目	年初数	年末数
资产	8 000	10 000
负债	4 500	6 000
所有者权益	3 500	4 000
主营业务收入净额	（略）	20 000
净利润	（略）	500

要求:

（1）计算杜邦财务分析体系中的下列指标(凡计算指标涉及资产负债表项目数据的,均按平均数计算)。

① 净资产收益率。

② 总资产净利率(保留 3 位小数)。

③ 营业净利率。

④ 总资产周转率(保留 3 位小数)。

⑤ 权益乘数。

（2）用文字列出净资产收益率与上述其他各项指标之间的关系式,并用本题数据加以验证。

五、技能训练题

胜利公司 2018 年资产负债表(简)如下表所示。

万元

资　产	年初数	年末数	负债及所有者权益	年初数	年末数
货币资金	1 000	950	流动负债	2 200	2 180
应收账款净额	1 350	1 500	长期负债	2 900	3 720
存　货	1 600	1 700	负债合计	5 100	5 900
其他流动资产	300	350	所有者权益	7 150	7 200
流动资产合计	4 250	4 500			
固定资产净值	8 000	8 600			
资产总计	12 250	13 100	负债及所有者权益合计	12 250	13 100

另外,该企业 2017 年销售净利率为 20%,总资产周转率为 0.7 次,权益乘数为 1.71,净资产利润率为 23.9%。2018 年销售净收入为 10 140 万元,净利润为 2 535 万元。

要求:

(1) 根据以上资料计算该企业 2018 年各项分析指标。

① 2018 年末流动比率、速动比率、资产负债率和权益乘数。

② 应收账款周转率、流动资产周转率、固定资产周转率和总资产周转率。

③ 销售净利润率和净资产收益率。

(2) 和 2017 年相比,2018 年净资产收益率有何变动? 用连环替代法进行分析。

附录 系数表

附表 1 复利终值系数表

$$(F/P, i, n) = (1 + i)^n$$

期数	1%	2%	3%	4%	5%	6%	7%	8%	9%	10%	11%	12%	13%	14%	15%
1	1.0100	1.0200	1.0300	1.0400	1.0500	1.0600	1.0700	1.0800	1.0900	1.1000	1.1100	1.1200	1.1300	1.1400	1.1500
2	1.0201	1.0404	1.0609	1.0816	1.1025	1.1236	1.1449	1.1664	1.1881	1.2100	1.2321	1.2544	1.2769	1.2996	1.3225
3	1.0303	1.0612	1.0927	1.1249	1.1576	1.1910	1.2250	1.2597	1.2950	1.3310	1.3676	1.4049	1.4429	1.4815	1.5209
4	1.0406	1.0824	1.1255	1.1699	1.2155	1.2625	1.3108	1.3605	1.4116	1.4641	1.5181	1.5735	1.6305	1.6890	1.7490
5	1.0510	1.1041	1.1593	1.2167	1.2763	1.3382	1.4026	1.4693	1.5386	1.6105	1.6851	1.7623	1.8424	1.9254	2.0114
6	1.0615	1.1262	1.1941	1.2653	1.3401	1.4185	1.5007	1.5869	1.6771	1.7716	1.8704	1.9738	2.0820	2.1950	2.3131
7	1.0721	1.1487	1.2299	1.3159	1.4071	1.5036	1.6058	1.7138	1.8280	1.9487	2.0762	2.2107	2.3526	2.5023	2.6600
8	1.0829	1.1717	1.2668	1.3686	1.4775	1.5938	1.7182	1.8509	1.9926	2.1436	2.3045	2.4760	2.6584	2.8526	3.0590
9	1.0937	1.1951	1.3048	1.4233	1.5513	1.6895	1.8385	1.9990	2.1719	2.3579	2.5580	2.7731	3.0040	3.2519	3.5179
10	1.1046	1.2190	1.3439	1.4802	1.6289	1.7908	1.9672	2.1589	2.3674	2.5937	2.8394	3.1058	3.3946	3.7072	4.0456
11	1.1157	1.2434	1.3842	1.5395	1.7103	1.8983	2.1049	2.3316	2.5804	2.8531	3.1518	3.4786	3.8359	4.2262	4.6524
12	1.1268	1.2682	1.4258	1.6010	1.7959	2.0122	2.2522	2.5182	2.8127	3.1384	3.4985	3.8960	4.3345	4.8179	5.3503
13	1.1381	1.2936	1.4685	1.6651	1.8856	2.1329	2.4098	2.7196	3.0658	3.4523	3.8833	4.3635	4.8980	5.4924	6.1528
14	1.1495	1.3195	1.5126	1.7317	1.9799	2.2609	2.5785	2.9372	3.3417	3.7975	4.3104	4.8871	5.5348	6.2613	7.0757
15	1.1610	1.3459	1.5580	1.8009	2.0789	2.3966	2.7590	3.1722	3.6425	4.1772	4.7846	5.4736	6.2543	7.1379	8.1371
16	1.1726	1.3728	1.6047	1.8730	2.1829	2.5404	2.9522	3.4259	3.9703	4.5950	5.3109	6.1304	7.0673	8.1372	9.3576
17	1.1843	1.4002	1.6528	1.9479	2.2920	2.6928	3.1588	3.7000	4.3276	5.0545	5.8951	6.8660	7.9861	9.2765	10.7613
18	1.1961	1.4282	1.7024	2.0258	2.4066	2.8543	3.3799	3.9960	4.7171	5.5599	6.5436	7.6900	9.0243	10.5752	12.3755

（续表）

期数	1%	2%	3%	4%	5%	6%	7%	8%	9%	10%	11%	12%	13%	14%	15%
19	1.2081	1.4568	1.7535	2.1068	2.5270	3.0256	3.6165	4.3157	5.1417	6.1159	7.2633	8.6128	10.1974	12.0557	14.2318
20	1.2202	1.4859	1.8061	2.1911	2.6533	3.2071	3.8697	4.6610	5.6044	6.7275	8.0623	9.6463	11.5231	13.7435	16.3665
21	1.2324	1.5157	1.8603	2.2788	2.7860	3.3996	4.1406	5.0338	6.1088	7.4002	8.9492	10.8038	13.0211	15.6676	18.8215
22	1.2447	1.5460	1.9161	2.3699	2.9253	3.6035	4.4304	5.4365	6.6586	8.1403	9.9336	12.1003	14.7138	17.8610	21.6447
23	1.2572	1.5769	1.9736	2.4647	3.0715	3.8197	4.7405	5.8715	7.2579	8.9543	11.0263	13.5523	16.6266	20.3616	24.8915
24	1.2697	1.6084	2.0328	2.5633	3.2251	4.0489	5.0724	6.3412	7.9111	9.8497	12.2392	15.1786	18.7881	23.2122	28.6252
25	1.2824	1.6406	2.0938	2.6658	3.3864	4.2919	5.4274	6.8485	8.6231	10.8347	13.5855	17.0001	21.2305	26.4619	32.9190
26	1.2953	1.6734	2.1566	2.7725	3.5557	4.5494	5.8074	7.3964	9.3992	11.9182	15.0799	19.0401	23.9905	30.1666	37.8568
27	1.3082	1.7069	2.2213	2.8834	3.7335	4.8223	6.2139	7.9881	10.2451	13.1100	16.7387	21.3249	27.1093	34.3899	43.5353
28	1.3213	1.7410	2.2879	2.9987	3.9201	5.1117	6.6488	8.6271	11.1671	14.4210	18.5799	23.8839	30.6335	39.2045	50.0656
29	1.3345	1.7758	2.3566	3.1187	4.1161	5.4184	7.1143	9.3173	12.1722	15.8631	20.6237	26.7499	34.6158	44.6931	57.5755
30	1.3478	1.8114	2.4273	3.2434	4.3219	5.7435	7.6123	10.0627	13.2677	17.4494	22.8923	29.9599	39.1159	50.9502	66.2118

期数	16%	17%	18%	19%	20%	21%	22%	23%	24%	25%	26%	27%	28%	29%	30%
1	1.1600	1.1700	1.1800	1.1900	1.2000	1.2100	1.2200	1.2300	1.2400	1.2500	1.2600	1.2700	1.2800	1.2900	1.3000
2	1.3456	1.3689	1.3924	1.4161	1.4400	1.4641	1.4884	1.5129	1.5376	1.5625	1.5876	1.6129	1.6384	1.6641	1.6900
3	1.5609	1.6016	1.6430	1.6852	1.7280	1.7716	1.8158	1.8609	1.9066	1.9531	2.0004	2.0484	2.0972	2.1467	2.1970
4	1.8106	1.8739	1.9388	2.0053	2.0736	2.1436	2.2153	2.2889	2.3642	2.4414	2.5205	2.6014	2.6844	2.7692	2.8561
5	2.1003	2.1924	2.2878	2.3864	2.4883	2.5937	2.7027	2.8153	2.9316	3.0518	3.1758	3.3038	3.4360	3.5723	3.7129
6	2.4364	2.5652	2.6996	2.8398	2.9860	3.1384	3.2973	3.4628	3.6352	3.8147	4.0015	4.1958	4.3980	4.6083	4.8268
7	2.8262	3.0012	3.1855	3.3793	3.5832	3.7975	4.0227	4.2593	4.5077	4.7684	5.0419	5.3288	5.6295	5.9447	6.2749
8	3.2784	3.5115	3.7589	4.0214	4.2998	4.5950	4.9077	5.2389	5.5895	5.9605	6.3528	6.7675	7.2058	7.6686	8.1573
9	3.8030	4.1084	4.4355	4.7854	5.1598	5.5599	5.9874	6.4439	6.9310	7.4506	8.0045	8.5948	9.2234	9.8925	10.6045
10	4.4114	4.8068	5.2338	5.6947	6.1917	6.7275	7.3046	7.9259	8.5944	9.3132	10.0857	10.9153	11.8059	12.7614	13.7858

（续表）

期数	16%	17%	18%	19%	20%	21%	22%	23%	24%	25%	26%	27%	28%	29%	30%
11	5.117 3	5.624 0	6.175 9	6.776 7	7.430 1	8.140 3	8.911 7	9.748 9	10.657 1	11.641 5	12.708 0	13.862 5	15.111 6	16.462 2	17.921 6
12	5.936 0	6.580 1	7.287 6	8.064 2	8.916 1	9.849 7	10.872 2	11.991 2	13.214 8	14.551 9	16.012 0	17.605 3	19.342 8	21.236 2	23.298 1
13	6.885 8	7.698 7	8.599 4	9.596 4	10.699 3	11.918 2	13.264 1	14.749 1	16.386 3	18.189 9	20.175 2	22.358 8	24.758 8	27.394 7	30.287 5
14	7.987 5	9.007 5	10.147 2	11.419 8	12.839 2	14.421 0	16.182 2	18.141 4	20.319 1	22.737 4	25.420 7	28.395 7	31.691 3	35.339 1	39.373 8
15	9.265 5	10.538 7	11.973 7	13.589 5	15.407 0	17.449 4	19.742 3	22.314 0	25.195 6	28.421 7	32.030 1	36.062 5	40.564 8	45.587 5	51.185 9
16	10.748 0	12.330 3	14.129 0	16.171 5	18.488 4	21.113 8	24.085 6	27.446 2	31.242 6	35.527 1	40.357 9	45.799 4	51.923 0	58.807 9	66.541 7
17	12.467 7	14.426 5	16.672 2	19.244 1	22.186 1	25.547 7	29.384 4	33.758 8	38.740 8	44.408 9	50.851 0	58.165 2	66.461 4	75.862 1	86.504 2
18	14.462 5	16.879 0	19.673 3	22.900 5	26.623 3	30.912 7	35.849 0	41.523 3	48.038 6	55.511 2	64.072 2	73.869 8	85.070 6	97.862 2	112.455 4
19	16.776 5	19.748 4	23.214 4	27.251 6	31.948 0	37.404 3	43.735 8	51.073 7	59.567 9	69.388 9	80.731 0	93.814 7	108.890 4	126.242 2	146.192 0
20	19.460 8	23.105 6	27.393 0	32.429 4	38.337 6	45.259 3	53.357 6	62.820 6	73.864 1	86.736 2	101.721 1	119.144 6	139.379 7	162.852 4	190.049 6
21	22.574 5	27.033 6	32.323 8	38.591 0	46.005 1	54.763 7	65.096 3	77.269 4	91.591 5	108.420 2	128.168 5	151.313 7	178.406 0	210.079 6	247.064 5
22	26.186 4	31.629 3	38.142 1	45.923 3	55.206 1	66.264 1	79.417 5	95.041 3	113.573 5	135.525 3	161.492 4	192.168 3	228.359 6	271.002 7	321.183 9
23	30.376 2	37.006 2	45.007 6	54.648 7	66.247 4	80.179 5	96.889 4	116.900 8	140.831 2	169.406 6	203.480 4	244.053 8	292.300 3	349.593 5	417.539 1
24	35.236 4	43.297 3	53.109 0	65.032 0	79.496 8	97.017 2	118.205 0	143.788 0	174.630 6	211.758 2	256.385 3	309.948 3	374.144 4	450.975 6	542.800 8
25	40.874 2	50.657 8	62.668 6	77.388 1	95.396 2	117.390 9	144.210 1	176.859 3	216.542 0	264.697 8	323.045 4	393.634 4	478.904 9	581.758 5	705.641 0
26	47.414 1	59.269 7	73.949 0	92.091 8	114.475 5	142.042 9	175.936 4	217.536 9	268.512 1	330.872 2	407.037 3	499.915 7	612.998 2	750.468 5	917.333 3
27	55.000 4	69.345 5	87.259 8	109.589 3	137.370 6	171.871 9	214.642 4	267.570 4	332.955 0	413.590 3	512.867 0	634.892 9	784.637 7	968.104 4	1 192.533 3
28	63.800 4	81.134 2	102.966 6	130.411 2	164.844 7	207.965 1	261.863 7	329.111 5	412.864 2	516.988 7	646.212 4	806.314 0	1 004.336 3	1 248.854 6	1 550.293 3
29	74.008 5	94.927 1	121.500 5	155.189 3	197.813 6	251.637 7	319.473 7	404.807 7	511.951 6	646.234 9	814.227 6	1 024.018 7	1 285.550 4	1 611.022 5	2 015.381 3
30	85.849 9	111.064 7	143.370 6	184.675 3	237.376 3	304.481 6	389.757 9	497.912 9	634.819 9	807.793 6	1 025.926 7	1 300.503 8	1 645.504 6	2 078.219 0	2 619.995 6

附表 2　年金终值系数表

$$(F/A, i, n) = \frac{(1+i)^n - 1}{i}$$

期数	1%	2%	3%	4%	5%	6%	7%	8%	9%	10%
1	1.0000	1.0000	1.0000	1.0000	1.0000	1.0000	1.0000	1.0000	1.0000	1.0000
2	2.0100	2.0200	2.0300	2.0400	2.0500	2.0600	2.0700	2.0800	2.0900	2.1000
3	3.0301	3.0604	3.0909	3.1216	3.1525	3.1836	3.2149	3.2464	3.2781	3.3100
4	4.0604	4.1216	4.1836	4.2465	4.3101	4.3746	4.4399	4.5061	4.5731	4.6410
5	5.1010	5.2040	5.3091	5.4163	5.5256	5.6371	5.7507	5.8666	5.9847	6.1051
6	6.1520	6.3081	6.4684	6.6330	6.8019	6.9753	7.1533	7.3359	7.5233	7.7156
7	7.2135	7.4343	7.6625	7.8983	8.1420	8.3938	8.6540	8.9228	9.2004	9.4872
8	8.2857	8.5830	8.8923	9.2142	9.5491	9.8975	10.2598	10.6366	11.0285	11.4359
9	9.3685	9.7546	10.1591	10.5828	11.0266	11.4913	11.9780	12.4876	13.0210	13.5795
10	10.4622	10.9497	11.4639	12.0061	12.5779	13.1808	13.8164	14.4866	15.1929	15.9374
11	11.5668	12.1687	12.8078	13.4864	14.2068	14.9716	15.7836	16.6455	17.5603	18.5312
12	12.6825	13.4121	14.1920	15.0258	15.9171	16.8699	17.8885	18.9771	20.1407	21.3843
13	13.8093	14.6803	15.6178	16.6268	17.7130	18.8821	20.1406	21.4953	22.9534	24.5227
14	14.9474	15.9739	17.0863	18.2919	19.5986	21.0151	22.5505	24.2149	26.0192	27.9750
15	16.0969	17.2934	18.5989	20.0236	21.5786	23.2760	25.1290	27.1521	29.3609	31.7725
16	17.2579	18.6393	20.1569	21.8245	23.6575	25.6725	27.8881	30.3243	33.0034	35.9497
17	18.4304	20.0121	21.7616	23.6975	25.8404	28.2129	30.8402	33.7502	36.9737	40.5447
18	19.6147	21.4123	23.4144	25.6454	28.1324	30.9057	33.9990	37.4502	41.3013	45.5992
19	20.8109	22.8406	25.1169	27.6712	30.5390	33.7600	37.3790	41.4463	46.0185	51.1591
20	22.0190	24.2974	26.8704	29.7781	33.0660	36.7856	40.9955	45.7620	51.1601	57.2750
21	23.2392	25.7833	28.6765	31.9692	35.7193	39.9927	44.8652	50.4229	56.7645	64.0025

（续表）

期数	1%	2%	3%	4%	5%	6%	7%	8%	9%	10%
22	24.4716	27.2990	30.5368	34.2480	38.5052	43.3923	49.0057	55.4568	62.8733	71.4027
23	25.7163	28.8450	32.4529	36.6179	41.4305	46.9958	53.4361	60.8933	69.5319	79.5430
24	26.9735	30.4219	34.4265	39.0826	44.5020	50.8156	58.1767	66.7648	76.7898	88.4973
25	28.2432	32.0303	36.4593	41.6459	47.7271	54.8645	63.2490	73.1059	84.7009	98.3471
26	29.5256	33.6709	38.5530	44.3117	51.1135	59.1564	68.6765	79.9544	93.3240	109.1818
27	30.8209	35.3443	40.7096	47.0842	54.6691	63.7058	74.4838	87.3508	102.7231	121.0999
28	32.1291	37.0512	42.9309	49.9676	58.4026	68.5281	80.6977	95.3388	112.9682	134.2099
29	33.4504	38.7922	45.2189	52.9663	62.3227	73.6398	87.3465	103.9659	124.1354	148.6309
30	34.7849	40.5681	47.5754	56.0849	66.4388	79.0582	94.4608	113.2832	136.3075	164.4940

期数	11%	12%	13%	14%	15%	16%	17%	18%	19%	20%
1	1.0000	1.0000	1.0000	1.0000	1.0000	1.0000	1.0000	1.0000	1.0000	1.0000
2	2.1100	2.1200	2.1300	2.1400	2.1500	2.1600	2.1700	2.1800	2.1900	2.2000
3	3.3421	3.3744	3.4069	3.4396	3.4725	3.5056	3.5389	3.5724	3.6061	3.6400
4	4.7097	4.7793	4.8498	4.9211	4.9934	5.0665	5.1405	5.2154	5.2913	5.3680
5	6.2278	6.3528	6.4803	6.6101	6.7424	6.8771	7.0144	7.1542	7.2966	7.4416
6	7.9129	8.1152	8.3227	8.5355	8.7537	8.9775	9.2068	9.4420	9.6830	9.9299
7	9.7833	10.0890	10.4047	10.7305	11.0668	11.4139	11.7720	12.1415	12.5227	12.9159
8	11.8594	12.2997	12.7573	13.2328	13.7268	14.2401	14.7733	15.3270	15.9020	16.4991
9	14.1640	14.7757	15.4157	16.0853	16.7858	17.5185	18.2847	19.0859	19.9234	20.7989
10	16.7220	17.5487	18.4197	19.3373	20.3037	21.3215	22.3931	23.5213	24.7089	25.9587
11	19.5614	20.6546	21.8143	23.0445	24.3493	25.7329	27.1999	28.7551	30.4035	32.1504
12	22.7132	24.1331	25.6502	27.2707	29.0017	30.8502	32.8239	34.9311	37.1802	39.5805
13	26.2116	28.0291	29.9847	32.0887	34.3519	36.7862	39.4040	42.2187	45.2445	48.4966

（续表）

期数	11%	12%	13%	14%	15%	16%	17%	18%	19%	20%
14	30.0949	32.3926	34.8827	37.5811	40.5047	43.6720	47.1027	50.8180	54.8409	59.1959
15	34.4054	37.2797	40.4175	43.8424	47.5804	51.6595	56.1101	60.9653	66.2607	72.0351
16	39.1899	42.7533	46.6717	50.9804	55.7175	60.9250	66.6488	72.9390	79.8502	87.4421
17	44.5008	48.8837	53.7391	59.1176	65.0751	71.6730	78.9792	87.0680	96.0218	105.9306
18	50.3959	55.7497	61.7251	68.3941	75.8364	84.1407	93.4056	103.7403	115.2659	128.1167
19	56.9395	63.4397	70.7494	78.9692	88.2118	98.6032	110.2846	123.4135	138.1664	154.7400
20	64.2028	72.0524	80.9468	91.0249	102.4436	115.3797	130.0329	146.6280	165.4180	186.6880
21	72.2651	81.6987	92.4699	104.7684	118.8101	134.8405	153.1385	174.0210	197.8474	225.0256
22	81.2143	92.5026	105.4910	120.4360	137.6316	157.4150	180.1721	206.3448	236.4385	271.0307
23	91.1479	104.6029	120.2048	138.2970	159.2764	183.6014	211.8013	244.4868	282.3618	326.2369
24	102.1742	118.1552	136.8315	158.6586	184.1678	213.9776	248.8076	289.4945	337.0105	392.4842
25	114.4133	133.3339	155.6196	181.8708	212.7930	249.2140	292.1049	342.6035	402.0425	471.9811
26	127.9988	150.3339	176.8501	208.3327	245.7120	290.0883	342.7627	405.2721	479.4306	567.3773
27	143.0786	169.3740	200.8406	238.4993	283.5688	337.5024	402.0323	479.2211	571.5224	681.8528
28	159.8173	190.6989	227.9499	272.8892	327.1041	392.5028	471.3778	566.4809	681.1116	819.2233
29	178.3972	214.5828	258.5834	312.0937	377.1697	456.3032	552.5121	669.4475	811.5228	984.0680
30	199.0209	241.3327	293.1992	356.7868	434.7451	530.3117	647.4391	790.9480	966.7122	1181.8816
期数	21%	22%	23%	24%	25%	26%	27%	28%	29%	30%
1	1.0000	1.0000	1.0000	1.0000	1.0000	1.0000	1.0000	1.0000	1.0000	1.0000
2	2.2100	2.2200	2.2300	2.2400	2.2500	2.2600	2.2700	2.2800	2.2900	2.3000
3	3.6741	3.7084	3.7429	3.7776	3.8125	3.8476	3.8829	3.9184	3.9541	3.9900
4	5.4457	5.5242	5.6038	5.6842	5.7656	5.8480	5.9313	6.0156	6.1008	6.1870
5	7.5892	7.7396	7.8926	8.0484	8.2070	8.3684	8.5327	8.6999	8.8700	9.0431

（续表）

期数	21%	22%	23%	24%	25%	26%	27%	28%	29%	30%
6	10.183 0	10.442 3	10.707 9	10.980 1	11.258 8	11.544 2	11.836 6	12.135 9	12.442 3	12.756 0
7	13.321 4	13.739 6	14.170 8	14.615 3	15.073 5	15.545 8	16.032 4	16.533 9	17.050 6	17.582 8
8	17.118 9	17.762 3	18.430 0	19.122 9	19.841 9	20.587 6	21.361 2	22.163 4	22.995 3	23.857 7
9	21.713 9	22.670 0	23.669 0	24.712 5	25.802 3	26.940 4	28.128 7	29.369 2	30.663 9	32.015 0
10	27.273 8	28.657 4	30.112 8	31.643 4	33.252 9	34.944 9	36.723 5	38.592 6	40.556 4	42.619 5
11	34.001 3	35.962 0	38.038 8	40.237 9	42.566 1	45.030 6	47.638 8	50.398 5	53.317 8	56.405 3
12	42.141 6	44.873 7	47.787 7	50.895 0	54.207 7	57.738 6	61.501 3	65.510 0	69.780 0	74.327 0
13	51.991 3	55.745 9	59.778 8	64.109 7	68.759 6	73.750 6	79.106 6	84.852 9	91.016 1	97.625 0
14	63.909 5	69.010 0	74.528 0	80.496 1	86.949 5	93.925 8	101.465 4	109.611 7	118.410 8	127.912 5
15	78.330 5	85.192 2	92.669 4	100.815 1	109.686 8	119.346 5	129.861 1	141.302 9	153.750 0	167.286 3
16	95.779 9	104.934 5	114.983 4	126.010 8	138.108 5	151.376 6	165.923 6	181.867 7	199.337 4	218.472 2
17	116.893 7	129.020 1	142.429 5	157.253 4	173.635 7	191.734 5	211.723 0	233.790 7	258.145 3	285.013 9
18	142.441 3	158.404 5	176.188 3	195.994 2	218.044 6	242.585 5	269.888 2	300.252 1	334.007 4	371.518 0
19	173.354 0	194.253 5	217.711 6	244.032 8	273.555 8	306.657 7	343.758 0	385.322 7	431.869 6	483.973 4
20	210.758 4	237.989 3	268.785 3	303.600 6	342.944 7	387.388 7	437.572 6	494.213 1	558.111 8	630.165 5
21	256.017 6	291.346 9	331.605 9	377.464 8	429.680 9	489.109 8	556.717 3	633.592 7	720.964 2	820.215 1
22	310.781 3	356.443 2	408.875 3	469.056 3	538.101 1	617.278 3	708.030 9	811.998 7	931.043 8	1 067.279 6
23	377.045 4	435.860 7	503.916 6	582.629 8	673.626 4	778.770 7	900.199 3	1 040.358 3	1 202.046 5	1 388.463 5
24	457.224 9	532.750 1	620.817 4	723.461 0	843.032 9	982.251 1	1 144.253 1	1 332.658 6	1 551.640 0	1 806.002 6
25	554.242 2	650.955 1	764.605 4	898.091 6	1 054.791 2	1 238.636 3	1 454.201 4	1 706.803 1	2 002.615 6	2 348.803 3
26	671.633 0	795.165 3	941.464 7	1 114.633 6	1 319.489 0	1 561.681 8	1 847.835 8	2 185.707 9	2 584.374 1	3 054.444 3
27	813.675 9	971.101 6	1 159.001 6	1 383.145 7	1 650.361 2	1 968.719 1	2 347.751 5	2 798.706 1	3 334.842 6	3 971.777 6
28	985.547 9	1 185.744 0	1 426.571 9	1 716.100 7	2 063.951 5	2 481.586 0	2 982.644 4	3 583.343 8	4 302.947 0	5 164.310 9
29	1 193.512 9	1 447.607 7	1 755.683 5	2 128.964 8	2 580.939 4	3 127.798 4	3 788.958 3	4 587.680 1	5 551.801 6	6 714.604 2
30	1 445.150 7	1 767.081 3	2 160.490 7	2 640.916 4	3 227.174 3	3 942.026 0	4 812.977 1	5 873.230 6	7 162.824 1	8 729.985 5

附表 3 复利现值系数表

$$(P/F, i, n) = \frac{1}{(1+i)^n}$$

期数	1%	2%	3%	4%	5%	6%	7%	8%	9%	10%	11%	12%	13%	14%	15%
1	0.9901	0.9804	0.9709	0.9615	0.9524	0.9434	0.9346	0.9259	0.9174	0.9091	0.9009	0.8929	0.8850	0.8772	0.8696
2	0.9803	0.9612	0.9426	0.9246	0.9070	0.8900	0.8734	0.8573	0.8417	0.8264	0.8116	0.7972	0.7831	0.7695	0.7561
3	0.9706	0.9423	0.9151	0.8890	0.8638	0.8396	0.8163	0.7938	0.7722	0.7513	0.7312	0.7118	0.6931	0.6750	0.6575
4	0.9610	0.9238	0.8885	0.8548	0.8227	0.7921	0.7629	0.7350	0.7084	0.6830	0.6587	0.6355	0.6133	0.5921	0.5718
5	0.9515	0.9057	0.8626	0.8219	0.7835	0.7473	0.7130	0.6806	0.6499	0.6209	0.5935	0.5674	0.5428	0.5194	0.4972
6	0.9420	0.8880	0.8375	0.7903	0.7462	0.7050	0.6663	0.6302	0.5963	0.5645	0.5346	0.5066	0.4803	0.4556	0.4323
7	0.9327	0.8706	0.8131	0.7599	0.7107	0.6651	0.6227	0.5835	0.5470	0.5132	0.4817	0.4523	0.4251	0.3996	0.3759
8	0.9235	0.8535	0.7894	0.7307	0.6768	0.6274	0.5820	0.5403	0.5019	0.4665	0.4339	0.4039	0.3762	0.3506	0.3269
9	0.9143	0.8368	0.7664	0.7026	0.6446	0.5919	0.5439	0.5002	0.4604	0.4241	0.3909	0.3606	0.3329	0.3075	0.2843
10	0.9053	0.8203	0.7441	0.6756	0.6139	0.5584	0.5083	0.4632	0.4224	0.3855	0.3522	0.3220	0.2946	0.2697	0.2472
11	0.8963	0.8043	0.7224	0.6496	0.5847	0.5268	0.4751	0.4289	0.3875	0.3505	0.3173	0.2875	0.2607	0.2366	0.2149
12	0.8874	0.7885	0.7014	0.6246	0.5568	0.4970	0.4440	0.3971	0.3555	0.3186	0.2858	0.2567	0.2307	0.2076	0.1869
13	0.8787	0.7730	0.6810	0.6006	0.5303	0.4688	0.4150	0.3677	0.3262	0.2897	0.2575	0.2292	0.2042	0.1821	0.1625
14	0.8700	0.7579	0.6611	0.5775	0.5051	0.4423	0.3878	0.3405	0.2992	0.2633	0.2320	0.2046	0.1807	0.1597	0.1413
15	0.8613	0.7430	0.6419	0.5553	0.4810	0.4173	0.3624	0.3152	0.2745	0.2394	0.2090	0.1827	0.1599	0.1401	0.1229
16	0.8528	0.7284	0.6232	0.5339	0.4581	0.3936	0.3387	0.2919	0.2519	0.2176	0.1883	0.1631	0.1415	0.1229	0.1069
17	0.8444	0.7142	0.6050	0.5134	0.4363	0.3714	0.3166	0.2703	0.2311	0.1978	0.1696	0.1456	0.1252	0.1078	0.0929
18	0.8360	0.7002	0.5874	0.4936	0.4155	0.3503	0.2959	0.2502	0.2120	0.1799	0.1528	0.1300	0.1108	0.0946	0.0808
19	0.8277	0.6864	0.5703	0.4746	0.3957	0.3305	0.2765	0.2317	0.1945	0.1635	0.1377	0.1161	0.0981	0.0829	0.0703
20	0.8195	0.6730	0.5537	0.4564	0.3769	0.3118	0.2584	0.2145	0.1784	0.1486	0.1240	0.1037	0.0868	0.0728	0.0611
21	0.8114	0.6598	0.5375	0.4388	0.3589	0.2942	0.2415	0.1987	0.1637	0.1351	0.1117	0.0926	0.0768	0.0638	0.0531

（续表）

期数	1%	2%	3%	4%	5%	6%	7%	8%	9%	10%	11%	12%	13%	14%	15%
22	0.803 4	0.646 8	0.521 9	0.422 0	0.341 8	0.277 5	0.225 7	0.183 9	0.150 2	0.122 8	0.100 7	0.082 6	0.068 0	0.056 0	0.046 2
23	0.795 4	0.634 2	0.506 7	0.405 7	0.325 6	0.261 8	0.210 9	0.170 3	0.137 8	0.111 7	0.090 7	0.073 8	0.060 1	0.049 1	0.040 2
24	0.787 6	0.621 7	0.491 9	0.390 1	0.310 1	0.247 0	0.197 1	0.157 7	0.126 4	0.101 5	0.081 7	0.065 9	0.053 2	0.043 1	0.034 9
25	0.779 8	0.609 5	0.477 6	0.375 1	0.295 3	0.233 0	0.184 2	0.146 0	0.116 0	0.092 3	0.073 6	0.058 8	0.047 1	0.037 8	0.030 4
26	0.772 0	0.597 6	0.463 7	0.360 7	0.281 2	0.219 8	0.172 2	0.135 2	0.106 4	0.083 9	0.066 3	0.052 5	0.041 7	0.033 1	0.026 4
27	0.764 4	0.585 9	0.450 2	0.346 8	0.267 8	0.207 4	0.160 9	0.125 2	0.097 6	0.076 3	0.059 7	0.046 9	0.036 9	0.029 1	0.023 0
28	0.756 8	0.574 4	0.437 1	0.333 5	0.255 1	0.195 6	0.150 4	0.115 9	0.089 5	0.069 3	0.053 8	0.041 9	0.032 6	0.025 5	0.020 0
29	0.749 3	0.563 1	0.424 3	0.320 7	0.242 9	0.184 6	0.140 6	0.107 3	0.082 2	0.063 0	0.048 5	0.037 4	0.028 9	0.022 4	0.017 4
30	0.741 9	0.552 1	0.412 0	0.308 3	0.231 4	0.174 1	0.131 4	0.099 4	0.075 4	0.057 3	0.043 7	0.033 4	0.025 6	0.019 6	0.015 1

期数	16%	17%	18%	19%	20%	21%	22%	23%	24%	25%	26%	27%	28%	29%	30%
1	0.862 1	0.854 7	0.847 5	0.840 3	0.833 3	0.826 4	0.819 7	0.813 0	0.806 5	0.800 0	0.793 7	0.787 4	0.781 3	0.775 2	0.769 2
2	0.743 2	0.730 5	0.718 2	0.706 2	0.694 4	0.683 0	0.671 9	0.661 0	0.650 4	0.640 0	0.629 9	0.620 0	0.610 4	0.600 9	0.591 7
3	0.640 7	0.624 4	0.608 6	0.593 4	0.578 7	0.564 5	0.550 7	0.537 4	0.524 5	0.512 0	0.499 9	0.488 2	0.476 8	0.465 8	0.455 2
4	0.552 3	0.533 7	0.515 8	0.498 7	0.482 3	0.466 5	0.451 4	0.436 9	0.423 0	0.409 6	0.396 8	0.384 4	0.372 5	0.361 1	0.350 1
5	0.476 1	0.456 1	0.437 1	0.419 0	0.401 9	0.385 5	0.370 0	0.355 2	0.341 1	0.327 7	0.314 9	0.302 7	0.291 0	0.279 9	0.269 3
6	0.410 4	0.389 8	0.370 4	0.352 1	0.334 9	0.318 6	0.303 3	0.288 8	0.275 1	0.262 1	0.249 9	0.238 3	0.227 4	0.217 0	0.207 2
7	0.353 8	0.333 2	0.313 9	0.295 9	0.279 1	0.263 3	0.248 6	0.234 8	0.221 8	0.209 7	0.198 3	0.187 7	0.177 6	0.168 2	0.159 4
8	0.305 0	0.284 8	0.266 0	0.248 7	0.232 6	0.217 6	0.203 8	0.190 9	0.178 9	0.167 8	0.157 4	0.147 8	0.138 8	0.130 4	0.122 6
9	0.263 0	0.243 4	0.225 5	0.209 0	0.193 8	0.179 9	0.167 0	0.155 2	0.144 3	0.134 2	0.124 9	0.116 4	0.108 4	0.101 1	0.094 3
10	0.226 7	0.208 0	0.191 1	0.175 6	0.161 5	0.148 6	0.136 9	0.126 2	0.116 4	0.107 4	0.099 2	0.091 6	0.084 7	0.078 4	0.072 5
11	0.195 4	0.177 8	0.161 9	0.147 6	0.134 6	0.122 8	0.112 2	0.102 6	0.093 8	0.085 9	0.078 7	0.072 1	0.066 2	0.060 7	0.055 8
12	0.168 5	0.152 0	0.137 2	0.124 0	0.112 2	0.101 5	0.092 0	0.083 4	0.075 7	0.068 7	0.062 5	0.056 8	0.051 7	0.047 1	0.042 9
13	0.145 2	0.129 9	0.116 3	0.104 2	0.093 5	0.083 9	0.075 4	0.067 8	0.061 0	0.055 0	0.049 6	0.044 7	0.040 4	0.036 5	0.033 0

（续表）

期数	16%	17%	18%	19%	20%	21%	22%	23%	24%	25%	26%	27%	28%	29%	30%
14	0.125 2	0.111 0	0.098 5	0.087 6	0.077 9	0.069 3	0.061 8	0.055 1	0.049 2	0.044 0	0.039 3	0.035 2	0.031 6	0.028 3	0.025 4
15	0.107 9	0.094 9	0.083 5	0.073 6	0.064 9	0.057 3	0.050 7	0.044 8	0.039 7	0.035 2	0.031 2	0.027 7	0.024 7	0.021 9	0.019 5
16	0.093 0	0.081 1	0.070 8	0.061 8	0.054 1	0.047 4	0.041 5	0.036 4	0.032 0	0.028 1	0.024 8	0.021 8	0.019 3	0.017 0	0.015 0
17	0.080 2	0.069 3	0.060 0	0.052 0	0.045 1	0.039 1	0.034 0	0.029 6	0.025 8	0.022 5	0.019 7	0.017 2	0.015 0	0.013 2	0.011 6
18	0.069 1	0.059 2	0.050 8	0.043 7	0.037 6	0.032 3	0.027 9	0.024 1	0.020 8	0.018 0	0.015 6	0.013 5	0.011 8	0.010 2	0.008 9
19	0.059 6	0.050 6	0.043 1	0.036 7	0.031 3	0.026 7	0.022 9	0.019 6	0.016 8	0.014 4	0.012 4	0.010 7	0.009 2	0.007 9	0.006 8
20	0.051 4	0.043 3	0.036 5	0.030 8	0.026 1	0.022 1	0.018 7	0.015 9	0.013 5	0.011 5	0.009 8	0.008 4	0.007 2	0.006 1	0.005 3
21	0.044 3	0.037 0	0.030 9	0.025 9	0.021 7	0.018 3	0.015 4	0.012 9	0.010 9	0.009 2	0.007 8	0.006 6	0.005 6	0.004 8	0.004 0
22	0.038 2	0.031 6	0.026 2	0.021 8	0.018 1	0.015 1	0.012 6	0.010 5	0.008 8	0.007 4	0.006 2	0.005 2	0.004 4	0.003 7	0.003 1
23	0.032 9	0.027 0	0.022 2	0.018 3	0.015 1	0.012 5	0.010 3	0.008 6	0.007 1	0.005 9	0.004 9	0.004 1	0.003 4	0.002 9	0.002 4
24	0.028 4	0.023 1	0.018 8	0.015 4	0.012 6	0.010 3	0.008 5	0.007 0	0.005 7	0.004 7	0.003 9	0.003 2	0.002 7	0.002 2	0.001 8
25	0.024 5	0.019 7	0.016 0	0.012 9	0.010 5	0.008 5	0.006 9	0.005 7	0.004 6	0.003 8	0.003 1	0.002 5	0.002 1	0.001 7	0.001 4
26	0.021 1	0.016 9	0.013 5	0.010 9	0.008 7	0.007 0	0.005 7	0.004 6	0.003 7	0.003 0	0.002 5	0.002 0	0.001 6	0.001 3	0.001 1
27	0.018 2	0.014 4	0.011 5	0.009 1	0.007 3	0.005 8	0.004 7	0.003 7	0.003 0	0.002 4	0.001 9	0.001 6	0.001 3	0.001 0	0.000 8
28	0.015 7	0.012 3	0.009 7	0.007 7	0.006 1	0.004 8	0.003 8	0.003 0	0.002 4	0.001 9	0.001 5	0.001 2	0.001 0	0.000 8	0.000 6
29	0.013 5	0.010 5	0.008 2	0.006 4	0.005 1	0.004 0	0.003 1	0.002 5	0.002 0	0.001 5	0.001 2	0.001 0	0.000 8	0.000 6	0.000 5
30	0.011 6	0.009 0	0.007 0	0.005 4	0.004 2	0.003 3	0.002 6	0.002 0	0.001 6	0.001 2	0.001 0	0.000 8	0.000 6	0.000 5	0.000 4

附表 4 年金现值系数表

$$(P/A, i, n) = \frac{1-(1+i)^{-n}}{i}$$

期数	1%	2%	3%	4%	5%	6%	7%	8%	9%	10%	11%	12%	13%	14%	15%
1	0.9901	0.9804	0.9709	0.9615	0.9524	0.9434	0.9346	0.9259	0.9174	0.9091	0.9009	0.8929	0.8850	0.8772	0.8696
2	1.9704	1.9416	1.9135	1.8861	1.8594	1.8334	1.8080	1.7833	1.7591	1.7355	1.7125	1.6901	1.6681	1.6467	1.6257
3	2.9410	2.8839	2.8286	2.7751	2.7232	2.6730	2.6243	2.5771	2.5313	2.4869	2.4437	2.4018	2.3612	2.3216	2.2832
4	3.9020	3.8077	3.7171	3.6299	3.5460	3.4651	3.3872	3.3121	3.2397	3.1699	3.1024	3.0373	2.9745	2.9137	2.8550
5	4.8534	4.7135	4.5797	4.4518	4.3295	4.2124	4.1002	3.9927	3.8897	3.7908	3.6959	3.6048	3.5172	3.4331	3.3522
6	5.7955	5.6014	5.4172	5.2421	5.0757	4.9173	4.7665	4.6229	4.4859	4.3553	4.2305	4.1114	3.9975	3.8887	3.7845
7	6.7282	6.4720	6.2303	6.0021	5.7864	5.5824	5.3893	5.2064	5.0330	4.8684	4.7122	4.5638	4.4226	4.2883	4.1604
8	7.6517	7.3255	7.0197	6.7327	6.4632	6.2098	5.9713	5.7466	5.5348	5.3349	5.1461	4.9676	4.7988	4.6389	4.4873
9	8.5660	8.1622	7.7861	7.4353	7.1078	6.8017	6.5152	6.2469	5.9952	5.7590	5.5370	5.3282	5.1317	4.9464	4.7716
10	9.4713	8.9826	8.5302	8.1109	7.7217	7.3601	7.0236	6.7101	6.4177	6.1446	5.8892	5.6502	5.4262	5.2161	5.0188
11	10.3676	9.7868	9.2526	8.7605	8.3064	7.8869	7.4987	7.1390	6.8052	6.4951	6.2065	5.9377	5.6869	5.4527	5.2337
12	11.2551	10.5753	9.9540	9.3851	8.8633	8.3838	7.9427	7.5361	7.1607	6.8137	6.4924	6.1944	5.9176	5.6603	5.4206
13	12.1337	11.3484	10.6350	9.9856	9.3936	8.8527	8.3577	7.9038	7.4869	7.1034	6.7499	6.4235	6.1218	5.8424	5.5831
14	13.0037	12.1062	11.2961	10.5631	9.8986	9.2950	8.7455	8.2442	7.7862	7.3667	6.9819	6.6282	6.3025	6.0021	5.7245
15	13.8651	12.8493	11.9379	11.1184	10.3797	9.7122	9.1079	8.5595	8.0607	7.6061	7.1909	6.8109	6.4624	6.1422	5.8474
16	14.7179	13.5777	12.5611	11.6523	10.8378	10.1059	9.4466	8.8514	8.3126	7.8237	7.3792	6.9740	6.6039	6.2651	5.9542
17	15.5623	14.2919	13.1661	12.1657	11.2741	10.4773	9.7632	9.1216	8.5436	8.0216	7.5488	7.1196	6.7291	6.3729	6.0472
18	16.3983	14.9920	13.7535	12.6593	11.6896	10.8276	10.0591	9.3719	8.7556	8.2014	7.7016	7.2497	6.8399	6.4674	6.1280
19	17.2260	15.6785	14.3238	13.1339	12.0853	11.1581	10.3356	9.6036	8.9501	8.3649	7.8393	7.3658	6.9380	6.5504	6.1982
20	18.0456	16.3514	14.8775	13.5903	12.4622	11.4699	10.5940	9.8181	9.1285	8.5136	7.9633	7.4694	7.0248	6.6231	6.2593
21	18.8570	17.0112	15.4150	14.0292	12.8212	11.7641	10.8355	10.0168	9.2922	8.6487	8.0751	7.5620	7.1016	6.6870	6.3125

（续表）

期数	1%	2%	3%	4%	5%	6%	7%	8%	9%	10%	11%	12%	13%	14%	15%
22	19.6604	17.6580	15.9369	14.4511	13.1630	12.0416	11.0612	10.2007	9.4424	8.7715	8.1757	7.6446	7.1695	6.7429	6.3587
23	20.4558	18.2922	16.4436	14.8568	13.4886	12.3034	11.2722	10.3711	9.5802	8.8832	8.2664	7.7184	7.2297	6.7921	6.3988
24	21.2434	18.9139	16.9355	15.2470	13.7986	12.5504	11.4693	10.5288	9.7066	8.9847	8.3481	7.7843	7.2829	6.8351	6.4338
25	22.0232	19.5235	17.4131	15.6221	14.0939	12.7834	11.6536	10.6748	9.8226	9.0770	8.4217	7.8431	7.3300	6.8729	6.4641
26	22.7952	20.1210	17.8768	15.9828	14.3752	13.0032	11.8258	10.8100	9.9290	9.1609	8.4881	7.8957	7.3717	6.9061	6.4906
27	23.5596	20.7069	18.3270	16.3296	14.6430	13.2105	11.9867	10.9352	10.0266	9.2372	8.5478	7.9426	7.4086	6.9352	6.5135
28	24.3164	21.2813	18.7641	16.6631	14.8981	13.4062	12.1371	11.0511	10.1161	9.3066	8.6016	7.9844	7.4412	6.9607	6.5335
29	25.0658	21.8444	19.1885	16.9837	15.1411	13.5907	12.2777	11.1584	10.1983	9.3696	8.6501	8.0218	7.4701	6.9830	6.5509
30	25.8077	22.3965	19.6004	17.2920	15.3725	13.7648	12.4090	11.2578	10.2737	9.4269	8.6938	8.0552	7.4957	7.0027	6.5660

期数	16%	17%	18%	19%	20%	21%	22%	23%	24%	25%	26%	27%	28%	29%	30%
1	0.8621	0.8547	0.8475	0.8403	0.8333	0.8264	0.8197	0.8130	0.8065	0.8000	0.7937	0.7874	0.7813	0.7752	0.7692
2	1.6052	1.5852	1.5656	1.5465	1.5278	1.5095	1.4915	1.4740	1.4568	1.4400	1.4235	1.4074	1.3916	1.3761	1.3609
3	2.2459	2.2096	2.1743	2.1399	2.1065	2.0739	2.0422	2.0114	1.9813	1.9520	1.9234	1.8956	1.8684	1.8420	1.8161
4	2.7982	2.7432	2.6901	2.6386	2.5887	2.5404	2.4936	2.4483	2.4043	2.3616	2.3202	2.2800	2.2410	2.2031	2.1662
5	3.2743	3.1993	3.1272	3.0576	2.9906	2.9260	2.8636	2.8035	2.7454	2.6893	2.6351	2.5827	2.5320	2.4830	2.4356
6	3.6847	3.5892	3.4976	3.4098	3.3255	3.2446	3.1669	3.0923	3.0205	2.9514	2.8850	2.8210	2.7594	2.7000	2.6427
7	4.0386	3.9224	3.8115	3.7057	3.6046	3.5079	3.4155	3.3270	3.2423	3.1611	3.0833	3.0087	2.9370	2.8682	2.8021
8	4.3436	4.2072	4.0776	3.9544	3.8372	3.7256	3.6193	3.5179	3.4212	3.3289	3.2407	3.1564	3.0758	2.9986	2.9247
9	4.6065	4.4506	4.3030	4.1633	4.0310	3.9054	3.7863	3.6731	3.5655	3.4631	3.3657	3.2728	3.1842	3.0997	3.0190
10	4.8332	4.6586	4.4941	4.3389	4.1925	4.0541	3.9232	3.7993	3.6819	3.5705	3.4648	3.3644	3.2689	3.1781	3.0915
11	5.0286	4.8364	4.6560	4.4865	4.3271	4.1769	4.0354	3.9018	3.7757	3.6564	3.5435	3.4365	3.3351	3.2388	3.1473
12	5.1971	4.9884	4.7932	4.6105	4.4392	4.2784	4.1274	3.9852	3.8514	3.7251	3.6059	3.4935	3.3868	3.2859	3.1903
13	5.3423	5.1183	4.9095	4.7147	4.5327	4.3624	4.2028	4.0530	3.9124	3.7801	3.6555	3.5381	3.4272	3.3224	3.2233

（续表）

期数	16%	17%	18%	19%	20%	21%	22%	23%	24%	25%	26%	27%	28%	29%	30%
14	5.467 5	5.229 3	5.008 1	4.802 3	4.610 6	4.431 7	4.264 6	4.108 2	3.961 6	3.824 1	3.694 9	3.573 3	3.458 7	3.350 7	3.248 7
15	5.575 5	5.324 2	5.091 6	4.875 9	4.675 5	4.489 0	4.315 2	4.153 0	4.001 3	3.859 3	3.726 1	3.601 0	3.483 4	3.372 6	3.268 2
16	5.668 5	5.405 3	5.162 4	4.937 7	4.729 6	4.536 4	4.356 7	4.189 4	4.033 3	3.887 4	3.750 9	3.622 8	3.502 6	3.389 6	3.283 2
17	5.748 7	5.474 6	5.222 3	4.989 7	4.774 6	4.575 5	4.390 8	4.219 0	4.059 1	3.909 9	3.770 5	3.640 0	3.517 7	3.402 8	3.294 8
18	5.817 8	5.533 9	5.273 2	5.033 3	4.812 2	4.607 9	4.418 7	4.243 1	4.079 9	3.927 9	3.786 1	3.653 6	3.529 4	3.413 0	3.303 7
19	5.877 5	5.584 5	5.316 2	5.070 0	4.843 5	4.634 6	4.441 5	4.262 7	4.096 7	3.942 4	3.798 5	3.664 2	3.538 6	3.421 0	3.310 5
20	5.928 8	5.627 8	5.352 7	5.100 9	4.869 6	4.656 7	4.460 3	4.278 6	4.110 3	3.953 9	3.808 3	3.672 6	3.545 8	3.427 1	3.315 8
21	5.973 1	5.664 8	5.383 7	5.126 8	4.891 3	4.675 0	4.475 6	4.291 6	4.121 2	3.963 1	3.816 1	3.679 2	3.551 4	3.431 9	3.319 8
22	6.011 3	5.696 4	5.409 9	5.148 6	4.909 4	4.690 0	4.488 2	4.302 1	4.130 0	3.970 5	3.822 3	3.684 4	3.555 8	3.435 6	3.323 0
23	6.044 2	5.723 4	5.432 1	5.166 8	4.924 5	4.702 5	4.498 5	4.310 6	4.137 1	3.976 4	3.827 3	3.688 5	3.559 2	3.438 4	3.325 4
24	6.072 6	5.746 5	5.450 9	5.182 2	4.937 1	4.712 8	4.507 0	4.317 6	4.142 8	3.981 1	3.831 2	3.691 8	3.561 9	3.440 6	3.327 2
25	6.097 1	5.766 2	5.466 9	5.195 1	4.947 6	4.721 3	4.513 9	4.323 2	4.147 4	3.984 9	3.834 2	3.694 3	3.564 0	3.442 3	3.328 6
26	6.118 2	5.783 1	5.480 4	5.206 0	4.956 3	4.728 4	4.519 6	4.327 8	4.151 1	3.987 9	3.836 7	3.696 3	3.565 6	3.443 7	3.329 7
27	6.136 4	5.797 5	5.491 9	5.215 1	4.963 6	4.734 2	4.524 3	4.331 6	4.154 2	3.990 3	3.838 7	3.697 9	3.566 9	3.444 7	3.330 5
28	6.152 0	5.809 9	5.501 6	5.222 8	4.969 7	4.739 0	4.528 1	4.334 6	4.156 6	3.992 3	3.840 2	3.699 1	3.567 9	3.445 5	3.331 2
29	6.165 6	5.820 4	5.509 8	5.229 2	4.974 7	4.743 0	4.531 2	4.337 1	4.158 5	3.993 8	3.841 4	3.700 1	3.568 7	3.446 1	3.331 7
30	6.177 2	5.829 4	5.516 8	5.234 7	4.978 9	4.746 3	4.533 8	4.339 1	4.160 1	3.995 0	3.842 4	3.700 9	3.569 3	3.446 6	3.332 1

参 考 文 献

[1] 罗斯. 公司理财(精要版)[M]. 北京:机械工业出版社,2014.

[2] 荆新,王化成,刘俊彦.财务管理学[M].7 版. 北京:中国人民大学出版社,2015.

[3] 刘淑莲. 财务管理[M]. 大连:东北财经大学出版社,2013.

[4] 全国会计专业技术资格考试领导小组办公室. 财务管理[M]. 北京:中国财政经济
    出版社,2017.

[5] 苏佳萍. 财务管理实用教程[M]. 北京:北京交通大学出版社,2010.

[6] 陈玉菁. 财务管理[M]. 北京:中国人民大学出版社, 2015.

[7] 李海波,蒋瑛. 财务管理[M]. 上海:立信会计出版社,2015.

[8] 布里格姆,等. 财务管理[M]. 佟岩,译. 北京:中国人民大学出版社,2015.

[9] 周兵,蒋葵. 财务管理[M]. 北京:科学出版社,2016.

[10] 王化成. 财务案例评论[M]. 北京:北京大学出版社,2016.

[11] 斯科特. 现代财务基础[M]. 金马,译. 北京:清华大学出版社,2004.